세계철학사 2

世界哲学史 2
SEKAI TETSUGAKUSHI 2: KODAI II SEKAI TETSUGAKU NO SEIRITSU TO TENKAI

Edited by Kunitake Ito, Shiro Yamauchi, Takahiro Nakajima, Noburu Notomi
Copyright © 2020 Kunitake Ito, Shiro Yamauchi, Takahiro Nakajima, Noburu Notomi.
All rights reserved.
Original Japanese edition published by Chikumashobo Ltd., Tokyo.
This Korean edition is published by arrangement with Chikumashobo Ltd., Tokyo
in care of Tuttle–Mori Agency, Inc., Tokyo through Bestun Korea Agency, Seoul.

세계철학사 2

고대 II
― 세계철학의 성립과 전개

책임편집 이토 구니타케 伊藤邦武
야마우치 시로 山内志朗
나카지마 다카히로 中島隆博
노토미 노부루 納富信留

옮긴이 이신철

도서출판 b

| 차례 |

머리말

노토미 노부루 納富信留

'철학사'는 지금까지 서양, 요컨대 그리스·로마로부터 현대의 유럽과 북아메리카까지의 범위만을 대상으로 하고, 거기서 벗어난 지역이나 전통을 틀 바깥에 자리매김해왔다. 요컨대 '철학'(필로소피아)은 서양 철학을 가리키는 것으로 이해되고, 인도와 중국과 이슬람과 같은 유력한 철학의 전통들도 '사상'이라는 이름으로 구별되어왔다. 그 이외의 지역, 예를 들어 라틴아메리카, 러시아, 아프리카, 동남아시아, 일본 등이 고려되는 일은 거의 없었다.

그러나 현재 우리가 살아가는 세계는 서양 문명의 틀을 넘어서 다양한 가치관과 전통이 교차하며 일체를 이루는 새로운 시대를 맞이하고 있다. 오늘날 환경이나 우주의 문제 등 지구마저도 넘어서는 규모의 발상이 필요해졌다. 새삼스럽게 '세계'라는 시야로부터 철학의 역사를 바라보면, 고대 문명에서 철학들의 탄생, 세계 제국의 발전과 전통들의 형성, 근대 사회와 근대 과학의 성립, 세계의 일체화와 분쟁을 거쳐, 나아가 그 이후의 흐름이 보이게 된다. 우리는 그 커다란 '세계' 속에서 살아가고 있다.

'세계철학World Philosophy'은 단지 이런저런 지역들의 철학적 영위를 긁어모으는 것이 아니라 철학이라는 장에서 '세계'를 묻고, '세계'라는 시야로부터 철학 그 자체를 다시 묻는 시도이다. 거기서는 인류·지구라는 커다란 시야와 과거·현재·미래라는 시간의 흐름으로부터 우리의 전통과 인간 지성의 가능성이 재검토된다. 아시아의 한 부분에 있으면서 서양 문명을 받아들여 독자적인 문화를 구축해온 일본으로부터 '세계철학사'를 생각하여 발신하는 것은 세계의 철학에서 커다란 역할을 하게 될 것이다.

이 시리즈 '세계철학사'는 고대로부터 현대까지를 모두 여덟 권으로 조감하고, 시대를 특징짓는 주제로부터 이런저런 전통들을 동시대적으로 살펴 간다. 그것들 사이에는 중간 지대와 상호 영향이 있으며, 과학과 종교와 경제와의 관련도 고려하게 되면, 지금까지 돌아보지 못했던 앎의 역동적인 움직임이 재현된다. 세계에서 전개된 철학의 전통이나 움직임을 전체로서 검토함으로써 현재 우리가 어디에 서 있는지, 장래에는 어떻게 있어야 하는지에 대한 시사점이 얻어질 것이다.

인류에게 '철학'이라고 불리는 몇 가지 움직임이 생겨난 것으로 생각되는 기원전 8세기부터 기원전 2세기까지의 시대를 다룬 제1권 '지혜에서 앎의 사랑으로'에 이어서 이 제2권 '세계철학의 성립과 전개'에서는 기원전 1세기부터 기원후 6세기까지의 시대를 선악과 초월을 주제로 하여 살펴 간다. 인류의 앎의 영위를 새로운 시야에서 재구축하기, 그것이 '세계철학사'의 시도이다.

제1장

철학의 세계화와 제도·전통

노토미 노부루納富信留

1. 고대란 무엇인가?

고대의 철학들

이 시리즈 제1권에서 다루었듯이 고대 세계의 몇몇 지역에서 동시 병행적으로 철학의 움직임이 등장한 것은 기원전 800년경부터 기원전 100년경에 걸친 일이었다. 중국과 인도에서는 고대 문명 가운데서 새로운 사상과 종교가 탄생하여 유교와 불교를 비롯한 흐름의 기점이 되었다. 메소포타미아로부터 이집트에 걸친 고대 문명은 수천 년에 걸쳐 사회와 문화를 번영시켜 왔지만, 그 주변부에서 일어난 그리스 문명은 철학과 과학이라는 새로운 앎의 방식을 낳음으로써 다양한 발전의 초석이 되었다. 우리 21세기를 살아가는 인간은 이천몇백 년을 거슬러 올라가는 '고대'에 일어난 이 극적인 변화에서 인류의 철학 원점을 보고 있다.

하지만 중국의 제자백가든 그리스의 초기 철학이든 인도의 우파니샤드, 자이나교, 불교든 다채로운 사유가 등장한 사상 상황은 그 시대에는 할거하고 경합하는 상태에 머무르며, 특정 사상이 압도적인 영향력을 휘두른다거나 확고한 기반을 구축하기에 이른다거나 하지 못했다. 그런 의미에서 이 시대의 사상들은 말하자면 가능태에 있었고, 그 정리와 본격적인 전개는 이후의 시대에 맡겨졌다. 다시 말하면 이 시대에 싹을 틔워 꽃을 피운 철학들은 그 모습 그대로는 오늘날로 계승되는 세계철학이 되지 못했다. 그 사유들을 잘 다듬어 후세로 계승하는 전통을 형성해간 것은 그에 이어지는 시대, 중국에서는 한漢대 이후, 유럽에서는 로마 시대였다. 이 제2권은 그 상황을 검토해간다.

고대와 고전

여기서 중요한 관점은 우리가 '고대'로 간주하는 시대의 자리매김이다. 그것은 단지 오래된 시대라는 의미 — 그것만으로는 아마도 부정적인 함의밖에 지니지 못할 것이다 — 가 아니라 '고전'으로서 특별한 가치와 역할을 짊어진다는 의미에서의 고대이다.

우선 '고대'란 현대로부터 바라본 상대적인 시기 구분에 지나지 않으며, 그 시대를 하나로 통합하는 객관적인 사건이 있었던 것은 아니다. 세계사에서도 사용되는 '고대, 중세, 근대, 현대' — '중세와 근대' 사이에 '근세'를 두는 예도 있다— 는 서양 문명의 전개에 근거하여 고안된 시대 구분이다. 그것은 역사 서술의 편의상의 방편이자 현대로부터 상대적으로 측정되는 거리에 지나지 않는다. 구체적으로 서양 철학의 '고대'는 기원전 6세기 초의 탈레스로부터 기원후 6세기 전반의 그리스도교에 의한 이교 학교의 폐쇄까지 1,000년에 이르는 시대이다. 그사이에 각각 서로 다른 배경 아래 다양한 철학·사상이 전개된 사정을 생각하면, 이 기간을 '서양 고대 철학'으로 묶는 난폭함이 느껴진다. 다른 한편 그리스어와 그리스 문화에 기반하고 그리스도교에 토대하지 않는, 요컨대 '이교의' 철학을 한 묶음으로 다루는 것도 의미가 있다. 우리는 그렇게 철학사를 구분하고 특징지음으로써 비로소 인류의 지적 영위의 전체상을 내다볼 수 있기 때문이다.

다른 한편 유럽과 나란히 있는 중국과 인도에서는 서양 철학사의 네 시기로의 구분과 같은 명확한 시대 구분을 세우지 않는 경우가 많다. 거기에는 사상의 단계적 발전 도식이 유효한 서양 철학과 비교하여 각 시대의 특징이나 변화가 그 정도로 두드러지지 않는다는 사정이 놓여 있다. 중국 철학사, 인도 철학사에서는 자주 각각의 학파별 해설이나 왕조에 따른 정리가 이루어지며, 서양 철학사와 어느 정도의 대응은 보인다고 하더라도 '철학사'의 묘사 방식이나 파악 방식 자체가 다르다(중국 철학사의 구분에 대해서는 제5장 1을 참조). 우리가 배우는 서양 철학사도 18세기 중엽에 브루커

Johann Jakob Brucker(1696~1770)가 성립시킨 철학사이며, 특히 헤겔 (1770~1831) 철학사의 영향은 절대적이다.

'고대^{ancient}'는 시기를 구획하는 중립적인 명칭이지만, '고전^{classic}'이라는 말에는 일정한 가치가 담긴다. 고전에는 오래된 시대에 성립한 뛰어난 문화로 그것을 모방하는 것이 권장된다는 함의가 놓여 있기 때문이다. 요컨대 단순한 시대 구분이 아니라 모범으로 삼아야 할 일류의 것이라는 공통 이해가 '고전'이라는 호칭을 만들어온 것이다. 서양에서는 '고전 고대'란 그리스·로마의 문명을 가리키며, 그것을 다루는 '고전학'이라는 학문은 근대 유럽에서 최고의 교양, 인간성의 함양으로서 중요시되고 있었다.

그러면 누가 언제 어떠한 기준과 의도로 '고전'을 설정한 것인가? 이것은 근간에 다양한 분야에서 재검토가 일어나고 있는 '카논^{canon}'의 성립이라는 문제에 관계된다. '고전'을 정하는 것은 각 시대의 이데올로기와 문화 상황이며, '카논'은 그것들의 복잡한 얽힘에서 영향을 발휘해왔다.

서양 철학에서 고전으로 불리는 부동의 위치를 보유해온 것은 기원전 4세기의 플라톤과 아리스토텔레스 두 사람인데, 그 권위는 로마 시대에는 이미 확립되었으며, 그런 까닭에 그들의 저작이 특별히 양호한 상태로 전승되어왔다. 다른 한편 그리스·로마의 고전은 철학에 한정되지 않고 문학·역사·예술·건축·정치·법률 등의 문화 전반에 걸쳐 서양 문명의 기초가 되었다.

고대로부터 본 고대

'고대'란 누가 어떻게 본 것인가? 우리에게는 족히 고대로 간주되는 고전기 그리스는 인류의 역사에서 반드시 가장 오래된 문명이 아니며, 이집트나 메소포타미아의 선진 문명과의 거리에서 말하자면 우리와 그들만큼이나 시대가 떨어져 있었다. 『길가메쉬 서사시』의 주인공이자 우르크 제1왕조의 왕으로 생각되는 길가메쉬는 기원전 2600년경의 인물로 추정되고 있다. 기원전 800년경에 호메로스가 노래한 트로이 전쟁은 기원전 13~12세기경에 일어난 사건으로 생각된다. 길가메쉬는 그로부터 천몇백 년을 더 거슬러 올라가게 된다.

탈레스가 철학을 시작한 기원전 6세기 전반에 이집트에서 번영하고 있던 것은 제26왕조(기원전 664년~기원전 525년)로, 나일강 하구 삼각주의 사이스를 수도로 하고 있었다. 그리스인에 대해 압도적인 문화 격차가 있었던 아르카이크archaic(상고上古) 시기는 말할 필요도 없고 고전기의 사람들에게도 거기에는 아득한 '고대'로부터 이어지는 문명이 있었다. 철학이 전개된 기원전 6세기로부터 기원전 4세기의 사람들에게 있어 피라미드로 유명한 쿠푸는 2,000년 이상 이전의 왕이었다.

한 이야기를 소개하고자 한다. 플라톤 후기의 대화편 『티마이오스』와 『크리티아스』에 나오는 유명한 '아틀란티스 이야기'에는 이집트가 등장한다. 등장인물 크리티아스는 할아버지 크리티아스로부터 전해 들은 솔론(기원전 630년경~기원전 560년경)의 이야기라는 옛날이야기 형식으로 '고대 아테나이'가 대국 아틀란티스를 물리친 위업을 이야기하는데, 그 내용의 원천이 이집트이다.

아테나이라는 폴리스가 행한 가장 위대하고 유명한 행위는 '시간의 흐름과 그것을 이룬 사람들이 사멸한 까닭에, 그 담론이 여기까지 시간을 거쳐 오지 못했다.'(『티마이오스』, 21D) 그들의 위업은 솔론이 이집트를 방문했을 때 사이스 도읍의 신관들에게서 들은 것이다. 솔론은 그들에게서 옛일을 알아내려는 의도를 가지고 아테나이에서 전해지는 가장 오래된 사건을 신화에 기초하여 이야기했고, 그로부터의 계보와 거쳐온 세월을 상기하면서 이야기했다. 그러자 한 나이 든 신관이 말했다.

솔론이여, 솔론이여, 자네들 그리스인은 언제나 어린아이네. 나이 든 그리스인은 없다네. (플라톤, 『티마이오스』, 22B)

여기서 '어리다'고 하는 것은 정신이라는 척도에서 한 말인데, 그것은 아테나이가 예로부터의 가르침, 세월의 학식을 가지고 있지 않다는 것이다. 대화재나 홍수 등으로 인류는 많은 멸망을 경험해왔지만, 대지가 타오르는 불에 불살라졌을 때도 나일강 언저리의 이집트는 구제되고 홍수에 의해서도 멸망하지 않았다. 그런 까닭에 이집트에는 가장 오래된 것이 보존되어 남아 있다. 이집트에서는 '모든 것이 문자로 쓰여 남겨지며, 신전에 보존되어 있다.'(23A) 하지만 아테나이 등의 다른 지역에서는 오랜 세월에 걸쳐 역병이나 재해가 문명을 멸망시켜 문자와 학예를 지니지 못한 사람들을 남겼다.

> 그 결과 다시 처음부터 자네들은 어린아이처럼 태어나 있네. 이 땅의 일도 자네들의 그곳 일도 옛 시대에 있었던 한에서의 일들에 대해 아무런 앎도 갖고 있지 않다네. (같은 책, 23B)

그리스인이 믿고 있는 오랜 역사는 어린아이의 이야기보다 조금 나은 정도라고 한다. 그러한 서론을 말한 후, 이집트의 신관은 먼 옛날의 아테나이의 위업을 아테나이에서 온 솔론에게 이야기하여 들려준다. 그 내용은 물론 플라톤의 창작이다.

고대에서 말하는 철학사

신관이 사이스가 창건되었다고 한 8,000년 전이라는 숫자는 지금 우리가 보아 아득한 고대의 그리스인들에 대해 더욱 아득한 '고대'의 문명이 이집트 땅에 있고, 그리스인 자신들의 역사가 아직 어린아이에 지나지 않는다는 자각을 나타낸다. 이러한 고대 감각은 이미 로마 시대에는 고대 그리스인에 대한 눈길로 바뀌어 있다. 나아가 르네상스가 재발견한 '고대', 19세기 독일이 추구한 이상적인 '고대'와 같이 고대 문명은 각각의 시대에 언제나 새롭게 되살아났다.

동시에 이집트인 신관에게 그리스인을 '어리다'라고 부르게 했을 때, 거기에는 그리스에서 발흥한 문명이 언제나 새로움, 요컨대 무언가를 만들어내는 시원에 자리한다는 플라톤의 자부심이 놓여 있었다. 거기서 태어난 담론이 책으로서 기록되고 전승되며, 그것에 주해가 베풀어짐으로써 새로운 역사가 시작되었기 때문이다. 고대 그리스에서 성립한 철학은 그와 같은 자각된 '새로운' 앎의 영위로서 인류의 역사에 등장했다.

중국의 상고上古 사상이나 불교의 말법末法 사상처럼 옛 시대야말로 이상적이고 시대가 내려감에 따라 인간과 사회는 쇠퇴한다는 견해는 고대 그리스에도 존재했다(헤시오도스 『일과 나날』의 다섯 시대 신화 등). 하지만 철학사는 시원으로부터의 발전으로서 그려진다.

철학사를 어떻게 쓰는지는 각각의 문명의 모습과 사람들이 역사에 담은 의식을 반영한다. 19세기에 서양 철학을 만난 일본과 중국의 지식인들은 고대 그리스에 필적하는 '철학'을 고대 중국이나 고대 인도에서 발견하고자 했다. 제자백가에 대한 주목이나 초기 불전으로의 회귀가 그것이다. 우리는 여기에서도 서양 철학을 하나의 기준으로 하여 그것을 모델로 다른 철학을 말하지 않을 수 없는 딜레마에 놓여 있다. 고대 그리스라는 기준은 '고대로부터 말하기', 요컨대 '시원'으로 거슬러 올라가는 철학사를 촉구해왔다.

2. 철학과 비철학

합리성과 종교

그러면 거기서 시작되었다고 하는 '철학'이란 무엇인가? 이 물음은 반대로 무엇이 '철학이 아닌 것'으로서 배제되어왔는가 하는 물음에서 고찰된다. 제1권 제6장에서 논의했듯이 고대 그리스에서 일어난 생기 사건은 '시에서 철학으로'나 '신화(뮈토스)에서 논리(로고스)로'의 변화로서 이해되어왔다. 그 표어가 그대로는 받아들여지지 않는다고 하더라도, 변화가 무언가로부터 무언가로, 또는 무언가가 아니라 무언가라는 형태로 생겨났다는 것은 확실할 것이다. 그 경우 부정적으로 극복되고 배제되는 쪽에 속하는 것은 전통적으로 '시'라는 이야기에서 '지혜'로 여겨져 온 신적인 진리의 담론이며, 그에 대항하여 새롭게 도입된 것은 인간의 말에 의한 탐구였다. 이런 한에서 '철학'(필로소피아)의 성립이란 신들로부터 인간으로, 지혜로부터 앎의 사랑으로라는 형태로 표현될 수 있다.

하지만 거기서 극복되었다고 하는 신적인 지혜는 반드시 철학에서 그 후 아무런 역할도 수행하지 않게 된 것이 아니며, 또한 인간적인 앎의 사랑이 순조롭게 발전을 이룬 것도 아니다. 파르메니데스와 엠페도클레스와 루크레티우스는 철학의 담론을 전통적

인 육각운^{六脚韻}의 서사시로 표현하고, 신들에게로 이어지는 이야기라는 성격을 남겼다. 또한 합리성이 구현된 것으로 여겨져 온 그리스 철학과 과학이 사실은 비합리적인 요소로 가득 차 있다는 것은 영국의 고전학자 E. R. 도즈^{Erik Robertson Dodds}가 명저 『그리스인과 비이성』(이와타 야스오^{岩田靖夫}·미즈노 하지메^{水野一} 옮김, みすず書房: 원저 1951년)에서 보여주고 있다. 고대 그리스에서 성립한 '철학은 결코 직선적인 발전이 아니라 다양한 가능성을 전개하면서 서로 대항적으로 전개되는 다원성을 특징으로 하고 있었다.

철학은 합리성이라는 관점에서 자주 '종교'와 대비되곤 하지만, 이는 철학이 신이나 초월적인 차원을 논의하지 않는다는 의미에서가 결코 아니다. 확실히 기원전 6세기의 시인 철학자 크세노파네스는 서사시 등의 전통적인 '신들'의 이야기 방식에 엄격한 비판을 제기하고 합리적인 일신론에 발을 내디뎠다. 그것을 이어받은 플라톤과 아리스토텔레스는 의인화된 다신교에서 벗어나는 철학적 신 개념을 다듬어나갔다. 로마에서는 에피쿠로스학파의 원자론에 기초한 루크레티우스 『사물의 본성에 대하여』가 종래의 신들 이야기를 '미신^{superstitio}'을 의미하는 '종교^{religio}'의 말이라고 비판했다. 이 점만 보면 철학이 과학적이고 합리적인 정신에 의해 신화적 세계관이나 종교를 극복했다고 볼 수 없는 것도 아니다. 하지만 거기에 등장하는 '이데아'(플라톤)나 '부동의 동자'(아리스토텔레스)나 '우주·로고스'(스토아학파)는 새로운 신적인 지평이며, 신들을 특수한 원자로서 멀리하는 에피쿠로스학파라 하더라도 새로운 가르침을 도입한 시조 에피쿠로스를 신과 같은 철학자로서 우러러 받들고, 종교 결사처럼 공동생활을 했다.

철학을 종교와 대립하는 영위 또는 신이나 초월에 호소하지 않는 합리론으로 간주하는 것은 역사적으로도 잘못이다. 로마 시대에 시작되어 중세에 발흥하는 그리스도교 신학·철학은 특정한 종교에 기초하여 그리스 철학을 전개하고 종합적인 앎이 되었다. 이슬람 철학도 마찬가지로 『쿠란』에 입각한 철학을 발전시켰다. 동아시아로 눈을 돌리더라도 인도의 철학들은 세계관과 인생관을 품은 종교이며, 실제로 승려들이 의식을 영위하면서 수행하는 앎이었다. 중국에서도 유교와 도교는 종교 의례를 수반하며, 그것들을 받아들인 일본에서도 예로부터의 신들로부터 유교와 불교의 신앙에 이르기까지 철학과 종교는 한 몸으로서 전개되어왔다.

과학과 철학을 비종교·탈종교로 간주해온 것은 서양 근대의 세속화 움직임이었다(무라카미 요이치로村上陽一郎, 『근대과학과 성속혁명近代科学と聖俗革命』, 新曜社 참조). '세속secular'이란 종교적 배경을 벗어난 사유와 생활과 문화를 의미하지만, 18세기 프랑스의 계몽주의, 19세기 말 니체에 의한 그리스도교 비판, 특히 '신은 죽었다'라는 표어에 담긴 근대 철학의 극복은 서양 철학 전체에 해당하는 특징이 아니다. 종교와 철학의 관계를 다시 묻는 것도 세계철학의 과제 가운데 하나이다.

마술과 소피스트

과학은 합리성과 겹쳐지고 종교와 대립하는 진리 탐구로 여겨져 왔다. 그 견해를 뒷받침하는 논리가 사이비 과학을 '마술magic'로서 배제하는 태도였다.

'매직'의 어원이 된 '마기코스'라는 그리스어는 페르시아의 승려 마고스에서 파생된 형용사이다. 요술이나 주문으로 무언가를 불러일으키는 것은 의심스러운 행위이며, 과학적 정신으로부터 부정되어야 할 영위였다. 하지만 제프리 로이드Geffrey E. R. Lloyd (1933~)의 일련의 연구가 설득력 있게 보여주었듯이, 고대 그리스에서 '과학적'으로 여겨진 의학자가 반드시 환자의 치료에서 다른 민간 의료, 예를 들어 약초 의학이나 신전 의학과 비교하여 뛰어난 성과를 거둔 것은 아니다. 오히려 소박한 이론에 토대하여 관찰과 진료를 하는 히포크라테스학파의 의사는 실제 치료에서 뒤처져 있었던 듯하다. 그럼에도 불구하고 논쟁과 경험을 쌓아감으로써 '과학적'이라는 프로그램을 향해 착실하게 나아간 그리스 의학은 로마 시대의 갈레노스(127년경~200년경)를 매개로 하여 서양 의학의 기초를 구축했다.

'철학'(필로소피아)도 마찬가지 경위를 밟아갔다. 초기의 철학자가 제시한 '시원·원리'(아르케)의 이론들은 관찰과 실증과 논증으로 도출된 것이 아니라 풍부한 상상력과 적극적인 이론 구축을 통해 형성되었다. 만물의 시원을 '물, 공기, 무한, 수' 등으로

단정하는 것은 현대의 눈으로 보면 황당무계할지도 모르지만, 거친 사유는 논쟁을 통해 세련화되고 발전에의 길을 더듬어 서양 철학에 이르렀다.

과학을 수립하는 맞짝 개념이 '마술'이었듯이, '철학'을 확정하기 위해 플라톤이 사용한 맞짝 개념이 '소피스트'였다. '소피스트'라는 말은 적어도 기원전 5세기 전반에는 '지자'와 거의 같은 뜻으로 사용되는 명사였지만, 프로타고라스가 자기 직업의 이름으로 제시한 이후, 돈을 받고 교육하는 직업인을 가리키게 되었다. 하지만 그 시점에서 이 명칭에 대한 부정적인 함의는 확정되지 않았으며, 당시 그리스인들은 소피스트들의 새로운 사상에 주목하고 그들의 자극적인 담론을 모방하며 칭찬하고 있었다.

상황이 결정적으로 변하는 것은 기원전 399년에 소크라테스가 아테나이에서 고발되어 사형에 처하고 나서이다. 그 죄의 내용은 '폴리스가 믿는 신들을 믿지 않는다'라는 신에 대한 불경의 의심과 '젊은이들을 타락시킨다'라는 교육 책임으로 이루어져 있었는데, 그 두 가지는 소피스트에 대해 막연히 가해진 비판이었다. 플라톤의『소크라테스의 변론』이 처음에 그 혐의를 간단히 물리치듯이 소크라테스는 돈을 버는 직업적 교사는 아니었지만, 기원전 5세기 후반의 지적 조류를 소피스트 사조라고 부른다고 하면 그도 그 안에 자리하고 있었음은 틀림없다.

소크라테스에 대해 가해진 계속된 비판에 대해 제자들이 '소크라테스 문학'을 집필함으로써 반론했을 때, 플라톤이 취한 전략은

'철학자 소크라테스'를 다른 '소피스트들'과 확연히 구별함으로써 후자를 비판하고 전자를 구제하는 것이었다. 『프로타고라스』와 『고르기아스』를 대표로 하는 대화편에서 플라톤은 양자를 대조적으로 묘사함으로써 '철학'을 '비철학'과 구별해 나간다. 거기서는 소피스트의 주요한 교육 영역이었던 '변론술'(레토리케)이 표적이 되며, 철학의 정통한 방법인 '대화술·문답법'(디알렉티케)과의 명확한 대비에서 전자의 가치가 부정된다.

　주의해야 할 점은 현대의 우리에게 자명하게 생각되는 '철학자 대 소피스트'의 구별과 대비가 거의 플라톤 한 사람이 만들어낸 것이라는 점이다(노토미 노부루, 『철학의 탄생哲学の誕生』, ちくま学芸文庫, 보론 참조). 남아 있는 문헌에서 판단하면, 소크라테스의 다른 제자들은 소크라테스에게 '철학자'의 성격을 부여하고서 '소피스트'와 대립시키지 않았다. 오히려 안티스테네스, 아리스티포스, 아이스키네스 등은 소피스트의 영향을 받은 변론술의 능숙한 사용자이기도 하며, 뒤 두 사람은 수업료를 받고서 가르치는 소피스트를 직업으로 하고 있었다. 또한 그들의 동시대에 고르기아스의 제자이자 변론술 교사였던 알키다마스와 이소크라테스(기원전 436년경~기원전 338)는 자신들이 철학자라고도 자부하고 있었다. '철학자 대 소피스트'라는 구별은 플라톤이 사용한 독자적인 대립 도식이지만, 결코 일반적으로 받아들여진 것은 아니었다.

　'철학자'(필로소포스)라는 개념을 중시하는 것에는 이 말이 유래한 퓌타고라스학파와의 관계가 놓여 있다. 또한 동시대에 반드시 공유된 것은 아니었던 '철학자 대 소피스트'의 구별이 뿌리를 내리는 데서는 플라톤 자신의 영향력과 함께 제자인 아리스토텔레스가 이 구별에 서서 철학을 구축했다는 점이 작용했다. 두 사람의 영향력 아래 철학은 변론술이나 궤변술^{sophistry}과 같은 비철학과 대비되는 가운데 엄밀하고 정통한 지적 탐구라는 신분을 확립했다.

변론술(레토릭)의 전통

플라톤의 대비로 인해 분열적인 성격을 짊어진 한 사람으로 이소크라테스가 있다. 플라톤과 같은 시기에 아테나이에 변론술 학교를 열고 있었던 이 유명한 소피스트·철학자는(히로카와 요이치廣川洋一, 『이소크라테스의 수사학교イソクラテスの修辭学校』 참조) 나중의 전통에서 변론술의 대표로 여겨짐으로써 철학사에서 완전히 배제되어왔다.

이소크라테스는 플라톤에 의한 '철학' 정의를 의식하여 그것을 뒤집으려고 했다. 크세노파네스와 파르메니데스에게서 유래하는 '진리'(알레테이아^{aletheia})와 '의견'(독사^{doxa})의 구별을 이어받은 플라톤은 진리에 관계되는 '참된 앎'(에피스테메^{episteme})을 중시하고 수학적 학문을 통한 교육 프로그램을 제시하면서 인간이 감각과 의견으로부터 어떻게 빠져나올 것인가 하는 '혼의 전환'이 '철학'이라고 논의했다. 지식의 대상인 이데아는 불변하고 절대적인 실재이며 보편성을 특징으로 한다. 이에 대해 이소크라테스는 수학 등의 이론적 지식은 실천에 도움이 되지 않으며, 오히려 사려를 둘러싼 건전한 판단(독사)이야말로 중요하다고 설득했다 (『안티도시스』). 불변하고 보편적인 법칙이 아니라 각각의 장에 시의적절한 것이 중요하며, 그 철학을 전수하는 것이 변론술의 교육인 것이다. 시대 상황과 개별성과 우연성을 사상하는 경향이 있는 플라톤적인 철학이 아니라 역사에서 공공의 실천을 지향하는 철학이야말로 이소크라테스가 대항하여 내세운 이념이었다.

이소크라테스의 철학 이념은 플라톤이 주류가 되는 서양 철학의 역사에서 언제나 뒤안길이나 그림자의 존재가 되어왔다. 로마에서는 키케로(기원전 106~기원전 43)가 자신의 '변론가'라는 이념으로써 철학과 변론술을 통합하고자 했지만(『변론가에 대하여』), 그 후의 역사는 키케로도 독창적이지 않은 절충주의자로서 주변으로 내몰고 만다. 르네상스의 인문주의는 그 변론술을 부활시키며, 이탈리아의 비코(1668~1744)나 독일의 헤르더(1744~1803) 등이 그 전통을 이어받는다. 변론술이라는 '비철학'의 전통은 플라톤 이래의 서양 철학이 그것을 배제함으로써 자기의 정의를 확보해온, 말하자면 '철학자의 그림자'를 이룬다. 그것을 어떻게 재평가할 것인가 하는 것이 현대의 세계철학의 과제들 가운데 하나이다(노토미 노부루納富信留, 『소피스트란 누구인가?ソフィストとは誰か?』, ちくま学芸文庫 참조).

레토릭을 비롯한 비철학 전통을 다시 바라보는 것이 세계철학에 있어 중요한 것은 좁은 의미의 '철학'(필로소피아) 이념이 서양의 중심적인 사상 이외의 전통들을 배제하는 경향에 있기 때문이다(제1권 제1장 참조). 문학·수사·역사·교육·정치와 같은 영역들을 폭넓게 철학에 포괄하여 서양 이외의 사상을 파악하기 위해서는 서양 내부에서의 타자인 '변론술'을 음미하는 것이 결정적으로 중요해진다.

3. 학교와 학파

필사와 주석의 전통

고대의 일정한 시기에 탄생한 다양한 철학도 이후 2,000년 이상에 걸쳐 계승되며, 무언가 영향을 미치지 않는 한 철학의 역사에 편입되지 못했다. 이것은 무엇보다도 물리적인 의미에서 그러하다. 고대 그리스에서 파피루스 두루마리 등에 쓰여 남겨진 저작은 오랜 세월에 걸쳐 다시 필사되어 새롭게 남겨지지 않는 한, 마모와 파손 등으로 인해 읽을 수 없게 되고 머지않아 소멸해 버렸다. 사상에는 유행하고 폐기되는 것도 있지만, 읽히지 못하는 저작은 잊혀간다. 반대로 단순히 읽힐 뿐만 아니라 카논으로서 존중받고 그 책에 대해 주석이 쓰인 일부 저작은 더욱 널리 읽히고 전통을 형성해 나간다. 서양 고대 철학에서는 플라톤과 아리스토텔레스의 저작이 각각 기원후 1세기와 기원전 1세기에 편찬되고 로마 시대에 많은 주석이 저술된 것이야말로 두 사람의 저작이 다른 것을 압도하는 규모로 남게 된 이유일 것이다.

철학의 저작이 전승되고 연구 대상이 되기 위해서는 문헌학^{philol-ogy}과의 밀접한 제휴가 필요했다. 헬레니즘 시대에는 이집트의 알렉산드리아 도서관을 거점으로 호메로스 등에 대한 문헌 비판이 시작되었으며, 거기서 성립한 문헌학이 철학을 학문으로 성립시키는 기반이 된다.

학교와 학파의 성립

사상은 책만으로 계승되는 것이 아니다. 고대에 성립한 중요한 기관은 학교(스콜레^{scole})이며, 조금 더 느슨한 형태로는 학파였다. 그리스 문화사에서 하나의 분수령은 기원전 5세기에서 기원전 4세기로의 이행에 놓여 있는데, 소크라테스의 죽음이 그 상징이다.

아테나이에서는 기원전 390년경에 이소크라테스가, 기원전 387년경에 플라톤이 아카데메이아에서 학교를 열었다. 이소크라테스의 수사학교는 50년간에 걸쳐 학생들을 교육했으며, 플라톤도 아카데메이아에서 스스로 40년가량 교육 연구 활동을 한 후, 조카인 스페우시포스(기원전 410년경~기원전 339)가 학원을 이어받는다. 플라톤의 학원에서 20년 정도 공부한 아리스토텔레스도 편력 시대 후에 아테나이로 돌아와 기원전 335년에 뤼케이온의 땅에 학교를 열었다. 이어지는 기원전 3세기에는 사모스에서 아테나이로 온 에피쿠로스가 아테나이 교외에 '정원'(케포스 kepos)이라고 부르는 저택을 가지고, 그 학교에서 에피쿠로스 철학이 번영한다. 이러한 철학 학교들은 철학의 연구와 교육을 집중적으로 행하는 장소일 뿐만 아니라 공동 연구로 성과와 자료를 축적함으로써 차세대로 이어주는 문화적 역할을 담당했다.

특정한 시설을 갖추고 있는 학교는 아니지만, 집단으로 사상과 활동을 공유하고 사제 관계 아래 가르침을 계승해가는 '학파'도 이 시기에 성립한다. 소크라테스의 제자들이 만든 퀴레네학파와 메가라학파 그리고 그 흐름을 이어받는 것으로 생각되는 퀴니코스(견유)학파와 스토아학파가 그것들이다. 디오게네스 라에르티오스의 『유명한 철학자들의 생애와 사상』이 보여주듯이 서양 고대에 철학은 계보로서 성립해 있었다.

분수령이라고 말한 것은 기원전 5세기에는 그와 같은 특정한 장소에서 통합된 교육을 하는 시스템이 이루어져 있지 않았기 때문이다. 소피스트들은 각지를 방문하여 수업하고 있었지만, 일시적인 체류에 지나지 않았다. 철학이 학교라는 형태로 제도화되고 전통을 짊어지는 장이 생겨난 것은 기원전 4세기 초였다.

학원 아카데메이아

플라톤이 학원을 열게 된 계기는 두 가지였다. 하나는 학원

설립 전에 여행한 남이탈리아에서 알게 된 퓌타고라스학파의 공동체이다(B. 첸트로네Bruno Centrone, 『퓌타고라스학파ピュタゴラス派』, 岩波書店 참조). 탈라스를 비롯한 지역에서는 퓌타고라스학파 사람들이 공동생활을 꾸려가고 있었는데, 플라톤은 그러한 공동적 삶을 철학의 있어야 할 모습으로 생각하고, 공동 식사와 공동 연구를 모범으로 하여 학원을 구상했다고 생각된다.

또 하나의 계기는 지금까지 여러 차례 등장한 소크라테스의 사형이다. 거리에서 장소를 가리지 않고 사람들과 철학 대화를 나눈 소크라테스는 물음을 던진 상대방으로부터 미움을 샀을 뿐만 아니라 주위를 둘러싸고 보고 있던 사람들에게도 오해되고, 젊은이들이 부적절하게 흉내를 내는 등의 문제를 일으키게 된다. 그리하여 철학에는 반사회적인 영위라는 딱지가 붙여지게 되었다. 그 영위를 가까이에서 보고 들은 플라톤은 일상생활의 공간에서 자유롭게 행하는 논의(파레시아)의 위험성을 충분히 인식하고, 굳이 철학을 수행하는 공간을 제한함으로써 그 내부에서 자유로운 학문과 철학의 담론이 언제나 가능한 장을 만들어냈을 것이다. 학문의 자유와 자율이라는 이념은 플라톤의 학원을 모델로 하여 중세 유럽의 대학으로부터 근현대의 대학에 이르기까지 끊어지지 않고 이어지고 있다.

플라톤의 학원 아카데메이아가 실제로 어떤 환경과 기반을 지니며 그곳에서 어떠한 교육이 행해지고 있었는지는 추정에 지나지 않지만(히로카와 요이치廣川洋一, 『플라톤의 학원 아카데메

이아*プラトンの学園アカデメイア*』 참조), 다음과 같은 모습이 엿보인다. 아카데메이아에서는 수업료를 받지 않았다. 입문은 신분이나 성별을 묻지 않았고 여성 성원도 있었다. 특정한 교육 프로그램은 없었으며 수준에 따른 토론과 연구가 이루어졌다. 플라톤 자신은 거의 강의하지 않았다. 공동 식사 등 공동생활을 통한 철학이 지향되었다. 현대적으로 말하자면 학교라기보다는 연구소에 가까운 조직일지도 모른다.

학원의 경제적·사회적 기반에 관해서는 불명확한 점도 많지만, 19세기 후반에 독일의 고전학자 빌라모비츠-묄렌도르프 Ulrich von Wilamowitz-Moellendorff(1848~1931)가 '티아소스'라는 학설을 제안했다. 티아소스란 아테나이에서 인가받은 종교 결사이며, 인정된 단체에 대해서는 법적인 보호와 경제적인 원조가 주어졌다. 이 학설은 널리 유포되었지만, 현재는 부정되는 경향에 있다. 하지만 혹여 아카데메이아가 티아소스가 아니었다 하더라도, 비교적 자유롭고 자율적인 시스템에 따라 대대로 이어지는 학원장에 의해 운영되었을 것이다. 도중에 쇠퇴나 단절의 시기가 있었을지도 모르지만, 학원은 기원후 529년에 동로마 황제 유스티니아누스 1세(483~565)가 이교도의 학교 폐쇄령을 내리기까지 900년 남짓 존속하며 많은 철학자의 수련장이 됨과 동시에 서양 철학의 상징으로서 후세에까지 전해지게 된다.

학교의 중요성

로마 시대에는 황제로부터 인가받은 철학·수사학의 학교도 있고, 플로티노스처럼 사적인 학교를 로마에 여는 사람도 있었다. 헬레니즘으로부터 로마 시기에는 '자유 학예'의 이념도 형성되어 교육과 교양의 초석이 된다. 철학 중에서도 아카데메이아 제3대 학원장인 크세노크라테스(기원전 395년경~기원전 314년경)에게서 유래하고 스토아학파가 받아들인 '논리학, 자연학, 윤리학'이라는 세 부문의 학문 분류가 널리 퍼지고, 나아가 그것들이 세부적으로 구분되거나 정비되거나 한다. 이리하여 철학은 학교라는 장에서 도서관이나 교실 등의 시설을 중심으로 함께 논의하고 연구하면서 일정한 사상을 공유하고 전해가는 제도가 되었다.

서양 철학에 대해 그리스와 로마의 학교가 요람이 되었듯이, 고대의 중국과 인도, 나아가 후대에도 학교와 그에 해당하는 조직, 예를 들어 종교의 교단, 사원, 교육 기관 등이 전통을 형성하는 데서 중요한 역할을 했다. 서양 중세에는 그리스도교의 수도원이 그 역할을 담당한다. 중세 대학이 볼로냐와 파리에서 탄생하는 것은 12~13세기의 일이었다.

중국에서도 고대로부터 유교를 중심으로 한 교육 제도가 있었다 (고미나미 이치로小南一郎, 「중국 고대의 학문과 학교中国古代の学と校」, 고미나미 이치로 편, 『학문의 형상―또 하나의 중국 사상사学問のかたち―もう一つの中国思想史』, 汲古書院 참조). 또한 서양의 대학에 상응하는 '서원'은 당나라의 현종 황제(685~762) 시대에 성립하고 북송 시대에 본격화했다. 거기서는 일방적인 강의가 아니라 '강학'이라는 방식으로 특정한 주제를 토의하는 교육이 채택되었다고 한다 (나카지마 다카히로中島隆博, 「중국의 대학中国の大学」, 미야모토 히사오宮本久雄 외 편, 『대학의 지혜와 공육大学の智と共育』, 教友社 참조). 서원은 정치적 힘을 지니는 동시에 신을 모시고 제사를 받들어 올리는 장이기도 하며, 아카데메이아 등 아테나이의 학교에 티아소스적인 성격이 있었던 것과 비슷하다.

철학의 세계화와 번역

종교에서는 그리스도교, 이슬람, 불교 등 한 민족이나 한 지역을 넘어서서 널리 퍼진 것을 '세계 종교'라고 부르며 다른 민족 종교로부터 구별하려고 하는 시도가 있었다. 철학에서도 마찬가지로 한 문화와 시대에 머무르는 철학과 좀 더 넓은 범위와 시대에 영향력을 지닌 철학이 구별될 수 있는지가 문제가 된다. 종교에서는 주로 교의의 보편성의 정도가 세계화의 기준으로 생각되는 듯하지만, 그 기준으로 다양한 철학의 종을 구별하는 것은 적절해 보이지 않는다. 철학은 '보편성'을 기반으로 하는 영위이며, 어떤 세계관이나 인생관이 특정한 사람들에게만 해당한다면 철학의 정의에 어긋나기 때문이다.

하지만 이 문제는 오히려 '번역'이라는 관점에서 생각하는 것이 적합하다. 어떤 사상은 특정 시대를 배경으로 하여 태어나며, 특정 언어로 동시대나 선행하는 다른 사상을 참조하면서 표현된다. 그것이 다른 시대에 다른 언어로써 다른 문화권으로 옮겨지는 경우, 번역이라는 영위가 필요해진다. 번역 과정에서는 갈등이나 위화감을 통해 새로운 창조가 이루어진다. 개별적인 철학 용어들은 말할 필요도 없고 학설과 체계 전체가 한 덩어리로 번역됨으로써, 새롭게 표현된 철학뿐만 아니라 그 기원에 놓여 있던 철학도 변용을 일으킨다. 번역을 통한 월경이 철학에 세계화를 초래해간다.

번역은 '수용reception'이라는 창조적인 영위이며, 이 과정을 좀 더 많이 경험한 사상, 좀 더 풍요로운 전개를 보인 철학이 세계철학으로서의 성격을 강하게 띤다고 생각하면 어떨까? 이 제2권에서 논의되는 그리스 철학의 라틴 세계, 그리스도교로의 도입이 그 전형이다 — 키케로와 세네카와 보에티우스가 중요한 역할을 했다. 그리스 철학과 과학의 문헌은 또한 시리아어, 아라비아어, 아르메니아어 등으로도 번역되어 간다. 더 나아가 산스크리트 불전으로부터의 한역과 일본으로의 이입, 라틴어로부터 근대 유럽어들로의 번역, 또한 19세기 서양어로부터 일본어로의 번역 과정은 그때마다 철학적 사유를 크게 자극했다. 번역이라는 창조적 영위를 통해 새로운 생명을 품은 철학이야말로 세계철학이라고 부르기에 어울린다.

그런데 그러한 과정은 다양한 시대와 지역에서 일어났으며,

이런 의미에서의 세계화는 현재도 일어나고 있고 미래에도 이어진다. 지금까지는 그리 주목받지 못한 철학과 사조가 새롭게 번역되고 이입됨으로써 세계철학에서 좀 더 중요한 역할을 짊어질 것도 기대된다. 그것들은 이입된 곳의 문화와 철학에도 지각변동을 가져오고 긴장과 융합의 영향을 통해 새로운 철학을 산출할 것이다. 그것이야말로 세계철학을 추진하는 의의이자 세계철학사를 그릴 가능성이다.

☞ 좀 더 자세히 알기 위한 참고 문헌

— 히로카와 요이치廣川洋一, 『플라톤의 학원 아카데메이아プラトンの学園アカデ
メイア』, 岩波書店, 1980년/講談社学術文庫, 1999년; 히로카와 요이치, 『이소
크라테스의 수사학교 — 서구적 교양의 원천イソクラテスの修辞学校 — 西歐的
敎養の源泉』, 岩波書店, 1984년/講談社学術文庫, 2005년. 고대 그리스에서 성립
한 학문과 철학의 존재 방식을 알기 위한 기본 문헌으로 유럽어에도
유례가 없는 뛰어난 저작.
— W. 예거Werner Jaeger, 『파이데이아 (상)パイデイア (上)』, 소다 다케히토曾田長人
옮김, 知泉書館, 2018년[이하 속간]; H. I. 마루Henri Irénée Marrou, 『고대
교육문화사古代敎育文化史』, 요코오 다케히데橫尾壯英 외 옮김, 岩波書店, 1985
년. 20세기 전반을 대표하는 서양 고대 문화론, 교육론. 서양 문명이
고대 그리스로부터 무엇을 이어받고 무엇을 살리고자 하는지, 그 원점으
로 돌아가 생각하기 위한 개설서.
— 묘죠 기요코明星聖子 ·노토미 노부루納富信留 편, 『텍스트란 무엇인가?テクス
トとは何か』, 慶應義塾大学出版会, 2015년. 책의 전승·교정의 문제를 통해
우리가 계승해온 것이 무엇인지, 읽는 텍스트란 무엇인지를 근본에서
생각한다. 우리에게 필요한 것은 텍스트를 독해하는 힘이다.
— 존 살리스John Sallis, 『번역에 대하여翻譯について』, 니시야마 다쓰야西山達也
옮김, 月曜社, 2013년. 고대 철학과 현상학의 제1인자가 번역의 철학적
의의를 논의한다.

제2장

로마로 들어간 철학

곤도 도모히코 近藤智彦

1. 토가를 입은 철학

로마 철학이란?

철학(필로소피아)이라 불리는 영위가 그리스어 세계를 넘어서서 처음으로 퍼져 간 것은 기원전 2세기에 지중해 세계의 패자가 된 로마에서였다. 로마로 철학이 들어가지 않았더라면, 철학은 한 지역과 한 언어의 틀을 벗어나지 못했을지도 모른다. 고대 로마의 언어였던 라틴어는 이 시대에 철학을 담당할 수 있는 언어로 충분히 단련되며, 그 후 1,000년 이상에 걸쳐 서양 철학의 공통 언어로서 군림하게 된다.

그렇지만 이 시대에 철학이 일거에 보편적인 것이 된 것은 아니다. 고대 로마에서는 오랫동안 철학이 그리스에서 유래한 수입 학문이라는 성격을 내던지지 못했다. 또한 라틴어와 함께 그리스어로 이루어진 저술도 계속되었으며, 오히려 이 그리스어 저술이 중심적이었다. 로마 황제 마르쿠스 아우렐리우스(기원후 121~180)에 의한 『자성록』이 그리스어로 저술되었다는 것은 철학의 그리스적인 성격을 상징한다.

로마 철학은 전통적인 철학사 기술에서는 낮은 평가를 감수해왔다. 이것은 철학에 국한되지 않고 문학 등도 포함한 문화 일반과 관련해 로마는 그리스의 재탕에 지나지 않는다는 전통적인 평가와 궤를 같이하고 있다. 특히 철학에 관해 이야기되어온 것은 다음과 같은 평가이다. ① 내면에 틀어박히는 것에 의한 마음의 평정 희구. ② 실천 편중과 이론의 결여. ③ 독창성이 없는 절충주의.

이것들은 어느 것이든 근거가 없는 것은 아니지만, 실제 상황은 말할 필요도 없이 좀 더 복잡하다. 다행스럽게도 최근 몇 년 사이에 로마 철학의 재평가가 진행되고 있다. '토가(고대 로마 시민의 겉옷)를 입은 철학Philosophia Togata'은 그러한 연구의 진전을 촉진한 논문집의 제목이다(옥스퍼드대학출판국, 1989; 1997). 이러한 연구 성과로부터 볼 수 있는 것은 철학과 정치 사이의, 학문과 실천 사이의 긴장 관계를 의식하면서 그리스에서 유래한 철학을 자기 것으로 만들고자 한 로마 사람들의 고심의 흔적이다.

2. 로마 철학의 시작

철학자 사절단

로마에서의 철학의 시작을 논의할 때 키케로는 남이탈리아에서 활동한 퓌타고라스의 가르침이 로마에 침투해 있었을 가능성을 들고 있다(『투스쿨룸 대화』, 4 · 2~5 외). 하지만 그것은 키케로 본인도 인정하듯이 단순한 억측일 뿐이다. 실질적인 철학의 시작을 이루는 것으로 생각되는 것은 로마가 세력을 확대하는 가운데, 기원전 155년에 아테나이에서 로마로 정치적 협상을 위해 파견된 사절단이다. 사절단은 아카데메이아학파의 카르네아데스, 페리파 토스학파의 크리토라오스, 스토아학파의 바뷜로니아의 디오게네 스라는, 그 모두가 당대에 으뜸가는 철학자로 구성되어 있었다.

흥미로운 것은 이 사절에 얽힌 카르네아데스(기원전 214/3~기 원전 129/8)의 일화이다. 그는 정의를 옹호하는 변론을 한 다음 날 정의를 비판하는 연설을 하여 충격을 주었다고 전해진다. 그의 정의 반대론은 그 당시의 변론 그 자체가 아니라고 생각되지만, 키케로『국가에 대하여』제3권(및 그것의 흩어져 없어진 부분에 기초한 락탄티우스 등의 자료)에 의해 전해진다. 오늘날 '카르네아 데스 널빤지'라는 이름으로 알려진 논의도 이 안에 들어 있다. 배가 난파되어 바다 위에 두 사람만 남겨지고, 한 조각만 남겨진 배 널빤지에는 자신보다 힘이 약해 보이는 사람이 매달려 있다.

칼레도니아

하드리아누스의 장성

히페르니아

북해

발트

대
서
양

브리타니아

론디니움

베르기카

라
인
강

게르마니아

루테티아

갈리아

아퀴타니아

라에티아

노리쿰

판노니아

타
라
코
넨
시
스

나르보넨시스

트로사

앗쉬리아

아퀼레이아

일
리
리
아

달
마
티
아

루시타니아

이
탈
리
아

아
드
리
아
해

코르시카

로마

사군툼

네아폴리스

타렌툼

가데스

바에티카

사르디니아

카르타고 노바

지

크로톤

팅기스

마우레타니아

누미디아

카르타고

시칠리아

메사나

시라쿠사

탑소스

중

▨ 그라쿠스의 개혁(기원전 133년) 무렵의 영토

▨ 트라야누스 황제(재위 98~117년) 시대의 영토

ᒷᒣᒷᒣ 국경 장성(리메스) 선

고대 로마의 영토

44 _ 세계철학사 2

드네푸르강

볼가강

우랄강

돈강

키아

콜키스

보스포로스 왕국

이베리아

흑해

알바니아

카스피해

시아 트라키아

도니우강

아르메니아

도니아

비잔티움
(콘스탄티노플)

트라베수스

갈라티아

페르가몬

파르티아 왕국

아시아

카파도키아

앗쉬리아

이코니움

메소포타미아

티그리스강

유프라테스강

아테나이

킬리키아

스파르타

안티오키아

팔미라

키프로스

시리아

바빌론

다마스쿠스

크레타

카이사레아

해

예루살렘

네

알렉산드리아

나이카

아라비아

멤피스

이집트

0   500 km

이러한 상황에서 그 사람을 밀어내고 널빤지를 빼앗아야 할까? 정의로운 사람이라면 그와 같은 일은 하지 않겠지만, 그렇게 하지 않으면 살아남을 수 없는 까닭에 정의를 지키는 것은 어리석은 일이라는 논의이다.

왜 카르네아데스는 이렇게 논의했던 것일까? 당시의 아카데메이아학파는 우리에게는 확실하게 파악될 수 있는 것이 아무것도 없다고 하는 회의주의 입장을 취하고 있었다. 그 입장에 따라 그들이 자주 사용한 것은 모든 사항에 대해 찬반 양면으로부터 논의하는 논법이다. 카르네아데스의 정의 반대론도 그것이 진리라는 것을 보여주기 위한 것이 아니라 종래의 정의론을 비판하여 회의로 이끌기 위한 것이었다고 생각된다.

그렇지만 이러한 반도덕적인 주장을 도마 위에 올리는 것도 마다하지 않는 철학에 대해 경계심을 품는 자가 나오더라도 이상하지 않다. 키케로는 카르네아데스의 정의 반대론을 응용하여 '지배로 인해 번영하는 모든 민족이, 특히 전 세계를 손아귀에 넣고 있는 로마인 자신이 만약 정의로운 사람이고자 한다면, 즉 다른 사람의 물건을 반환하게 된다면, 오막살이로 돌아가 빈궁의 상태에 빠지지 않을 수 없을 것이다'라는, 로마 제국주의에 대한 은근한 빈정거림으로도 여겨질 수 있는 논의를 등장 인물에게 말하게 하고 있다. 이러한 논의를 가능하게 하는 철학은 매력적이지만 위험을 수반하는 것으로 비쳤을 것이다.

실제로 마르쿠스 포르키우스 카토(대 카토)는 철학자의 추방을 기도했다고 전해진다. 다만 그의 표적은 철학뿐만 아니라 그리스 문화 일반이었다. 그 자신은 아테나이에서 공부한 적도 있었지만, 아들에 대해 그리스 문화의 위험을 설명하고, '그리스인은 대단히 간악하고 다루기 어려운 종족이며, 예언자로서 말하자면, 이 종족이 그들의 학문을 가져올 때는 모든 것을 파괴할 것이다'라고 적어 전했다고 한다(대 플리니우스, 『박물지』, 29·14).

수입 학문으로서의 철학에 대한 경계심은 그 후에도 계속되지만, 철학을 비롯한 그리스 문화는 로마에 점차 뿌리를 내리게 된다. 가장 큰 역할을 한 것으로 생각되는 것은 역사가 폴뤼비오스와의 우호 관계로도 잘 알려진 스키피오 아이밀리아누스(소 스키피오)이다. 키케로는 스키피오 주변에 모인 학술을 애호하는 사람들, 이른바 '스키피오 서클'을 이상화하여 그리고 있으며, 위에서 언급한 『국가에 대하여』 외에 라일리우스가 소 스키피오와의 우정을 이야기하는 작품 『우정에 대하여』에서도 그들을 등장시키고 있다. 덧붙이자면, 『국가에 대하여』 마지막 권의 '스키피오의 꿈'은 5세기에 마크로비우스에 의한 주해가 이루어지고 고대 우주론의 고전으로서 계속해서 읽히게 된다.

철학의 정착

철학이 로마에 뿌리를 내리는 데 가장 중요한 역할을 한 것은 소 스키피오 곁에 오래 머무르고 그의 죽음 이후에는 아테나이에서 스토아학파의 대표자가 된 파나이티오스(기원전 185/0년경~기원전 109)이다. 키케로 『의무에 대하여』 전 3권은 19세기에 이르기까지 도덕철학의 권위가 된 글이지만, 그 가운데 1·2권은 주로 파나이티오스에 의거했다고 키케로 본인이 적고 있다. 파나이티오스 자신이 어디까지 철학의 로마화를 의도하고 있었는지는 분명하지 않지만, 로마의 토양에 친숙한 것이었음은 확실할 것이다.

키케로는 파나이티오스에 대해 '그들[초기 스토아학파의 완고함과 조야함을 피하고 가혹한 가르침과 번거로운 논증을 높이 평가하는 일 없이 한편으로는 좀 더 온당함에, 다른 한편으로는 좀 더 쉽고 명료함에 마음 쓰고, 그 자신의 저작이 보여주고 있듯이 플라톤, 아리스토텔레스, 크세노크라테스, 테오프라스토스, 디카이아르코스의 이름을 끊임없이 입에 올리고 있었다'라고 전해준다(『선과 악의 궁극에 대하여善と惡の究極について』, 4·79, 나가타 야스아키永田康昭·가네토시 다쿠야兼利琢也·이와사키 쓰토무岩崎務의 번역을 수정). 여기에서는 이미 보았던 로마 철학에 대한 전통적 평가에 연결되는 두 가지 측면이 지적되고 있다. 하지만 어느 것이든 유보가 필요하다.

키케로가 전하는 파나이티오스의 '의무officium'(그리스어의 '적절한 행위 [카테콘katechon]'의 번역)에 관한 논의는 특히 유능한 젊은이들에게 현실 사회에서 살아갈 때의 지침을 보여줄 것을 목표로 한다. 특히 잘 알려진 것은 무엇을 하는 것이 자신에게 '적당'(프레폰)한지를 생각할 때, 네 가지 '역할'(그리스어로는

원래 '가면'을 의미하는 프로소폰, 라틴어로는 persona)을 고려해야
만 한다고 하는 논의이다. 즉, ① 인류 공통의 이성적 본성, ②
각 사람에게 고유한 성격, ③ 사회적 지위 등 우연한 상황에서
부과되는 역할, ④ 자신의 의지로 선택하는 삶의 방식, 이 네
가지가 그것이다(『의무에 대하여』, 1·107~21). 이러한 논의는 보
통의 인간으로서는 거의 도달할 수 없는 엄격한 이상으로서의
현자의 존재 방식을 설파한 초기 스토아학파와는 선을 긋는 것으로
도 보인다. 특히 개개인의 성격의 다양성에서 적극적인 윤리적
의의를 발견하고 있는 것은 주목할 만하다.

하지만 거기서 보아야 할 것은 이론의 결여나 타협이 아니라
현실에서 각 사람이 놓인 상황과 보편적 원칙 사이를 왕복하는
것의 필요성이라는 윤리학에 있어 필요 불가결한 통찰일 것이다.
더욱이 이러한 현실 상황에 입각한 고찰은 남아 있는 자료에 편향이
있긴 하지만 초기 스토아학파에서도 발견된다(제1권 제9장 참조).
또한 파나이티오스가 실천 윤리만을 이야기했던 것은 아니라는
점도 지적해둘 필요가 있다. 그는 천문학을 열심히 하였다고 하며,
초기 스토아학파에서는 일반적으로 인정되고 있던 우주 대화재설
을 부정하고 점술에 대해서도 회의적이었다고 전해진다.

파나이티오스는 플라톤이나 아리스토텔레스를 좋아하여 끌어
들인 것으로 전해지지만, 거기에서 안이한 절충을 찾아내는 것도
과녁을 빗나가는 일이다. 마음에는 충동(호르메)과 이성의 두
부분이 있다는 키케로 『의무에 대하여』(1·101)의 논의에 관해서는

플라톤과 아리스토텔레스의 혼의 여러 부분의 구별을 파나이티오스가 도입한 것이 드러난 것으로 여겨지기도 했다. 하지만 이 논의가 정말로 파나이티오스에게로 소급되는 것인지, 소급된다고 하더라도 초기 스토아학파로부터의 이반이라고 할 수 있는 것인지에 대해서는 해석이 나뉘어 있다.

똑같은 해석상의 문제가 있는 것이 파나이티오스에게서 배우고 로도스섬에 학교를 연 포세이도니오스(기원전 135년경~기원전 50년경)이다. 그는 역사학, 지리학, 천문학, 기상학, 수학 등 폭넓은 학문에 관여한 대학자이자 폼페이우스나 키케로와 교류하는 등, 로마의 정치가들과도 관계가 있었다. 포세이도니오스는 초기 스토아학파인 크뤼시포스를 비판하여 혼에 대해 '비이성적인 힘'을 인정한 것으로 알려져 있다. 이에 기초하여 나중의 의학자 갈레노스(기원후 129~3세기 초)는 포세이도니오스가 플라톤의 혼 삼분설을 다시 도입한 것처럼 논의한다(『히포크라테스와 플라톤의 학설에 대하여』). 하지만 이것은 크뤼시포스를 눈엣가시로 하여 플라톤을 편드는 갈레노스의 견강부회이며, 포세이도니오스의 논의는 본래 스토아학파 내부의 전개에 의한 것으로 생각된다.

그렇지만 이 무렵부터 플라톤과 아리스토텔레스의 텍스트가 수행하는 역할이 철학 안에서 늘어나고 있었다는 것은 확실하다. 그 요인은 다양하겠지만, 그때까지 아테나이를 거점으로 하고 있던 철학의 영위가 지중해 세계의 각지로 확산해 나간 것이 근거를 이루는 카논의 확립을 촉진했다는 설명에는 일정한 설득력

이 있다. 고대 후기에는 플라톤과 아리스토텔레스에 대한 해석이 철학 연구의 중심이 되며, 주해라는 형식은 훗날 이슬람 철학, 중세 철학으로 계승되어 오랫동안 철학 영위의 주요한 장르 가운데 하나로서 자리매김하게 된다. 하지만 그러한 철학의 전개에 대해서는 다른 장(제2권 제8장)에 맡기는 것으로 하고, 이하에서는 그리스로부터 들어와 로마에 뿌리를 내린 철학이 그 후 로마 사람들에 의해 어떻게 성장해 갔는지 살펴보기로 하자.

3. 라틴어에 의한 철학

루크레티우스

로마로 들어간 철학은 스토아학파만이 아니다. 에피쿠로스학파와 관련해 특별히 적어두어야 할 것은 베수비오산의 분화(기원후 79년)로 인해 폼페이 도시와 함께 묻힌 헤르쿨라네움의 유적에서 발견된 도서관 자취이다. 이 도서관 유적에서는 18세기 중반 이후 에피쿠로스학파와 관계된 문헌, 특히 필로데모스(기원전 110/100년경~기원전 40/35년경)라는 로마에서 활동한 에피쿠로스학파 철학자의 저작이 다수 발견되었고, 탄화된 파피루스의 해독 작업은 최신 과학 기술을 구사하여 현재도 진행되고 있다. 필로데모스 주위의 동아리에는 로마 시인으로서 이름이 높은 베르길리우스와 호라티우스도 이름을 올리고 있었다고 생각된다.

　이러한 에피쿠로스학파의 융성을 배경으로 하여 라틴어에 의한
철학에 대해 획기적인 저술이 산출된다. 에피쿠로스의 교설을
운문으로 읊는 루크레티우스 『사물의 본성에 대하여』가 그것이다
(기원전 1세기 중엽). 그때까지도 에피쿠로스학파의 철학을 전하는
라틴어 책으로서 가이우스 아마피니우스라는 인물에 의한 것 등이
널리 퍼져 있었던 듯하지만, 유감스럽게도 키케로에 의한 부정적인
평가밖에 전해지지 않고 있다. 루크레티우스는 '말[라틴어]의 모자
람과 사태[에피쿠로스 철학]의 새로움'(1 · 136-9)의 간격으로 고통
을 겪으면서도 그것을 극복하고 딱딱한 철학을 그리스어 운문으로
부터 이식한 육각운(헥사메트로스)에 올리는 데 성공했다.

　이 책의 특징은 자연의 진리를 해명하고 미신과 죽음의 두려움으
로부터 사람들을 해방한 학파의 창시자 에피쿠로스 그 사람의
생각을 기본적으로는 충실하게 전달하는 것을 목표로 하고 있다는
점에 있다. 루크레티우스가 의거한 것은 에피쿠로스의 대저 『자연
에 대하여』(파피루스 단편만이 남아 있다)였다고 생각되며, 에피
쿠로스 본인의 기술이 전해지지 않는 논의 등의 귀중한 자료가
되기도 한다. 하지만 학파에 대한 맹종을 에피쿠로스학파와 하물며
로마 철학 전반의 특징으로 간주해서는 안 된다. 위에서 언급한
필로데모스의 저술 등으로부터는 그 당시에도 학파 안팎에서
다양한 논쟁이 격렬하게 교환되고 있었다는 것, 또한 변론술,
시론, 음악론 등, 에피쿠로스학파가 처음에는 중시하지 않았던

분야도 개척되고 있었다는 것을 알 수 있다.

루크레티우스는 운문 형식을 사용한 것에 대해 쓴 약을 벌꿀로 싸서 아이들에게 먹이듯이, 철학이라는 영혼을 치유하는 약을 운문으로 싸서 사람들에게 받아들이기 쉽게 한 것이라고 말하고 있다(1·933~50). 에피쿠로스학파는 철학의 최종 목표가 마음의 평안에 있다는 것을 강조하고, 이를 위해 교설을 마음에 아로새기는 것을 중시하고 있었다. 루크레티우스의 저작은 그 후의 라틴어 운문에도 커다란 영향을 미쳤다. 베르길리우스와 오비디우스의 세련됨은 루크레티우스의 어깨 위에 올라서지 않고서는 달성될 수 없었을 것이다. 하지만 이 책의 철학 자체가 커다란 충격을 주는 것은 좀 더 뒤의 일이다. 1417년에 이탈리아의 인문학자 포조 브라촐리니Poggio Bracciolini(1380~1459)에 의해 사본이 재발견되고 널리 읽히게 되자 에피쿠로스학파의 철학은 르네상스·초기 근대의 철학과 과학에 커다란 충격을 가져오게 된다.

키케로

로마 철학에서 가장 중요한 위치를 차지하는 것은 키케로일 것이다. 그의 참된 소망은 혼란스러운 국가를 변론의 힘으로 올바르게 이끄는 정치가로서 대성하는 것이었을 것이다. 그의 숙원이 이루어지지 못한 것은 본인에게는 아마도 불행이었겠지만 우리에게는 행운이었다. 그가 정치적으로 불우한 시기에 철학 관계 저작이 집중적으로 쓰였기 때문이다. 특히 카이사르 독재 이후의 만년에는(기원전 45~기원전 44) 아우구스티누스(기원후 354~430)에게 커다란 영향을 준 것으로 알려진 『호르텐시우스』(소실), 회의주의를 둘러싼 논쟁을 논의하는 『아카데미카』, 윤리학의 이론 편과 실천 편이라고도 말해야 할 『선과 악의 궁극에 대하여』와 『투스쿨룸 대화』, 자연학에 속하는 문제들을 논의한 『신들의 본성에 대하여』, 『점占에 대하여』, 『운명에 대하여』, 나아가 위에서 언급한 『의무에 대하여』 등이 잇따라 집필되었다. 그는 철학의 모든 분야를 라틴어로 다루는 것을 목표로 하고 있었다.

키케로는 이러한 자기 저술의 성과를 다음과 같이 자랑한다. '지금까지 그리스의 교육을 받은 자들 가운데 많은 이들은 자신들이 배운 것을 일반 시민과 공유할 수 없었는데, 그것은 그리스인에게서 배운 것을 라틴어로 말하는 것에 자신이 없었기 때문이다. 이 점에 관해서도 우리(로마인)는 크게 진보했기 때문에, 어휘의 풍부함에 관해 그리스인에게 조금도 뒤지지 않게 되었다고 말할 수 있을 정도이다.'(『신들의 본성에 대하여』, 1·8, 야마시타 다로山下太郎의 번역을 수정) 천성적인 자기 자랑 버릇이 여기서도 얼굴을 내밀고 있지만, 이 점에 관해서는 키케로의 긍지도 당연하다고 할 수 있다.

라틴어에 의한 철학의 애씀에 대해 말하자면, 예를 들어 qualitas(성질, 영어의 quality)는 그리스어의 '포이오테스'를 직역한 키케로에 의한 조어이다. 이처럼 근대어에도 들어온 그의 조어는 여럿인

데, 그렇다 하더라도 이러한 직역은 비교적 단순한 편일 것이다. 키케로는 '서투른 통역이 자주 그렇게 하듯이 같은 내용을 나타내는 좀 더 보통의 말이 있음에도 불구하고 직역하는 것에 구애되거나 할 필요는 없다. 게다가 나는 달리할 도리가 없을 때는 자주 하나의 그리스어 단어로 표현되는 것을 복수의 라틴어 단어로 번역하곤 한다'라고 말하고 있다(『선과 악의 궁극에 대하여』, 3·15, 나가타 야스아키·가네토시 다쿠야·이와사키 쓰토무의 번역을 수정). 예를 들어 '운명·숙명'을 나타내는 철학적 술어인 그리스어의 '헤이마르메네'의 역어로는 라틴어의 '보통의 말'인 fatum(운명, 영어의 fate)이 할당되었다. 나아가 그리스어의 '에티케'(윤리학)는 ratio de vita et moribus(삶과 성격·습관에 관한 학)로 표현하고 있듯이 여러 단어에 의해 의미를 전달하는 궁리도 곳곳에서 시도하고 있다. 흥미롭게도 철학philosophia이라는 말 자체가 이미 널리 오르내리고 있다는 이유에서 그리스어를 그대로 사용하고 있다(『아카데미카(제2판)』, 1·24). 키케로에 의한 철학의 라틴어화의 특징은 이러한 임기응변의 궁리에 있었다.

키케로는 정치적 혼란을 피하여 기원전 89/8년에 아테나이에서 로마로 피신해 온 아카데메이아학파의 학원장 라리사의 필론(기원전 159/8~기원전 84/3)의 가르침을 받고, 기본적으로는 그의 온건한 회의주의 입장을 따르고 있다. 만년의 철학적 저술의 대다수는 에피쿠로스학파와 스토아학파 등의 학설을 소개하고 나서 비판하는 수법으로 쓰여 있다. 그는 특정한 학설의 절대적 진리를 주장하지는 않지만, 각각의 경우에 가장 그럴듯하고 설득력 있다고 생각되는 학설을 옹호하기도 한다. 이러한 점이 키케로가 나쁜 의미에서 절충적이라는 인상을 줄지도 모른다는 것은 사실이다. 일찍이 19세기 독일의 역사가 테오도르 몸젠은 카이사르와 비교하여 키케로를 기회주의자라고 하는 엄혹한 평가를 했지만(『로마사』), 이것은 그러한 전통적 평가와 합치하는 것으로 보일지도 모른다.

예를 들어 각 학파의 윤리학설을 비판적으로 검토하는 저작 『선과 악의 궁극에 대하여』의 마지막에서는 행복하기 위해서는 덕만 있으면 충분한가 하는 예로부터의 물음이 다루어진다. 이 물음에 '충분하다'라고 대답하는 엄격한 스토아학파의 입장에 대해 키케로의 스승 가운데 한 사람이기도 했던 아스칼론의 안티오코스(기원전 130년경~기원전 68년경)는 '행복하게 살기' 위해서는 덕만으로 충분하지만 '더없이 행복하게 살기' 위해서는 충분하지 않다고 설명했다고 한다. 덕이 있으면 반드시 행복하다는 것은 인정할 수 있다고 하더라도, 고문으로 괴로워하는 사람과 영예를 얻은 사람은 행복의 정도에 차이가 있을 수밖에 없기 때문이다. 이 논쟁을 둘러싸고 키케로는 스토아학파의 학설 쪽이 수미일관함이라는 점에서는 뛰어나다고 논의하는 한편, 안티오코스의 학설 쪽이 일상적인 직관에 합치한다고 논의하고서는 물음을 열어둔 채로 작품을 닫고 있다.

하지만 키케로는 이러한 논법이야말로 권위에 의지하지 않고 각자의 자유로운 판단을 따르는 철학 본래의 방식에 적합하다고 생각했다. 나아가 그는 국가를 올바르게 이끄는 '학식 있는 변론가' 가 되기 위해서도 철학이 필수라고 생각했다(『변론가에 대하여』, 3·143, 오니시 히데후미大西英文 옮김). 젊은이들을 철학으로 유혹하기 위해 철학적 저작을 집필하는 것은 그에게는 자기 나라 로마에 공헌하는 '정치 활동'이었던 것이다. 그가 한 것은 소크라테스 이후 긴장 관계에 있는 철학과 정치, 철학과 변론 사이에 다리를 놓는 장대한 시도였다. 생전에는 이루어지지 못한 그 꿈은 르네상스의 인문주의를 거쳐 현재에 이르기까지 계속해서 그러한 시도의 참조 축이 되고 있다.

4. 삶의 기법으로서의 철학

실천과 학문 사이

아우구스투스에 의한 제정 수립 몇십 년 후, 네로 황제 시대를 살았던 세네카(기원전 4/기원후 1~65)는 아카데메이아학파를 비롯한 많은 학파가 후계자 부족으로 인해 소멸해 버린 것을 한탄하고 있다(『자연 연구』, 7·32·1~2). 그렇지만 철학 자체가 사그라진 것은 아니다. 특히 기원후 1세기부터 3세기까지의 이른바 '제2차 소피스트 사조'에서는 철학에도 정통한 많은 문인이 활약했다. 디온 크뤼소스토모스, 아이리오스 아리스테이데스, 루키아노스,

필로스트라토스 등, 모두 다 폭넓은 장르의 문학작품을 남기고 있다. 『영웅전(플루타르코스 영웅전)』으로 알려진 플루타르코스나 『황금 당나귀』로 알려진 아풀레이우스, 사후에도 천 년 이상에 걸쳐 유럽·이슬람 세계에서 의학의 권위로서 군림한 갈레노스도 동시대의 인물이며, 그들은 모두 철학적 저작도 다수 남기고 있다.

하지만 로마 철학의 대명사가 된 것은 세네카, 에픽테토스, 마르쿠스 아우렐리우스라는 세 명의 스토아학파 철학자일 것이다. 네로 황제의 스승으로서 정치에도 깊이 관여한 세네카는 많은 비극 등과 함께 주로 윤리학에 관한 여러 논고와 『자연론집』, 『윤리 서한집』을 저술했다. 그의 라틴어는 예로부터 퀸틸리아누스가 비판하는 등 취향은 나뉘지만, 중세로부터 근대에 걸친 영향은 아주 커다랬다. 해방 노예의 몸이었던 에픽테토스(기원후 55년 경~135년경)는 세 사람 가운데 유일하게 직업적인 철학자이다. 그 자신은 저작을 남기지 않았지만, 아리아노스에 의한 『어록』(현존하는 것은 전 8권분 가운데 네 권분) 외에 교설의 요점을 53개의 단장으로 정리한 『엥케이리디온(제요)』은 후세에 널리 읽혔다. 로마 황제 마르쿠스 아우렐리우스의 『자성록』은 일본에서도 가미야 미에코神谷美惠子의 번역 등을 통해 많은 애독자를 얻어왔다. 철학을 보호하는 그의 치세하에서 플라톤학파, 페리파토스학파, 스토아학파, 에피쿠로스학파의 네 학파의 교수직이 아테나이에 설치되었다(기원후 176년).

실천으로의 편중과 이론의 결여라고 자주 지적되는 로마 철학의 특징은 그들의 말에서 근거를 찾을 수 있다. '만약 이론이 너를 매혹한다면, 자리에 앉아 그것을 스스로 이러니저러니 숙고하는 것이 좋다. 하지만 결코 너 자신을 철학자라 해서도 안 되며, 또한 다른 사람이 너를 그렇게 말하도록 허락해서도 안 된다'라고 에픽테토스는 이야기한다(『어록』, 3·21·23, 가노 지스케鹿野治助의 번역을 수정). 나아가서는 '관직이나 부의 욕망뿐만 아니라 평정과 한가와 여행과 학식의 욕망도 사람을 천하게 하고 나아가 예속시킨다'(4·4·1, 가노 지스케의 번역을 수정)라고까지 말한 다음, 어떠한 상황에 부닥치더라도 그에 따른 적절한 삶의 방식을 실천하라고 설득한다. 세네카도 마찬가지로 '강의실의 (사이비) 철학자'와 '옛날의 참된 철학자'를 대비시키고(『삶의 짧음에 대하여』, 10·1, 오니시 히데후미大西英文 옮김), '지혜가 주는 것은 실제의 행함이지 말이 아니다'(『윤리 서한집』, 88·32, 오시바 요시히로大芝芳弘 옮김)라고 단순한 박식의 무익함을 이야기하고 있다.

철학과 사상은 단순히 배울 수 있을 뿐만 아니라 '살아갈 수' 있어야 하는 것이라는 발상은 아마도 동서고금을 막론하고 발견되겠지만, 서양에서 그런 발상의 모범이 되어온 것은 로마의 스토아학파이다. 프랑스의 철학사가 피에르 아도Pierre Hadot(1922~2010)가 이것을 '정신(영적) 수양'의 전통으로서 논의하고 미셸 푸코Michel Foucault(1926~1984)에게도 영향을 주었다. 그들의 실천 철학은 기독교 사상에도 들어가고 현대에 이르기까지 많은 독자에게 인생의 지침을 주어왔다. 이전에 자주 읽힌 교양서인 칼 힐티Carl

Hilty(1833~1909)의 『행복론』에는 에픽테토스 『엥케이리디온』의 전체 번역이 수록되어 있다. 일본에서도 불교 사상가인 기요사와 만시淸澤滿之(1863~1903)가 에픽테토스를 높이 평가한 것으로 잘 알려져 있다.

그렇지만 실천을 중시한 나머지 이론을 경시하는 것처럼 들리기도 하는 그들의 강한 어조는 그대로 받아들이지 않는 것이 좋다. 실제로는 에픽테토스에게서조차 실천과는 곧바로 결부되지 않는다고 생각되는 논리학을 교육 과정에 받아들이고 있었다. 에픽테토스는 스승 무소니우스 루푸스로부터 논리학을 배우고 있었을 때, 잘못을 저지르고 책망을 받은 일화를 전하고 있다. 제자 에픽테토스가 논리학에서의 잘못은 부친 살해나 카피톨리움 방화 정도의 죄가 아니라고 말대꾸했는데, 스승 무소니우스는 '이 상황에서 저지를 수 있는 유일한 잘못을 너는 저지른' 것이기 때문에 같은 죄라고 말하며 꾸짖었다고 한다(『어록』, 1·7·30-33). 그들 로마의 스토아학파는 확실히 실천을 중시했지만, 그 때문에 이론이나 학문을 거부한 것은 아니며, 좋은 삶에 이르는 데 필요한 방법으로서 배워야만 한다고 설명했다.

또한 이론 편중의 철학에 대한 비판이 이루어진 것은 이 시기에 학문으로서의 철학이 번성한 것의 표현이기도 하다. 예로부터의 다양한 철학자와 학파의 학설을 정리하여 묶은 '학설지' 등이 편집된 것도 이 무렵이다. 현존하는 것으로는 스토바이오스 『전집』(기원후 5세기) 등에 의해 전해지는 아에티오스(기원후 1~2세기 전반)와 아레이오스 디뒤모스(기원후 1~3세기)의 작품이라고 하는 학설지, 디오게네스 라에르티오스(기원후 3세기 전반)의 철학자 열전 등이 있지만, 모두 다 로마 시기의 학자들이 이루어낸 성과에 빚지고 있다.

마음의 평안과 '절충'의 모습들

로마 철학이 마음의 평안에 커다란 관심을 기울이고 있었다는 것은 사실이다. 에피쿠로스학파는 정신의 동요 없음(아타락시아)을, 스토아학파는 정념 없음(아파테이아)을 각각 이상적인 상태라고 생각했으며, 철저한 회의주의를 취한 퓌론주의도 판단 유보에 의해 비로소 동요 없음에 이르게 된다고 설파하고 있었다. 스토아학파와 관련해서는 파나이티오스가 받아들인 데모크리토스의 '쾌활'(에우튀미아euthymia)이라는 개념이 세네카에 의해 '마음의 평정'으로 번역되어 논의되고 있다(『마음의 평정에 대하여』). 또한 세네카의 『분노에 대하여』에서는 알맞은 정도의 감정을 갖는 것을 설교하는 페리파토스학파에 대항하여 분노의 정념을 철저히 배제할 것이 설파되고 있다.

나중에 데카르트는 세네카의 『행복에 대하여』를 읽고, 거기서 스토아학파와 에피쿠로스학파(와 아리스토텔레스)를 화해시키는 행복 개념('정신의 완전한 만족과 내면의 충족')을 찾아내고자 했다(「엘리자베트에게 보낸 편지」, 1645년 8월 4일, 8월 18일).

확실히 이 작품에서 세네카는 '나 자신은 개인적으로 이러한 의견을 갖고 있다 — 우리(스토아학파) 동료들은 따르지 않을지라도 나는 그렇게 말하고 싶다 —. 즉, 에피쿠로스의 가르침은 존귀하고 올바른 것이며, 나아가 가까이 다가가 잘 보면 엄격하기까지 하다고 말이다'라고 이야기하고 있다(13·1, 오니시 히데후미의 번역을 수정). 하지만 세네카 자신은 최종적으로는 에피쿠로스의 쾌락주의를 부정했으며, 쾌락은 어디까지나 최고선인 덕에 부수되는 것에 지나지 않는다고 주의 깊게 적고 있다(15·2).

세네카는 『윤리 서한집』에서 자주 에피쿠로스의 말을 '공공의 것'으로서 인용하지만, 그것은 그의 설명에 따르면 '그에게로 도망쳐 들어오는 사람들, 나쁜 기대에 이끌려 자신의 악덕을 숨길 수 있다고 생각하는 사람들을 향해 어디로 가더라도 훌륭하게 살아야만 한다는 것을 증명할 수 있기 때문'이다(21번, 다카하시 히로유키高橋宏幸 옮김). 세네카는 예를 들어 97번 서한에서 부정을 저지른 사람은 발각의 두려움에서 벗어날 수 없으며, 따라서 부정한 사람은 행복할 수 없다고 말하는 에피쿠로스의 말을 우선은 호의적으로 인용한다. 하지만 이러한 가르침에 대해서는 '카르네아데스의 널빤지'처럼 절대로 발각되지 않는다는 것이 확실한 상황에서는 부정을 그치는 자가 없게 되는 것이 아닐까 하는 비판이 가능할 것이다. 세네카는 이 문제를 염두에 두면서 에피쿠로스가 원래 말한 두려움을 넘어서서 우리에게는 죄를 꺼리는 본성이 심겨 있으며, 따라서 우리는 부정을 저지르는 한에서 발각의 가능성과 관계없이 '죄의 의식'(후에 '양심'의 의미를 지니는 conscientia라는 말이 사용된다)이 가져오는 두려움에서 벗어날 수 없다고 논의한다.

마찬가지로 에피쿠로스학파를 참조하면서 자신의 마당으로 끌어들이는 수법은 마르쿠스 아우렐리우스 『자성록』에서도 볼 수 있다. 그가 여러 차례 끄집어내는 것은 '섭리인가 원자인가'라는 선택이다. 요컨대 세계가 섭리로 통치되고 있다는 스토아학파의 생각이 옳더라도, 그렇지 않고 세계가 원자의 운동으로 성립해 있다는 에피쿠로스파의 생각이 옳더라도 우리는 세계에서 일어나는 모든 일에 불만을 품어서는 안 된다는 것, 이 세계에 집착해야 할 것은 아무것도 없다는 것, 죽음은 두려워할 만한 것이 아니라는 것과 같은 가르침이 옳다는 것을 알 수 있다고 말하는 것이다.

'마케도니아의 알렉산드로스도 그가 데리고 있는 마부도 일단 죽자 같은 운명이 되었다. 요컨대 두 사람은 우주의 똑같은 종자적인 로고스 안으로 되돌아갔거나 아니면 원자 속으로 똑같이 분산되었거나 한 것이다'(6·24, 가미야 미에코의 번역을 수정)라는 인상적인 말은 자주 그의 염세적 세계관의 표현으로 해석되어왔다. 하지만 그가 최종적으로 채택하는 것은 스토아학파의 섭리적 세계관이라는 점에 대해 주의할 필요가 있다. 예를 들어 다음의 구절은 마지막 문장에 비중을 두고 읽어야 할 것이다. '혼란, 착종, 분산인가? 그렇지 않으면 통일, 질서, 섭리인가? 만약 전자라면, 무엇을 위해 나는 이러한 엉터리 같은 혼잡과 혼돈 속에 머무는 것일까? 마침내 "흙으로 돌아가는" 것 이외에 마음에 걸리는 것이 있을까? 왜 마음을 어지럽히는 일이 있을까? 내가 무엇을 하려고 하든 분산은 내게도 미칠 것이다. 그러나 만약 후자라면, 나는 경외하고 태연히 통치자를 신뢰하는 것이다.'(6·10, 가미야 미에코의 번역을 수정)

자유의 실천으로서의 철학

에픽테토스 교설의 핵심을 이루는 것은 '우리에게 달린 것'과 '우리에게 달리지 않은 것'의 구별이다. 재산이나 명성, 권력은 물론이고 자기 몸의 건강조차도 완전하게는 자기 뜻대로 되지 않는 '우리에게 달리지 않은 것'이다. 이러한 것으로 욕망을 돌리는 한, 참된 자유는 얻을 수 없다. 이에 반해 우리의 '의지'(프로아이레시스)는 '우리에게 달린 것'이며, 이것을 올바르게 작용하게 함으로써 참된 자유가 얻어진다고 그는 설파한다.

이러한 자유는 단순한 아집으로 보일지도 모르지만 그렇지 않다. 그가 말하는 것은 '우리에게 달린 것'과 그렇지 않은 것을 구별한 다음, 자신이 놓인 상황에서 해야 할 일을 흔들림 없이 확실히 완수하는 것이다. 그는 스토아 철학을 신봉하는 원로원 의원 헬비디우스 프리스쿠스의 일화를 전하고 있다. 베스파시아누스 황제는 헬비디우스가 비판적인 발언을 할 것을 내다보고 의회에 출석하지 말도록 명령했지만, 그는 다음과 같이 거부했다고 한다.

'제가 원로원 의원이기를 허락하지 않는 것은 당신에게 달려 있습니다. 하지만 원로원 의원인 한에서 저는 가지 않으면 안 됩니다.'

'좋네. 그러나 오더라도 잠자코 있게.'

'그러면 제게 묻지 마십시오. 그러면 말하지 않겠습니다.'

'그러나 나는 묻지 않으면 안 되네.'

'그러면 저도 옳다고 생각하는 것은 말해야만 합니다.'

'그러나 자네가 말한다면, 나는 자네를 죽일 거야.'

'언제 당신에게 제가 불사신이라고 말했습니까? 당신은 당신의 일을 할 것이고, 저는 제 일을 할 것입니다. 당신이 할 일은 죽이는 것이고, 제가 할 일은 두려워하지 않고 죽는 것입니다. 당신이 할 일은 추방하는 것이고, 제가 할 일은 걱정하지 않고 떠나는 것입니다.' (『어록』, 1·2·19~21, 가노 지스케의 번역을 수정)

헬비디우스의 의부 트라세아 파이투스는 이전에 네로 황제에 의해 죄를 뒤집어쓰고 자살한 인물이었다. 스토아학파가 정당한 이유에 따른 자살을 인정한 것은 유명하지만, 특히 긍정적으로 자살을 말하는 것은 세네카다. 실제로 세네카도 트라세아와 마찬가지의 최후를 맞았다. 흥미로운 것은, 만약 역사가의 기술이 올바르다면, 그가 의도적으로 플라톤 『파이돈』에서 묘사된 소크라테스의 죽음과 겹쳐지게 자신의 철학적 죽음을 연출했다는 점이다. 세네카의 죽음은 사람들에게 감명을 주고 후세에 회화 등의 소재를 제공한 한편, 여봐란듯이 내보인 것으로 받아들일 수도 있다. 철학자답지 않은 엄청난 재화를 쌓았다고 전해지는 세네카에게는 예로부터 위선자라는 비판이 있었다.

세네카는 자연이 결정한 최후를 기다려야 한다고 주장하며 자살을 인정하지 않는 철학자들을 '자유의 길을 닫고 있다'라고 비판했다(『윤리 서한집』, 70·14, 다카하시 히로유키高橋宏幸 옮김). 여기에서 자유란 단지 침착한 태도로 죽음을 맞이하는 자유뿐만 아니라 자기의 죽음을 선택하는 적극적인 자유를 의미한다. 자살을 찬양하는 것과 같은 논의는 위화감을 줄지도 모르지만, 죽음 그 자체를 미화하는 것이 아니라 사람은 어떠한 극한 상태에 놓이더라도 '자유'를 행사할 수 있다는 것, 따라서 통상적인 상황에서는 더욱더 많은 행동이 가능하다는 것을 보여줌으로써 우리가 분발할 수 있도록 하고자 하는 것이다.

따라서 그들이 말하는 자유는 어디까지나 이 현세의 삶에서의 자유이다. 이에 대해 현세의 질서와 철저하게 대치하고 참된 자유를 이 세상이 아닌 곳에서 추구하려고 하는 사조가 태어나 세력을 늘려간다. 그리스 이후의 철학 전통 내부에서는 신플라톤주의가, 그리고 말할 필요도 없이 그리스도교가 그에 해당한다. 하지만 로마 철학의 정신도 그러한 새로운 사조에 받아들여지거나 시대를 넘어서 되살아나거나 하면서 지금에 이르기까지 명맥을 유지하고 있다.

☞ 좀 더 자세히 알기 위한 참고 문헌

— 사카구치 후미坂口ふみ, 『사람으로 자아내는 사상사 II — 고르기아스에서 키케로로人でつむぐ思想史II — ゴルギアスからキケロへ』, ぷねうま舍, 2013년. 키케로에 의한 철학과 변론, 이론과 실천 사이의 다리 놓기 시도와 그 의의를 아카데메이아학파의 회의주의라는 그의 철학적 입장을 고려하는 가운데 저자의 독특한 관점에서 논의한다.

— 스티븐 그린블라트Stephen Greenblatt, 『1417년, 그 한 책이 모든 것을 변화시켰다一四一七年, その一冊がすべてを変えた』, 고노 준지河野純治 옮김, 柏書房, 2012년. 루크레티우스 사본의 재발견 경위와 그것이 이후의 철학과 과학에 초래한 충격이 흥미로운 필치로 이야기된다.

— 구니카타 에이지国方榮二, 『그리스·로마 스토아학파의 철인들 — 세네카, 에픽테토스, 마르쿠스 아우렐리우스ギリシア·ローマ　ストア派の哲人たち — セネカ, エピクテトス, マルクス·アウレリウス』, 中央公論新社, 2019년. 로마 철학을 깊이 이해하기 위해서는 당시의 정치나 사회와의 관계를 알 필요가 있다. 이 책은 스토아학파(특히 로마의 스토아학파)를 다루며, 시대 배경을 친절하게 설명한 다음 거기에 그들의 철학을 자리매김한다.

— 오기노 히로유키荻野弘之, 『마르쿠스 아우렐리우스 『자성록』 — 정신의 성채マルクス·アウレリウス『自省録』 — 精神の城塞』, 岩波書店, 2009년. 마르쿠스 아우렐리우스를 중심으로 로마 스토아학파에서의 '살아 있는 철학'의 모습들을 그려 보인다. 일본도 포함한 후세의 마르쿠스 아우렐리우스 수용에 관한 기술도 상세하다.

— 고이케 노보루小池登·사토 노보루佐藤昇·기하라 시노木原志乃 편, 『『영웅전』의 도전 — 새로운 플루타르코스 상에 다가간다『英雄伝』の挑戦 — 新たな

プルタルコス像に迫る』, 京都大学学術出版会, 2019년. 이 장에서 언급할 여유가 없었지만, 플루타르코스는 그리스와 로마의 틈새에서 왕성한 저작 활동을 한 흥미로운 문인이며, 후세에 미친 영향도 헤아릴 수 없다. 이 책은 그의 철학을 포함한 다양한 측면을 알 수 있는 논문집이다.

제3장

그리스도교의 성립

도다 사토시戸田 聰

1. 철학사 속의 고대 그리스도교?

들어가며 ─ 그리스도교는 철학인가 아닌가?

'세계철학사' 속에서 '그리스도교'라는 종교가 독립된 목차 구성으로 다루어지는 것에 위화감을 느끼는 독자가 있을까? 종교와 철학이 반드시 곧바로 동일시되지 않는다는 점을 생각하면, 그러한 독자가 있더라도 이상하지 않다. 다른 한편 특히 유럽 문화권에서, 또한 말할 필요도 없이 다른 문화권에서도 그리스도교가 수행해온 역할의 크기를 생각하면, 아무런 위화감도 느끼지 않는 독자가 있더라도 이상하지 않다. 그렇지만 필자 자신은 어떠한지 묻는다면, 전자의 편을 들고 싶은 생각이 든다. 왜냐하면 고대 그리스에서

연원하고 신이나 초월자를 애써 끌어들이지 않고서 궁리를 지향하는
지적 영위(자연 철학)로 시작된 철학의 유래로부터 생각하면, 철학
과 종교 사이에는 확연한 선이 그어져야 한다고 생각하기 때문이다.

그리고 내용을 조금 선취하자면, 이 장이 다루는 고대 그리스도
교의 역사란 바로 철학과 종교의 관계가 거듭해서 물어진 역사였다
고 필자는 생각한다. 이것을 설명하는 것이 이 장의 역할이다.

시원으로서의 예수 그리스도, 최초 시기의 그리스도교, 철학

그리스도교에 관한 담론은 예수 그리스도(기원전 4년경?~기원
후 30년경)를 시원으로 삼는다. 예를 들어 사도 바울(생년 불상~기
원후 64년경?)을 그리스도교의 창시자로 보는 견해에 약간의 이유
가 있다 하더라도, 그 바울 자신이 자기의 사도인 근거로서 예수
그리스도를 증거로 제시한다.

예수는 언제나 일상생활의 영위로부터 멀지 않은 곳에서 가르침
을 베풀고, 그 속에서 신의 위대함을 간결하고 힘차게 이야기했다.
예를 들면(이하에서 성서 인용은 일본성서협회 공동 번역에 따른
다[지금 이 번역에서는 우리말로 번역된 여러 성서 판본도 참조하
여 마무리했다 — 옮긴이]).

자기의 목숨을 부지하려고 무엇을 먹을까 무엇을 마실까 걱정하
지 말고, 몸을 감싸려고 무엇을 입을까 걱정하지 말라. 목숨이

음식보다 소중하고, 몸이 옷보다 소중하지 아니하냐? 공중의 새를 보아라. 씨를 뿌리지도 않고, 거두지도 않으며, 곳간에 모아들이지도 않는다. 하지만 너희의 하늘 아버지께서는 새들을 길러주신다. (「마태오의 복음서」 6·25~26)

이것은 예수의 그러한 가르침의 아주 유명한 예들 가운데 하나라고 할 수 있을 것이다.

그런데 예수 자신은 철학자가 아니고, 그의 가르침은 철학이 아니었다. 본래 그리스어를 전혀 읽고 쓸 수 없었을 예수가 사용한 것은 우선은 아람어이며, 아마도 헤브라이어도 사용했겠지만, 그 밖의 언어를 사용한 흔적은 전혀 없다.

느닷없이 언어에 대한 언급이 나왔다고 생각될지도 모르지만, 철학, 좀 더 넓게는 학문 일반과 언어 사이의 밀접한 관계는 그 자체로 자명할 것이다. 요컨대 결국 학문의 기초는 사태의 올바른 구별·변별이며, 그것은 그 나름대로 정교하고 치밀한 언어에 의해 비로소 담보될 수 있다. 그리고 고대에 그러한 정치함을 지닌 언어란 역시 다른 것들을 압도하는 그리스어였다. 그 밖에는 그리스어의 압도적인 영향 아래 스스로 지적 언어로서 발전한 라틴어가 점차로 철학적 영위를 짊어질 수 있게 되었다고 말할 정도가 아니었을까? 예수의 시대에 아람어가 과연 철학을 짊어질 수 있었는지는 매우 의심스러우며, 실제로 아람어의 한 방언인 시리아어는 나중에 수 세기 동안 그리스어의 학문적 문헌이 시리아어로 번역된 결과, 점차로 학문을 떠맡는 언어일 수 있게 된 것으로 보인다. 아람어와 마찬가지로 셈어인 헤브라이어는 뛰어난 종교적 문학을 낳았지만, 여기서 말하는 의미에서의 철학을 짊어진 흔적은 고대에 관한 한 전혀 없다.

예수에게든 그리고 또한 사도 등 직접 가르침을 받은 제자들을 중심으로 하는 최초 시기의 그리스도교인들, 요컨대 기원후 30년경에 반역도로서 십자가 위에서 형을 받아 사망하고 그리스도교의 가르침에 따르면 죽은 지 사흘째에 부활한 예수를 그리스도(헤브라이어의 메시아 '기름 부음 받은 자'의 그리스어 번역. 요컨대 구세주)라고 믿은 사람들에게든, 그들의 관심 대상은 철학 즉 궁리의 영위가 아니라 치유 또는 구원이었다.

그러나 이 장은 일찌감치 여기서 최초의 중요한 단서를 적어두지 않으면 안 된다. 즉, 이른바 『신약성서』를 이루기에 이른 문서들, 특히 예수 그리스도의 언행을 기록한 문서인 『복음서』는 기본적으로 어찌 된 일인지 모두 다 그리스어로 저술되었다는 것이다. 복음서의 성립, 특히 이른바 공관복음서 문제(거의 같은 견지에서 예수의 생애를 묘사한 세 복음서, 즉 「마태오의 복음서」, 「마르코의 복음서」, 「루가의 복음서」 성립의 선후 관계 등을 묻는 문제를 이렇게 부른다)에 관한 논의에는 여기서는 깊이 들어가지 않지만, 복음서 가운데 가장 오래되고 다른 것들의 바탕이 된 것이 예수 그리스도의 죽음과 부활 이후 대단히 이른 시기에 그리스어 문서로 성립된 것은 의심할 여지가 없다. 요컨대 그리스도교 전승에서는 이미

이 단계에서 언어적 뒤틀림이 보이는 것이다. 이러한 언어적 뒤틀림의 원인과 의미에 대해 오늘날까지 정설은 존재하지 않는다.

그렇지만 그리스어로 이루어지는 저작 활동이 반드시 곧바로 철학에 접근했다는 것을 의미하는 것은 아니며, 예를 들어 20세기의 가장 위대한 교부학자들 가운데 한 사람이었던 장 다니엘루Jean Daniélou(1905~1974)는 최초 시기 즉 2세기 전반까지의 그리스도교 (그는 이것을 유대적 그리스도교라고 불렀다)의 특징적인 사유 형식으로서 종말론과 천사론을 들고 있다. 세상의 마지막에 관한 담론 ─ 그리고 말할 필요도 없이 종말론은 종교적 입장에서의 미래 예고를 으뜸으로 여기는 예언과 불가분한 관계에 있다 ─ 이든 영적 존재인 천사에 관한 담론이든 어느 쪽도 철학을 구성하는 논의라고는 말하기 어렵다. 나중에 문제가 되는 선악 이원론도 이미 이 시기에 보였지만(예를 들어 『디다케』), 그것은 종교적 구원과의 관계에서 선을 따르고 악에서 떠날 것을 권고하는 도덕적 권장을 넘어서지 않았다.

2. '그리스도교의 그리스화' ─ 그노시스주의와 호교론자

그노시스주의와 정통파

이러한 상황은 2세기에 변화한다. 시대적 선후를 명확히 하기는 어렵지만, 우선 한편으로 그노시스주의(영지주의)라고 총칭할 수 있는 사조가 2세기에 대단히 융성했다. 그노시스주의가 전체적으로 그리스 사상의 영향 아래 있었다는 것은 의심할 여지가 없지만, 그 기원을 둘러싼 논의는 한이 없으며, 여기서 그 상세한 내용에 깊이 들어갈 수는 없다. 깨달아 앎(그노시스gnosis는 그리스어로 '지식', '깨달아 앎'을 의미한다)의 중요성을 이야기하는 사조인 그노시스주의의 기조를 이루는 것은 선악 이원론이며, 더욱이 그것은 영을 선으로 하고 육 또는 물질을 악으로 하는 영육 이원론이기도 했다. 그리고 그와 관련하여 조물주가 낮게 평가받는 것도 종종 보이며, 그것은 그리스도교와 관련하여 『구약성서』(의 신, 요컨대 천지를 창조한 신)에 대한 낮은 평가로 이어지고 있었다. 나아가 그노시스주의는 예수 그리스도의 육체적(다시 말하면 물질적) 수난을 가상적인 겉보기의 사건으로 해석하는 이른바 가현론과도 종종 친화적이었다. 이러한 여러 가지 특징(나아가 그 밖에 몇 개의 특징이 더 열거될 수 있다)의 묶음으로 이루어지는 그노시스주의 ― 이리하여 그노시스주의에는 다양한 파벌이 존재했다 ― 는 『구약성서』, 특히 「창세기」에서 발견되는 창세 신화의 패러디로 이해할 수 있는 신화 이야기를 종종 만들어냈지만, 여러 가지 점에서 그노시스주의와 비슷한 마르키온파(다만 이 파 자체는 오늘날 유력한 해석에 따르면 그노시스주의에 포함되지 않는다)처럼 다른 방면으로부터의 고려도 서로 맞물려 『구약성서』 자체를 버리는 일도 일어날 수 있었다.

그리스도교 정통파— 20세기에 '정통파'라는 말을 사용하는 것이 타당한지 아닌지는 논란의 여지가 있지만, 설명의 형편상 여기서는 사용하기로 한다— 는 그노시스주의를 거부했다. 거부의 이유는 다양한데, 예를 들어 그노시스주의는 부활 후 예수가 제자들에게 특별한 가르침을 펼쳐 보였다거나 이른바 배신자인 유다에게 예수가 특별한 가르침을 전했다거나(「유다의 복음서」) 하는 전승을 지니거나 꾸며내 예수 그리스도에 관계된 복음서 전승(또는 단적으로 복음 전승)을 불순한 것으로 만들었다는 부정적인 평가도 그 거부에서 작용했을 것이다.

또한 특히 『구약성서』에 대한 그노시스주의 입장에서의 비판적·부정적 평가는 정통파에게는 받아들여질 수 없었을 것이다. 왜냐하면 그리스도교가 그리스도교인 까닭은 예수야말로 그리스도(메시아)라고 하는 주장에 있고, 더욱이 그 주장의 근거는 『구약성서』에서 발견되는 다양한 예언이 특히 예수 그리스도에서 집중적으로 실현(성취)되었다고 하는 성서(『구약성서』) 해석에 있었으며, 따라서 그리스도교는 그 『구약성서』를 풍자하거나 나아가서는 버리거나 하는 등의 입장을 결코 채택할 수 없었기 때문이다. 나아가 2세기에 그리스도교의 성전이란 오늘날 말하는 바의 『구약성서』뿐이며— 기독교는 본래 유대교의 일파로서 시작되었기 때문에 이것은 지극히 당연하다—, 이런저런 문서의 집성으로서의 『신약성서』는 그 당시에 아직 존재하지 않았고, 따라서 『구약성서』를 버리는 등의 선택지는 그리스도교에는 전혀 있을 수 없었다.

또한 그『신약성서』의 성립은 한스 폰 캄펜하우젠Hans von Campen-hausen이라는 학자에 따르면 다음과 같이 설명된다. 즉, 앞에서 언급한 마르키온파가『구약성서』를 버렸을 때, 그 대신에 자파의 성전으로서 독자적인『신약성서』(『마르키온 성서』라고도 불린다)를 편찬한 것이『신약성서』편찬의 최초 시도이며, 그리스도교 정통파는 마르키온파를 이단으로서 배척하면서 그에 대항하여 그리고 당연히 자기 자신의 필요로부터도『신약성서』를 편찬할 수밖에 없었고, 이리하여 오늘날 알려진『신약성서』가 형성되기에 이르렀다는 것이다. 필자 자신은 이 학설이야말로『신약성서』의 성립에 관한 가장 설득력 있는 설명이라고 생각한다는 것을 여기에 덧붙여 말해두고자 한다.

호교론자들과 '그리스도교의 그리스화'

다음으로 다른 한편으로는— 이 절 서두의 '한편으로'와 맞짝을 이루는 표현으로 이해할 수 있을 것이다— 주위 세계에 대해 그리스도교를 설명하고 좀 더 정확하게는 옹호하려는 시도가 2세기가 지나가는 가운데 나타나게 되었다. 그 최초의 담지자는 2세기 중반이나 그보다 조금 전부터 활동이 확인될 수 있는 이른바 호교론자들(호교론자 교부라는 표현도 있다)로, 그 대표적인 인물이 유스티노스(100년경~165년경)이다. 그의 경우에서 특히 명확하게 볼 수 있는 것이지만, 그리스도교도가 되기 전에 그는 철학자로서 다양한 학파를 편력했던 듯하며, 그리스도교도가 된 이후에도 그 편력을 후회하지 않는다. 요컨대 호교론자들에게는 그리스 사상에 푹 빠져든다는 것과 그리스도교도라는 것이 반드시 모순되는 것은 아니다.

유스티노스 이후의 호교론자들 가운데는 그의 제자 타티아노스 (2세기)와 같이 그리스 문화를 나쁘게 말하는 사람도 있었지만, 그러한 사람도 포함하여 공통으로 말할 수 있는 것은 그들이 하나같이 (어쨌든) 훌륭한 그리스어로 저술했다는 점이며, 이 점에서 그들은 이전 사람들, 예를 들어 호교론자 교부들보다 거의 한 세대 이전에 해당하는 이른바 사도 교부들과 구별될 수 있다. 요컨대 대략적인 표현을 군이 사용하자면, 호교론자 교부와 함께 그리스 문화가 이를테면 대거 그리스도교 안으로 들어온 것이다. 호교론자들이 그리스도교를 옹호할 때 논쟁의 상대방으로서 염두에 두고 있었던 사람들이 당시 세계의 지식인, 요컨대 그리스 문화에 정통한 사람들이었던 한에서, 이것은 어쩔 수 없는 일이었을 것이다. 그리고 그와 같은 상황에서 그리스도교 자체가 점차 변질하여 간 것은 아닐까 하는 것이 그리스도교 역사 연구에서 문제가 되어왔다. 이 변질을 묻는 핵심어가 이 절의 표제어인 '그리스도교의 그리스화'라는 표현이다.

'그리스도교의 그리스화'에 대해서는 고대 그리스도교 연구사에서 가장 중요한 인물로 평가할 수 있는 A. 하르낙^{Adolf von Harnack} (1851~1930)의 정식 — 물론 그가 이 표현을 처음으로 정식화한 것은 아니지만 — 이 통상적으로 사용된다(『교의사 독본』, 제1권, 249~250쪽).

[그노시스주의와 가톨릭적인 그리스도교 사이의] 커다란 차이는 본질적으로 다음과 같은 점에 존재한다. 즉, 그노시스주의적인 형성물에서는 그리스도교의 급속한 세속화 또는 그리스화(『구약성서』에 대한 거부를 수반한다)가 나타나고, 이에 반해 가톨릭적인 체계에서는 점진적으로 이루어진 세속화 또는 그리스화(『구약성서』의 보존을 수반한다)가 나타난다는 점이다.

하르낙의 이 정식은 전반부에 기반하여, 요컨대 그노시스주의와 관련해서만 인용되는 일도 종종 있지만, 바로 이 정식은 가톨릭적인 그리스도교 측에서도 그리스화가 나타났다고 명확히 말하고 있으며, 이 양쪽에 대한 인정은 전적으로 타당하다고 보인다. 요컨대 급속하게든지 점진적으로든지 전체로서의 그리스도교는 '그리스화'를 이루었다.

'그리스화' 즉 '학식화'

그러면 '그리스도교의 그리스화'란 결국 무엇을 의미하는 것일까? 이 점에 대해서는 그것은 결국 그리스도교(의 가르침), 좀 더 단적으로는 성서의 '학식화'를 의미했다고 말해두고자 한다.

그 의미는 다음과 같이 생각하면 이해하기 쉬울 것이다. 즉, 이 시기 이후 그리스도교에서는 신학 논쟁이 점차 활발해지며, 특히 이른바 삼위일체론을 둘러싸고서 대단히 정교하고 치밀한, 철학적이라고 불러도 좋은 논의가 전개되었지만(그러한 논의의 상세한 내용은 이 책 제9장을 참조), 그때 논거가 된 것은 특히 성서(물론 『구약성서』)의 문언인바, 요컨대 성서의 말이 학문적 논의의 용어집이나 명제집인 것처럼 다루어졌다. 본래 종교적 문헌인 성서의 취급 방식으로서 이것은 대단히 일탈적이라는 것이 명백하지만, 실제로 사태는 그렇게 흘러갔다고 말하지 않을 수 없다.

그 과정의 한 양상을 제시하자면, 예를 들어 3세기 전반에 활동한 그리스도교 저작가 오리게네스(185년경~254년경)는 저서 『원리들에 대하여』에서 신에 대해 다음과 같이 논의하고 있다(오다카 다케시小高毅 옮김, 56~57쪽. [ ] 안은 그리스어를 보여준다).

신은 무언가의 물체이든가 물체 안에 존재한다고 생각해서는 안 되며, 순일한 지적 존재이고, 자신의 존재에 어떠한 첨가도 허락하지 않는 분이라고 생각해야 한다. (…) 신은 어떠한 남김도 없이 하나[모나스]이며, 말하자면 단일성[헤나스]이고, 정신이며, 모든 지적 존재 즉 정신의 시원인 바의 원천이다. (…) 만물의 시원인 신이 복합체라고 생각해서는 안 된다.

철학적이라고 평가할 수 있는 이 논술을 어떻게 받아들일지는 독자의 판단에 맡기지만, 서두에서 인용한 예수 그리스도의 느긋하고 대범한 말과 그 취향을 크게 달리한다는 것만큼은 분명할 것이다. 다만 오리게네스 자신은 학문이 있었을 뿐만 아니라 매우 경건한 그리스도교도였다는 것을 말해두지 않으면 안 된다. 자신의 지적 영위가 신앙에 반한다고 하는 것 따위는 그는 티끌만치도 생각하지 않았다. 또한 이런 종류의 논의에 몰두한 많은 그리스도교 저술가들은 성서의 신이 본래 초월적인— 요컨대 언어에 의한 표현이 가능하지 않은— 존재라는 것을 보여주기 위해 신을 논할 때 '~가 아닌'이라는 의미의 단어(그리스어의 이른바 부정의 접두사 알파가 붙은 형태)를 많이 사용했다.

3. 그리스도교 교의의 역사 — 짧은 역사

삼위일체론 및 그것을 둘러싼 논쟁의 단서

여기서 그리스도교 교의(특히 삼위일체론)의 역사를 간결하게 회고해 두는 것은 무의미하지 않을 것이다. 삼위일체론의 실마리를 이룬 것은 아버지인 신과 아들인 그리스도와 성령이 함께 신으로서 숭배된다는, 교의라기보다는 오히려 심성(신앙심)이라고 말할 수 있는바, 그것 자체는 다음의 말에서 엿보이듯이 최초 시기부터 보였다고 말할 수 있을지도 모른다.

주 예수 그리스도의 은혜와 [아버지인] 하나님의 사랑과 성령의 사귐이 여러분 모두와 함께하시길 빕니다. (「고린도후서」 13·13. [ ]는 필자의 보충)

그리고 다른 한편으로 예수 그리스도는 분명히 인간이었기 때문에, 같은 하나의 존재가 신인 동시에 인간이라는 것을 어떻게 설명할 것인지, 또한 아버지인 신과 아들인 그리스도의 관계를 어떻게 이해할 것인지와 같은 점들이 논쟁에서 특히 초점이 되었다고 할 수 있다.

이하에서 좀 더 구체적으로 살펴보면, 우선 3세기에 나타난 유일신론적인 조류에서는 예수는 자신의 세례 때에 성령이 내려옴으로써 그리스도가 되고, 말하자면 신의 '양자'로 여겨진 것이라고 하는 '양자론'이나, 신은 하나인바, 때로는 아버지, 때로는 아들로서 현현하는 것이라고 하는 '양태론'이 있었다. 물론 이중 전자는 그리스도의 신성을 위태롭게 함으로써, 또한 후자는 예를 들어 아버지와 자식의 차이를 없앨 수도 있는 까닭에, 각각 이단으로 여겨졌다.

아레이오스파 논쟁

그러고 나서 시간이 흘러 4세기에는 이른바 아레이오스파(또는 아리우스파) 논쟁이 발발했다. 대립의 한쪽 축이었던 알렉산드리아 교회의 사제 아레이오스(생년 불상~336)는 아들, 즉 태어나는 자에게는 존재의 처음이 있을 것이고, 따라서 '아들[인 그리스되이 존재하지 않았던 때가 있었을' 것으로 생각한다 ─ 이 생각에 따르면, 아들인 그리스도는 피조물이게 되고, 아버지인 신에 대해 종속적인 지위에 있게 된다 ─. 이에 대해 아레이오스의 생각은 그리스도의 신성을 손상한다고 하여 반대한 것이 알렉산드리아 주교 알렉산드로스(생년 불상~328)였다. 덧붙이자면, 이 논쟁과 관련하여 자주 인용되는 아타나시오스(296년경~373)는 알렉산드로스의 후계자로서 328년에 주교가 되며, 아레이오스파적인 것과 생애 내내 투쟁한 투사였다.

아레이오스파 논쟁은 4세기의 10년대에는 지중해 세계의 동쪽 지역 전체의 교회를 끌어들이는 대논쟁이 되며, 교회의 분열은 심각한 것이 되었다. 그리고 거기에 서방에서 점차 지배 영역을 넓혀가고 있던 로마 황제 콘스탄티누스 1세(생년 불상~337)가 제국의 지배자로서 찾아왔다. 콘스탄티누스는 일설에 따르면 312년경에 신비한 체험을 한 것을 계기로 그리스도교로 개종했다고 하는 유명한 황제이다. 콘스탄티누스는 스스로가 귀의하는 힘센 신의 비위를 만에 하나라도 상하게 하지 않도록 교회의 일치를 도모하고자 했다. 사실 그는 이 이전에 교회 내의 온건파와 엄격파의 다툼이라고 평가할 수 있는 이른바 도나투스파 논쟁을 수습하기 위해 교회 정치에 개입한 적이 있었다 ─ 결국 잘되지는 못했지만 말이다. 이리하여 황제의 주선으로 제국 각지의 주교 등 교회 지도자들이 한자리에 모여 교회 회의가 개최되었다. 이것이 유명한 325년의 니카이아 공의회이며, 거기서는 아버지와 아들은 동일 본질(호모우시오스^{homoousios})이라는 정식 등이 사용됨으로써 아레이오스파를 배제하는 형태로 교의 논쟁의 해결이 시도되었다.

하지만 그 이후에도 논쟁은 여러 형태로 반세기 남짓 계속되며, 381년에 로마 황제 테오도시우스 1세(347년경~395) 밑에서 다시 공의회가 그 당시 제국의 수도가 되어 있던 콘스탄티노플에서 개최되어 오늘날 올바른 교의를 언표한 것으로 생각되는 신앙 개조가 채택되었다. 이것은 오늘날 니카이아·콘스탄티노플 신조라고 불리며, 그리스도는 피조물이 아니라 (아버지로부터) 태어난 것이라고 명시되는 등, 그리스도의 신성을 명확히 하는 문구가 짜 넣어져 있다. 그리고 이 신조는 오늘날에도 가톨릭교회 등 많은 교회에서 예배 시에 신앙 고백을 위해 사용되는 경우가 있다. 요컨대 이 신조는 교의 논쟁에서의 하나의 도달점이었다고 해석될 수 있다.

그리스도론 논쟁

그러나 실제로 교의 논쟁은 여전히 끝나지 않았다. 그리고 4세기 말 이후에는 특히 그리스도에게서의 신성과 인성의 관계(이른바 그리스도론), 다시 말하면 그리스도가 신이자 동시에 사람이라는

것을 어떻게 이해하면 좋을 것인가를 둘러싸고서 논쟁이 전개되었
다.

특히 유명한 것은 안티오키아학파의 흐름을 이어받는 콘스탄티
노플 주교 네스토리오스(351년 이후~451년 이후)와 알렉산드리아
주교 퀴릴로스(378년경~444)의 대립인데, 그리스도의 신성과 인
성의 분리를 강조한 네스토리오스에 대해 신성과 인성의 합일을
강조한 퀴릴로스— 퀴릴로스의 논의는 나중의 이른바 단성론파
로 이어지게 된다— 가 승리한 것이 제3회 공의회인 431년의
에페소스 공의회의 결과이다. 다만 이때의 퀴릴로스의 승리는
교회 정치에서의 흥정 결과로 이루어졌다는 느낌이 강하다.

그리고 이후에도 그리스도론 논쟁은 계속되어 서방의 로마 주교
도 끌어들이는 형태로 사태가 전개된 후, 제4회 공의회인 칼케돈
공의회가 451년에 개최되며(칼케돈은 해협을 사이에 두고 콘스탄티
노플 맞은편 해안의 도시), 칼케돈 신조라는 것이 채택되었다. 다만
이 단계에 이르면 신조에서의 교의적인 정식화는 이미 너무나
복잡하고 정교해지는데, 그리스도론과 관련해서는 예를 들어 다음
과 같은 표현이 보인다(덴징거Heinrich Joseph Dominicus Denzinger 편,
『가톨릭교회 문서 자료집カトリック教会文書資料集』, 69~70쪽).

[예수 그리스도는] 신성을 완전히 소유하고 동시에 인간성을
완전히 소유한다. 참된 신이자 동시에 이성적 영혼과 육체로 이루
어진 인간이다. 신성에서 아버지와 동질임과 동시에 인간성에서

우리와 동질이다. (…) 신성에서는 이 세상 전에 아버지로부터 태어나고, 인간성에서는 마지막 시대에 우리를 위해, 또한 우리의 구원을 위해 신의 어머니(테오토코스) 처녀 마리아에게서 태어났다. 같은 유일한 그리스도, 주이신 한 사람의 아들이자 두 개의 본성에서 <u>혼합, 변화, 분할, 분리되지 않고</u> 존재한다. 이 결합으로 두 개의 본성의 차이가 제거되는 것이 아니라 오히려 각각의 본성의 특질은 보존되며 (…)

밑줄이 그어진 부분은 원문에서는 '~가 아니다'라는 단어(부사)가 네 번 계속 나오지만, 그렇다면 도대체 두 개의 본성(신성과 인성)이 어떻게 관계되는지 말하자면, 결국은 알 수 없다. 왜냐하면 긍정적인 규정이 존재하지 않기 때문이다. 완전한 의미에서 규정할 방법이 없는 까닭에 부정의 부사가 네 번 계속 나오게 되었을 것이다. 말할 필요도 없이 사태를 완전한 의미에서 규정하기 위해서는 긍정형을 사용해야만 하며, 부정형에 의해 가능한 것은 기껏해야 사태의 범위·한계를 보여주는 것일 뿐이다.

그런데 칼케돈 신조의 이 규정은 신성과 인성의 합일을 중시하는 사람들로부터는 의심스러운 것으로 여겨지며, 그래서 이 공의회를 계기로 하여 이집트와 시리아와 아르메니아 등에서 이른바 단성론파 교회가 다른 교회로부터 분리되어 가는 것이지만, 그야 어쨌든 예수 그리스도의 가르침과 이 신조의 교의 사이의 격차가 얼마나 커다란지는 이미 다시 논의할 필요가 없을 것이다. 그리고 위에서

볼 수 있는 것과 같은 논의를 할 때의 기초를 이루었던 것이
고대 철학— 좀 더 정확하게는 고대의 철학적 인간론— 이었다는
점도 새롭게 논의할 필요가 없을 것이다.

교의의 경직화 —를 둘러싸고

그리고 이후에도 계속해서 교의 논쟁은 이어지지만, 이처럼
복잡하고 이 정도로 다루기 힘들어진 교의는 특히 이 논쟁의
전통을 정통으로 받아들인 비잔틴 제국(의 그리스도교)에서는
전적인 경직화로 귀착되었다. 20세기 독일 비잔틴학의 태두 한스-
게오르크 베크Hans Georg Beck는 이것을 다음과 같이 언표하고 있다
(『비잔틴 세계론ビザンツ世界論』, 146~147쪽).

이 정교(오르토독시)는 그 개념의 그물코가 막히면 막힐수록
한층 더 위험해지며, 그것은 점차 교설의 원천인 성서 및 원시
그리스도교 전승과의 자유로운 동시에 창조적인 대질의 포기라는
것을 결과로 지녔다. 이 이후 성서는 이전과는 크게 달리 종교적
영감의 원천이 아니라 이러저러한 해석이 가능한 군데군데의 보배
더미가 된다. 니카이아 이전 신학의 많은 것은 5·6세기의 개념성의
높이에 있다고는 이미 말할 수 없는 까닭에 망각에 부쳐진다(사본
전승이 이것을 증명한다). 이리하여 신학적 사유 시도의 다원주의
는 소멸하고, 일단 다듬어진 정식은 그때마다 배타성 요구를 내세

왔다—이것은 필연적으로 정식 그 자체의 불모화를 결과할 수밖에 없는 요구이다. 격렬하고 가차 없는 투쟁 후에 최종적으로 확보된 것은 모든 시대를 통해 (추방을 사용해서라도) 보호되어야만 한다. 그 내용을 자유로운 해석에 맡기는 것은 좋지 않으며, 이후 그 얻어진 것을 신선하게 다시 생각하는 것이 아니라 오히려 그것을 굳게 지키고 다른 사람의 머리에 주입하는 것이 신학자의 사명이 되고, 교의에서의 레퍼토리는 '무기고'가 된다. 이리하여 위험시된 정식 자체에 종사하는 것이 위험한 것이 된다. 그러한 정식들은 한층 더한 종교적 활성화가 거의 불가능해지고 (…)

이것이 '그리스도교의 그리스화'가 지니는 귀결의 중요한 하나— 모든 것은 아니라 하더라도— 였다는 점에 대해서는 의심의 여지가 없다.

덧붙이자면, 지중해 세계 전체를 지배한 로마 제국 가운데 이른바 비잔틴 제국은 말할 필요도 없이 실제로는 로마 제국의 직접적인 계속이지만, 편의상 동쪽을 세력 범위로 했다고 말할 수 있다. 그 비잔틴 제국에서는 지금 말한 것과 같은 교의에서의 경직화가 일어나고, 이것은 15세기에 비잔틴 제국이 멸망하기까지 계속되었다고 해도 지나친 것이 아니지만, 이에 반해 서쪽, 요컨대 오늘날의 서구 지역에서는 그와 같은 경직화는 보이지 않았다고 말할 수 있을지도 모른다. 이와 관련하여 서구에서는 이른바 서로마 제국의 멸망이라는 마찬가지로 역사상 유명한 사건이 있었고, 지적 전통의 전적인 단절이라고까지는 말하지 않더라도 분명히 불연속이 존재했다. 이 점, 다시 말하면 지적 수준의 저하야말로 고대 말기로부터 중세 초기에 걸쳐 서쪽에서 교의적인 경직화가 일어나지 않은 것과 관계되는 것인지도 모른다.

그리고 많은 세월이 흘러 중세 전성기의 이른바 12세기 르네상스를 거쳐 서유럽에서는 아리스토텔레스의 저작으로부터 커다란 영향을 받아 스콜라 철학이라는 형태로 그리스도교 신학이 거대한 발전을 이루게 되었으며, 이것은 이것대로 '그리스도교의 그리스화'라고 평가할 수 없는 것은 아니지만, 어쨌든 서유럽에서 이와 같은 발전이 가능했던 것은 지금 언급한 교의에서의 경직화가 없었던 것과 어떻게든 관계가 있는지도 모른다.

4. '철학'으로서의 그리스도교

삶의 방식으로서의 철학과 그리스도교

그런데 이상의 이야기를 이어받아 그리스도교의 그리스화란 요컨대 신학적 논의의 철학화인 것이 아니겠느냐고 생각하는 독자도 있을 수 있을 것이다. 실제로 필자 자신도 거의 그렇게 말해야 한다고 느끼기도 한다. 그러나 필자의 오해가 아니라면, 이른바 교부 등 고대 그리스도교 저작가들에 의해 활발히 행해진

신을 둘러싼 이러한 논의 자체는 철학 그 자체라기보다 오히려 어디까지나 신학의 논의였다. 덧붙여 말하자면, 고대의 '신학'(테올로기아theologia)은 현대의 신학(테올로기theology)과는 말할 것도 없이 전혀 다르며, 단적으로 그것은 '신에 관한 담론, 신론'이었다. 좀 더 덧붙이자면, '철학'(필로소피아)이라는 말이 『신약성서』에 나오는 것은 「골로새서」 2장 8절 '여러분은 헛된 철학의 속임수에 사로잡히지 않도록 조심하십시오'에서 뿐인데, 여기서 볼 수 있듯이 '철학'이라는 말은 부정적인 맥락에서 사용되고 있다.

그렇다면 고대에서 그리스도교는 철학과는 전혀 다른 것이었던가? 사실 다른 맥락에서는 그리스도교를 철학이라고 일컫는 것이 실제로 나타났다. 맥락의 이질성을 두드러지게 보여주는 예를 들자면, 고대에 철학자라고 일컬어진 그리스도교도란 예를 들어 수도자였다. 여기서 말하는 수도자란 사막의 은둔자를 비롯하여 속세를 포기하고 — 따라서 결혼을 포기하거나 재산을 내던지거나 하고 — 그로부터 동떨어져 금욕주의적인 삶을 보내면서 오로지 신에게로, 또한 자신의 구원을 향해 생각을 몰두한 사람들을 가리킨다. 덧붙이자면, 중세 이후 서유럽에서 나타난 학승은 고대의 이 시기에는 존재했다 하더라도 전적으로 예외적이었다.

왜 종종 배움이 없었던 수도자들이 철학자로 불렸던 것일까? 이 점은 고대에 철학이 본래 무엇이었는지에 관계된다. 즉, 프랑스의 고대 철학 연구자 피에르 아도Pierre Hadot에 따르면, 현대와는 달리 고대에 철학은 단지 사변하는 바의 것일 뿐만 아니라 그

사변에 따라 살아가는 것이기도 했다. 요컨대 자기의 철학에 따라 바로 그 철학자가 어떻게 살아갈 것인가 하는 것이 물어졌던 것이고, 예를 들어 이 세상의 재산에 대한 담백한 태도를 보이는 것과 같은 것은 확실히 철학자에게 어울리는 삶의 방식이라고 고대에는 통례적으로 여겨졌던 듯한 것이다. 고대 철학이 삶의 방식을 포함하는 것이었다는 이 점을 아도는 1995년에 간행된 저서 『고대 철학이란 무엇인가』(일본어 역은 준비 중이라고 한다 [한국어 역은 이세진의 번역으로 이미 출간되어 있다— 옮긴이])에서나 그 이외의 다른 저작에서 되풀이하여 역설하고 있다. 덧붙이자면, 이 책의 서두에서 아도가 자기 저술의 입장과 전적으로 떨어져 있는 저작으로서 들뢰즈/가타리 『철학이란 무엇인가』(일본어 역은 河出文庫)를 들고 있는 것은 흥미롭다. 말만 잘하는 사람들과는 선을 긋고 싶다는 것이었을지도 모른다.

그렇지만 초기 수도자에 대해 조금이라도 공부한 적이 있는 사람으로서는 아도가 앞의 책에서 증거로 제시하고 있는 폰토스의 에우아그리오스(346년경~399)나 가자의 도로테오스(6세기) 같은 사람들은 수도자들 가운데서도 지적이고 비교적 품위가 있는, 이를테면 세련된 사람들이라는 인상을 부인할 수 없으며, 수도자들 가운데 많은 사람은 훨씬 더 배움이 없고 조야하며 그 가운데는 거칠고 난폭한 사람들조차 있었다고 말하고 싶어진다. 그러나 그들 초기 수도자의 삶의 방식과 말로부터 많은 지혜를 배우는 것은 실제로 가능하며, 그 점은 예를 들어 『사막의 사부의 말』(또는

『사부들의 금언』)이라고 불리는 책을 살펴보면 확실히 납득할
수 있다고 말할 수 있지 않을까?

나가며 ─ '야만인의 철학'으로서의 그리스도교

그러나 수도자의 삶의 방식이 곧 철학이라는 도식을 제기했다는
점에서 이 장은 조금 지나쳤을지도 모른다. 왜냐하면 수도자의
삶의 방식을 철학이라고 칭할 때의 '철학'이란 고대 그리스어의
'철학'(필로소피아)의 용법과 밀접하게 결부된 표현이며, 이에
반해 이 장에서 말하는 철학이란 서두에서 말했듯이 '철학'의
현대적인 어의에 따라 본래로는 궁리의 영위일 것이기 때문이다.
그리하여 돌이켜 마지막으로 다시 묻자면, 그리스도교는 도대체
철학이었을까, 그렇지 않았을까?

말할 것도 없이 궁리라는 의미에서는 그리스도교는 철학이
아니다. 하지만 그 전제 위에서, 그리고 이 장에서 누누이 이야기해
온 점도 근거로 하여 말하면, 고대에 그리스도교는 '야만인의
철학'이었다고 말해두는 것이 타당하지 않을까? ─ 물론 이 표현
의 경우에도 말하고 있는 '철학'이 고대의 말뜻과 현대의 말뜻
가운데 어느 쪽에 가까운지 묻는다면 전자에 가깝다고 할 수
있겠지만 말이다.

2세기부터 3세기 초에 걸쳐 활동한 알렉산드리아의 클레멘스
(150년경~215년경) 등이 사용하고 있는 이 표현은 그리스도교에

적용되는 경우 당연히 무언가 비하를 의미하는 것이 전혀 아니며, 오히려 '그리스인의 철학'에 대한 강렬한 대항 의식을 담고 있다고 이해할 수 있다. 즉, 이 '야만인의 철학'은 그리스인의 철학과 같은 의미에서 철학인 것이 결코 아니며 — 왜냐하면 그리스도교 는 계시에 의한 앎의 중요성을 강조하기 때문이다 —, 더욱이 그것은 로고스인 그리스도를 전적으로 소유하고 있는 까닭에 지적으로 보아도 그리스인의 철학보다 뛰어난 것이라고 말이다.

☞ 좀 더 자세히 알기 위한 참고 문헌

* 이 장은 졸고 「이른바 '그리스도교의 그리스화'를 둘러싸고いわゆる'キリス
  ト敎のギリシア化'をめぐって」(『그리스도교학キリスト敎学』, 릿쿄대학 그리스도
  교학회, 59 [2017] 수록)를 기초로 하며, 이 장의 이해를 위해서는 이
  논고를 살펴보는 것이 가장 유효하지만, 그다지 입수하기 쉬운 문헌은
  아니기 때문에 이하에서는 서점 또는 고서점에서 입수할 수 있는 문헌을
  제시해두고자 한다.

— 한스–게오르크 베크, 『비잔틴 세계론 — 비잔틴 천년ビザンツ世界論 — ビザ
  ンツの千年』, 도다 사토시戶田聰 옮김, 知泉書館, 2014년. '그리스화'와 그
  결과로서의 교의적인 경직화에 대해 인용했지만, 그 밖에 고대 그리스도
  교의 시대적 배경인 로마 제국(비잔틴 제국)에 대해서도 흥미로운 설명
  을 볼 수 있다.

— A. H. M. 존스Arnold Hugh Martin Jones, 『유럽의 개종ヨーロッパの改宗』, 도다
  사토시 옮김, 敎文館, 2008년. 니카이아 공의회가 개최되기에 이른 사건,
  특히 그에 대한 로마 황제(콘스탄티누스 1세)의 관계에 대해 대단히
  흥미롭게 그리고 있다.

— 『소노베 후지오 저작집. 제3권. 초대 교회사 논고園部不二夫著作集 第三卷
  初代敎会史論考』, キリスト新聞社, 1980년. 그리스도교 교의사에 대해 일본인
  의 손으로 이루어진 것으로서는 가장 우수하다.

— 『사막의 사부의 말砂漠の師父の言葉』, 다니 류이치로谷隆一郎·이와쿠라 사야
  카岩倉さやか 옮김, 知泉書館, 2004년. '살아 있는 철학'으로서의 수도제도
  와 관련해서는 이 책을 우선 거론해둔다. 다만 이것 자체가 본래의
  의미에서 '철학'을 나타내는 것이 아니라는 것은 말할 필요도 없다.

제4장

대승 불교의 성립

시모다 마사히로 下田正弘

1. 이 장의 문제 계열 — 역사 철학으로서의 물음

'대승 불교의 성립' 문제란 무엇인가?

야스퍼스가 말하는 '축의 시대'의 중심 가운데 하나로 불교가 있다. 기원전 5세기의 인도에서 출현한 이 세계 종교는 2,500년을 넘어서는 역사에 걸쳐 서양과 비교해서도 물론이지만, 아시아 속에서도 독자적인 사상 체계를 구축해갔다.

불교 사상은 대승 불교 大乘佛教의 출현으로 비약적으로 발전했다. 이 새로운 불교는 아시아의 넓은 지역으로 전파되어 커다란 영향을 미쳤을 뿐만 아니라 인도의 예로부터 내려온 종교에 대해서도 철학적 고찰의 심화를 촉진했다. 19세기 이후 헤겔을 비롯한 서양

95

의 철학자들은 인도에서의 철학의 존재에 주목하기 시작했지만(H. V. 글라제나프Helmuth von Glasenapp, 『동양의 의미: 독일 사상가의 인도관東洋の意味: ドイツ思想家のインド觀』, 오코치 료기大河內了義 옮김, 法藏館), 그 심화의 중요한 계기가 된 것이 대승 불교이다.

이즈쓰 도시히코井筒俊彦(1914~1993)가 인정하고 있듯이 동양에서 철학이라는 이름에 걸맞은 사상은 대승 불교에서 꽃을 피웠다고 할 수 있을 것이다. 예를 들어 그 대표적 존재인 중국에서의 주자학이 탄생한 것에는 대승 불교의 화엄 사상이 영향을 미치고 있다. 그에 더하여 중국이 '근대'로 전환하는 상징적 사건인 신해혁명에서 여래장如來藏 사상을 이야기하는 『대승기신론』이라는 자그마한 불전이 서양 철학에 대항하는 독자적인 사상서로서 량치차오梁啓超(1873~1929)나 장타이옌章太炎(1869~1936) 등 혁명의 지도적 역할을 담당한 자들의 이론적 지주가 되었던 것도 그것을 이야기해주는 사례이다.

이 장은 기원 전후부터 인도 아대륙에서 현재화한 대승 불교의 성립 문제에 초점을 맞추어 그 사상적 특징과 성립 경위를 탐색해 간다. 이 주제는 현재에 이르기까지 학계에서 가장 커다란 수수께끼의 하나이며, 다양한 가설이 등장했음에도 불구하고 지금까지도 정설은 존재하지 않는 상황이다.

'세계철학사'라는 총서 안에서 이 주제를 다루는 것은 대승 불교의 성립을 둘러싼 고찰이 하나의 역사 인식은 도대체 어떻게 구성되는 것인가라는 역사 철학의 주제로 되기 때문이다. 고대 인도에서의 역사 현상으로서의 대승 불교는 처음부터 존재한 하나의 사실을 현재의 의식이 사후적으로 파악한다는 단순한 도식에서 이해할 수 있는 것이 아니다. 그 현상이 연구자에게 출현하는 과정은 남겨진 다양한 사실과 무엇보다 텍스트로부터 대승 불교라는 앎이 구성되는 과정과 겹쳐져 있다.

언뜻 보면 사실과 관념을 혼동시키는 수사학으로 들릴 수도 있는 이 이해는 1960년대 이후 인문학 전체가 직면하게 된 역사학에서의 언어론적 전회라는 중요한 과제이다. 역사를 묘사하고자 하는 주체 쪽 의식의 형상화와 역사적 현실이라는 대상의 형상화는 양자를 매개하는 텍스트의 형상화로서 성립한다.

양분된 현재의 불교 세계

과거를 인식하고자 하는 지향은 현재에 대한 물음에서 출발한다. 지금 실제로 그러한 바의 현실의 양상이, 좀 더 정확히 말하면 현재에 남겨진 흔적의 배치가 일단 무슨 까닭에 그러한 것인가라는 물음을 품고서 그 대답을 과거에서 찾는 데서 태어나는 것이다. 여기서 참으로 물어져야 하는 것은 현재의 근거를 과거에서 찾는 인식의 정통성이다. 이 장의 중심 주제인 이 문제는 조금 뒤에 고찰하기로 하고 우선은 상식이 말하는 대로 불교의 현재를 개관하는 데서 시작하자.

현재의 불교 세계는 중앙아시아, 티베트, 동아시아에 유포되고 때로는 북방 불교·북전北傳 불교라고도 불리는 대승 불교와, 동남아시아를 중심으로 유포되고 이전에는 소승 불교小乘佛教라고 불리며 현재는 상좌부 불교, 테라바다 불교, 때로는 남방 불교·남전 불교라고도 불리는 두 개의 불교권으로 확연히 나누어져 있다.

현존하는 자료에서 볼 때 대승 불교와 상좌부 불교 사이의 주요한 차이는 각각이 지닌 경전의 종류와 수에 있다. 대승 불교는 상좌부 불교가 지닌 불교 경전 외에 방대한 숫자의 대승 경전을 가지고 있다. 대승 경전에는 공空 사상, 유식唯識 사상, 여래장 사상 ─ 더한층 발전된 밀교 사상 ─ 등 철학적으로 심화된 다양한 사상들이 받아들여져 있어 불교 사상가들은 이 경전의 내용에 기초하여 사상을 체계화해 나갔다. 대승 불교가 전파된 동아시아와 티베트에서는 이러한 교의 내용에 따른 의례, 신앙, 제도를 지니며, 동남아시아 나라들에서는 볼 수 없는 특징을 보여준다.

이 차이는 전파된 곳의 나라나 지역 특성에 의해 사후적으로 부가된 것이 아니다. 각각의 불교권 내부에서는 언어, 역사, 사회 및 문화에서 다양한 차이가 확인됨에도 불구하고, 오직 불교의 특징만 그렇듯 거의 양분되어 있기 때문이다. 이것은 발신 기원인 고대 인도에서 어느 시기에 다른 양상의 불교가 존재하고, 그것이 전파된 곳에서 선택적으로 받아들여진 결과로 보는 것이 온당하다.

초기 불교 사상과 대승 불교 사상

여기서 불교 일반과 대승 불교에 대해 각각의 사상의 특질을 간단히 언급하고자 한다. 사람은 태어난 이 세계 속에서 영원하면서 이상적인 실재를 발견하고자 한다. 내세에서의 생명을 약속하는 종교의 출현도 그러한 시도의 연장선 위에 있는 것으로 볼 수 있을 것이다. 하지만 붓다는 자연 상태에서 만들어지는 이 현실을 근원적인 무지, 즉 무명無明으로 뒤덮인 의식에 의해 구성된 미망으로 간주하고, 그 어둠으로부터의 해방을 이야기한다. 자연 상태와 그로부터의 해방이라는 관점을 지니는 불교에 있어 세계는 해방 이전과 해방 이후라는 이원적 양상으로서 존재한다.

이 두 세계의 성립 과정과 관계를 분석하고 사상을 체계화한 것이 대승 불교였다. 초기 불교에서 이 세계는 자기의 자유로 되는 것 따위는 어디에도 존재하지 않는 '무아無我'인 것이며, 언제나 변함없는 질서 같은 것은 있을 수 없는 '무상無常'한 것이라고 이야기하는 데 머물러 있었다. 담론이 다루는 범위는 이 세계로만 한정되어 있었다. 그런데 대승 불교가 되면 미망으로부터 해방된 이후의 진실의 세계 — 그것은 번뇌에 대해 보리菩提, 윤회에 대해 열반, 차안에 대해 피안, 중생에 대해 여래如來 등의 개념으로 지시된다 — 도 언어화하고 그 존재 차원을 짜 넣은 사상을 구축해갔다.

대승 불교의 사상은 공 사상, 유식 사상, 여래장 사상으로서 나타났다. 공 사상은 진실의 영역에 궁극적 진실(승의제勝義諦)과 세속적 진실(세속제世俗諦)이라는 두 영역을 세우고, 붓다의 교설도 포함하여 언어화되고 역사화된 존재를 세속적 진실로 파악하고, 역사 현상을 넘어 궁극적 진실로서 파악될 수 있는 메타 차원의 불교를 명시했다. 이어서 나타난 유식 사상은 실재의 양태에 대해 미망적 본성(편계소집성 遍計所執性, [실체적 오해로 두루 헤아려 집착하게 된 허상—옮긴이]), 관계적 본성(의타기성 依他起性, [연기로 생겨난 현상—옮긴이]), 궁극적 본성(원성실성 圓成實性, [의타기성에 대한 편계소집적 왜곡을 극복하여 의타기성을 공의 진실로서 파악하게 된 진여의 상태—옮긴이])이라는 세 가지를 설정하고, 공 사상에서 심화된 언어론을 인식론과 존재론으로 집약시키는 형태로 사상을 체계화했다. 그에 반해 여래장 사상은 완전한 깨달음에 도달한 여래의 지혜에 의해 중생의 내적인 심성을 관찰하고, 미래에 실현되어야 할 여래의 양상을 중생의 현재에서 예언적으로 선취하여 보여주며, 공 사상과 유식 사상에서 전개된 언어론, 존재론, 인식론을 구제론으로 포섭했다.

이러한 사상 발전을 이룬 대승 불교를 초기 불교나 그것을 계승하는 상좌부 불교와 비교했을 때, 그 가장 두드러진 차이는 언어론의 심화에서 찾아질 수 있다. 상좌부 불교가 사상의 요소를 무상, 무아라는 초기 불교 담론 단계의 개념에 멈추어 둘 수 있었던 것은 그 사상을 실천 행위에 맡김으로써 언어론을 심화시키는 노력에서 벗어났기 때문이다. 그에 반해 대승 불교는 실천적 행위뿐만 아니라 구제라는 결과까지도 앎의 운동의 일환으로서 언어화해갔다.

대승 불교와 상좌부 불교 사이의 언어론에서의 심화 차이에는 두 불교권에서 보이는 경전의 차이, 즉 대승 경전의 유무가 영향을 미치고 있다. 불교에서의 사상 해석은 최종적으로 경전의 담론에서 그 근거가 찾아지며, 그에 의해 사상 전체의 기본 구성이 결정된다. 그러면 대승 경전은 어떻게 해서 성립했던 것일까? 다음 절에서는 대승 불교의 성립에 대해 지금까지의 학설을 되돌아보면서 정리하고자 한다.

2. 대승 교단의 부재와 텍스트로서의 대승 불교

대승 교단의 상정

대승 불교의 성립이라는 물음에 대해 지금까지 연구자는 현재의 세계에서 확인되는 차이를 반영하는 형태의 제도적 차이를 지닌 불교가 현실태로서 고대 인도에 존재했다고 상정했다. 눈앞에 전개되는 두 개의 불교권을 전제로 하면 자연스러운 발상일 것이다.

대승 불교의 기원에 대해 예로부터 제시되어온 학설로 대중부大衆部 기원설과 재가在家 기원설이라는 두 가지가 있다. 전자, 대중부 기원설은 출가자 교단의 하나인 대중부라는 부파部派에 전승되는 교의 내용이 대승 불교의 사상에 여러 가지 점에서 가깝다는 것, 후대의 인도 불교의 문헌에서도 그것이 사실로서 확인된다는 것, 이러한 이유에서 대승 불교는 이 부파로부터 출현했다고 보는 학설이다. 그렇지만 현재 확인되는 자료들에 따르면, 대승 불교는 설일체유부說一切有部 등의 다른 부파와도 깊은 관계를 지니며, 대중부에서만 그 기원을 특정할 수 없다.

후자, 재가 기원설은 불교의 전승 계보로 출가자와 재가자라는 서로 다른 두 개의 계보를 예상하고, 이 가운데 재가자의 불교 계보가 대승 불교 운동을 일으켰다고 이해하는 것이다. 이 가설은 19세기 후반의 서구에서 기원하며, 몇 개의 지류로 갈라지면서 현재에까지 계승되어 오고 있다. 특히 일본에서는 승원과 서로 다른 불탑을 경제와 신앙 활동의 기반으로 하는 재가 집단의 존재를 예상한 '재가-불탑 기원설'이 히라카와 아키라平川彰에 의해 1960년대에 제창된 이래로 1990년대까지 정설의 위치를 차지해왔다. 대중부 기원설과는 달리 대승 불교의 기원을 사상적 요소가 아니라 사회적 요소에서 찾은 점에 가설의 참신함이 있었다.

그러나 1970년대 말부터 재가-불탑 기원설에 대한 비판이 유럽과 미국에서 나타났다. 불탑 신앙을 설교하고 재가를 향해 공덕을 쌓을 것을 권면하는 것은 고고학적 증거에 따르는 한에서 주류의 불교 계보에서 보이는 특징이며, 대승 불교는 반대로 엄격한 출가자의 이상을 내걸고, 재가에 의존하여 제도적인 안정을 꾀하는 승원 불교에 대해 비판하며, 아란야阿蘭若라는 '삼림' 수행소를 칭찬한다. 그것은 고행을 으뜸으로 한 석가 시대의 이상으로 돌아가고자 하는 복고 운동으로서 해석된다고 한다.

그러나 1990년대 이후 유럽과 미국에서 지지를 모아온 이 가설에 대해서도 근간에는 반론이 제기되며, 이것은 일부 경전의 특징만을 확대 해석한 잘못이라고 하여 다시 생각해볼 것을 강요받고 있다.

이밖에 명상에서의 의식 변혁의 경험을 중심에 놓고서 운동의 기원을 이해하는 설, 설교자인 법사法師(다르마바나카)에 의한 운동을 상정하는 설, 교단의 분열에 대한 정의의 변경으로 태어났다는 설, 악업을 불식하는 의례를 집행하는 공동체를 근거로 하여 성립했다는 설 등이 있다. 어느 것이든 널리 지지받는 데 이르지는 못했다.

독자 교단의 존재가 확인될 수 없는 대승 불교

이상의 가설은 모두 다 대승 경전 외부에 경전 내용에 상응하는 교단의 존재를 예상한다는 점에서 일치한다. 그러나 여기에 커다란 문제가 있다. 고고학적 자료를 비롯한 역사 자료에 전혀 합치하지 않는 것이다.

첫째, 대승 경전은 근간에 간다라에서 출토된 사본의 연대로부터 보아 기원 전후에는 북인도에 존재했던 데 반해, 고대 인도사에서 역사적 실태를 입증하는 첫 번째 근거로 여겨지는 비문이 보여주는 대승 교단의 존재는 기원후 5, 6세기까지 시대가 내려간다. 장기간에 걸쳐 대승 경전만이 존재하며, 교단의 존재가 확인되기까지 500년가량의 공백이 있다.

둘째, 승원이나 불탑의 발굴 유적이나 다른 고고학적 유물들도 대승 불교 교단의 부재를 시사한다. 5세기까지의 건축의 짜임새나 출토된 유물의 특징 해석에 대해서는 논의가 매듭지어지지 않았는

데, 인도 마투라시 서부 고빈드나가르 유적에서의 브라흐미 문자로 기록된 '아미타 불상' 대좌의 일례를 제외하고 대승에게만 고유한 것은 존재하지 않는다. 사원의 짜임새는 시간이 지남에 따라 대승화하고 있으며, 기원을 확정할 수 있는 형태로 대승의 독립된 교단은 특정할 수 없다.

셋째, 5세기의 법현法顯(337~422), 7세기의 현장玄奘(602~664), 7~8세기의 의정義淨(635~713) 등, 중국의 순례 승들이 쓴 인도 구법의 견문 기록도 마찬가지로 증언하고 있다. 대승과 소승의 승려는 많은 경우 같은 승원에 거주하고 동일 교단 안에 있다. 두 불교는 독송하는 경전이나 예배의 대상이 되는 불상과 보살상에서 서로 다름을 보이긴 하지만, 사회제도로서는 구별이 없다.

넷째, 대승 불교가 다른 부파와 마찬가지의 교단으로서 자립하기 위해서는 독자적인 계율을 정한 율장을 지녀야만 하지만, 그것은 존재하지 않는다. 대승 불교를 기존의 교단으로 인식한 중국에서 시대를 내려가 『범망경梵網經』이라는 계율의 문헌이 위작된 것은 대승 불교의 제도적 근거 부재가 얼마나 불편함을 초래했는지를 보여준다.

다섯째, 마지막으로 근간의 광역 간다라 지방에서 발견된 기원 전후로 소급되는 가장 오랜 인도어 사본의 존재와 6~8세기로까지 시대가 내려가는 길기트의 한 경장經藏에서 발견된 사본의 존재는 대승 경전이 전통 경전과 병존하여 보관되고 부파 내부에 존재했다는 것을 분명히 보여준다.

이상의 어느 사례를 가지고 보더라도 대승 불교의 기원에서 독자 교단의 존재를 상정할 수 없다. 그러면 이 특이한 불교의 존재는 어디에 설정할 수 있는 것일까?

전승 매체의 변용과 텍스트로서의 대승 불교

사태는 단순하다. 대승 불교는 그 기원에서는 사상으로서만, 요컨대 텍스트로서만 존재하고 독자적인 교단을 동반하지 않았다. 대승 불교와 관련하여 양의 동서를 막론하고 공유되는 특징은 대승 경전의 제작 운동이다. 이 운동이 외면화된 제도에 반영되지 않는 형태로 진행되었다는 것을 상정할 필요가 있다.

가장 유력한 가능성은 전승 매체의 변화이다. 불교에서 교설의 전승은 붓다의 입멸 이후 300~400년 사이에는 구두 전승이었다. 그것이 기원 전후가 되어 필사 기술이 받아들여짐으로써 구전 텍스트와 필사된 텍스트의 병존 상태로 변했다. 그런데 이러한 전승 매체의 변화가 불교 지식의 존재 방식에 커다란 영향을 주었을 가능성이 있다. 이전에 월터 옹Walter J. Ong(1912~2003)은 앎의 전승 형태에서 목소리로부터 문자로의 전환을 인식에서의 극적인 진화를 구획하는 것으로서 주목했다. 그것과 마찬가지의 전환이 불교사에서도 일어났다고 생각된다.

주목되는 것은 교설과 전통의 정통성에 대한 새로운 의식의 탄생이다. 구두 전승에서 성전聖典의 존재는 그것을 기억하고 발화하는 사람의 존재와 겹치며, 성전의 거룩함과 정통성은 전승자의 거룩함 및 정통성과 겹쳐져 있다. 3,000년에 이르는 베다 전승의 전통을 지니는 고대 인도에서 브라만이라는 사제 계급이 거룩히 구별되어온 까닭은 여기에 있다. 이것은 불교에서도 마찬가지여서 장기간에 걸쳐 법사라고 불리는 전승자가 경전의 존재 그 자체였다. 그러나 필사된 텍스트가 출현하고 사람들로부터 독립했을 때, 성전으로서의 성격의 소재가 텍스트로 이행하고 텍스트로 결실되기 시작한다.

초기 경전과 비교하여 대승 경전은 예로부터의 전통에 대한 강한 비판과 새로운 전통의 수립에 대한 의식이 두드러진다. 연구자들은 이것을 구두 전승 세계에서의 대립으로 간주해왔다. 그렇지만 구전 세계에서 정전正典의 존재는 공동체의 존재와 불가분하며, 비판을 지속적으로 성립시키기 위해서는 다른 교단을 가져야만 한다. 전 항에서 확인했듯이, 그것은 인도에서는 일어나지 않았다. 대승 경전에 나타나는 전통 비판은 쓰인 텍스트, 즉 에크리튀르 차원으로부터 목소리의 언어, 파롤을 향해 이루어지고 있다. 이 양자는 서로 다른 차원에 존재하며, 현실에서 충돌하지 않고 서로 공존할 수 있다.

남아 있는 자료와 현재까지의 연구를 근거로 하면, 대승 불교의 성립에 대해 다음과 같은 전망이 세워진다. 기원 전후의 어느 시기에 필사 경전이 출현함과 동시에 전승 기원의 정통성이나 역사 현상이 된 붓다의 말이 지니는 정전으로서의 성격에 대한 물음이 일부 편찬자들 사이에 나타나고, 그때까지의 경전의 보존 활동이 이전의 지식을 다시 해석하고 새로운 경전으로 전환하는 경전의 창성 운동으로 전화된다. 텍스트 내부에서 개시된 이 움직임은 얼마 되지 않아 경전의 외부 세계에도 영향을 미치고 현실의 불교 세계를 변용시키기에 이른다. 기원 전후의 대승 경전의 출현으로부터 기원후 5, 6세기 비문에서의 대승 교단의 출현에 이르는 약 500년 사이에 이러한 운동이 진행되어갔다.

이러한 이해를 학계가 현재까지 노력을 기울여온 대승 불교의 교단사 해명이라는 관점에서 다시 보게 되면, 특정한 의례와 계율과 수행 형태를 가진 대승 불교 공동체가 미리 존재하고 그것을 반영하는 형태로 대승 경전이 산출된 것이 아니라 대승 경전이라는 새로운 텍스트의 창성 활동의 결과로 그에 상응한 의례와 수행 형태를 동반하는 대승 교단이 텍스트 바깥에서 산출되기에 이르렀다는, 종래의 학계 이해와는 정반대의 결론이 된다.

3. 대승 경전 연구와 역사 연구

불교학의 방법과 역사학의 방법

기존 불교의 정통성을 비판하고 독자적인 교설의 의의를 강조하는 대승 경전이 그에 상응하는 교단의 현실태를 갖지 못했으며 그와 반대로 사후적으로 그 담론에 상응하는 현실을 구성해갔다는 가설을 지금까지 불교 연구자는 세운 적이 없었다. 여기에는 사상을 하부 구조에 규정된 상부 구조로 간주하고 텍스트의 내실을 사회 환경의 반영이라고 이해하는 근대의 역사 연구 자세가 미친 강한 영향이 놓여 있다.

지금까지 연구자들은 대승 경전이 누구에 의해 쓰였는지, 어떠한 종교적·사회적 환경에서 편찬되었는지, 저자의 의도는 어디에 있었는지, 이러한 문제들을 해명의 대상으로 하여 경전의 내용으로부터 그 저자를 둘러싼 문제를 끌어내려고 해왔다. 이 방법이 과연 어느 정도로 효과적인지 헤이든 화이트Hayden White(1928~2018), 자크 데리다Jacques Derrida(1930~2004), 폴 리쾨르Paul Ricœur(1913~2005) 등, 1960년대 이후 역사학에서의 언어론적 전회를 견인한 사상가들의 논의를 토대로 하여 다시 생각해볼 필요가 있다.

우선 불교 연구자가 실제로 어떠한 방법으로 대상을 해명하고 있는지 돌이켜 보자. 예를 들어 『법화경法華經』을 독해할 때 연구자는 산스크리트어 사본에 대해 6~8세기의 길기트 사본, 9~10세기의 카슈가르 사본, 12세기의 네팔 전승 사본을 사용하고, 한역에 대해 중국 3세기의 축법호竺法護와 5세기의 쿠마라지바가 번역한 텍스트를 이용하며, 나아가 9세기 전후에 번역된 티베트어 번역 텍스트를 서로 대조하고, 이에 더하여 19~20세기에 필사 기록이 있는 동남아시아의 팔리어 텍스트를 이용한다. 이러한 자료들을 종합하여 독해 가능한 텍스트를 만들어내고 다양한 언어 번역을 대조한 렉시콘을 만들어냄으로써 사상 연구의 기초를 정돈한다.

문자 형태의 시대적·지역적 특성과 추이, 소리의 통시적·지역적 변화, 필사 전승 과정에서 일어나는 착오·재정정·과잉 복원, 시공간 환경과 언어 환경의 변화에 수반되는 어휘의 확대와 의미의 변용 등을 고증하는 기초 작업을 연구자는 역사 연구로서 의식한다. 하지만 지역, 시대, 언어 등, 이처럼 광범위하고 다양한 자료를 구사하고 관련된 다른 텍스트나 번역도 고찰 대상으로 하여 텍스트 이해의 장을 구성하는 기도는 시공간에서의 특정 가능한 텍스트 외부의 생기 사건을 구성하는 것이 아니다.

역사학에서 텍스트 내부의 담론은 텍스트 외부의 힘에 의해 산출된 결과로서의 이차적인 산물이며, 해명 대상이 되는 것은 텍스트의 담론을 산출한 원인이 되는 외부의 힘 쪽이다. 그러나 불교학에서 이루어지고 있는 것은 개별적인 텍스트가 그 특이성을 지니고서 존재한다는 것을 보여주기 위한 의미의 장의 구성이다. 역사 연구에서 텍스트가 '역사 속의 텍스트'라고 한다면, 시공간을 넘어선 영역에서 소집된 텍스트의 집합체로부터 살펴 가는 역사는 '텍스트 속의 역사'이다.

불교 연구자들은 이 두 가지 역사를 거의 구별하지 않고 해왔다. 그로 인해 그려진 역사가 자주 대단히 모호한 것이 되었다. 그것은 확실히 당연한 일이기도 하다. 왜냐하면 화이트가 지적했듯이 역사가가 역사의 장에서 직면하는 상황은 문법학자가 새로운 언어를 앞에 두었을 때와 같은 형편이기 때문이다. 역사가는 역사

의 장의 역사 자료에 표현과 설명을 위한 개념 장치를 적용하기 전에 그 역사의 장을 형상화하고 정신적인 표상의 대상으로서 구성해야만 한다. 역사가의 문제는 어휘적, 문법적, 구문적, 의미론적 차원을 포섭한 언어론적 기본 요소를 구성하는 것이다(헤이든 화이트, 『메타히스토리―19세기 유럽에서의 역사적 상상력メタヒストリー―一九世紀ヨーロッパにおける歷史的想像力』, 이와사키 미노루岩崎稔 감역, 作品社). 이것은 본성적으로 불교학자가 수행하고 있는 것과 겹쳐져 있다.

저자 의식의 추출이라는 과제

텍스트의 담론을 상대하면서 거기서 역사를 의식하는 문제는 언어와 존재의 관계에 관련되며, 데리다가 추구한 에크리튀르의 본성에 관계된다(『목소리와 현상』, 하야시 요시오林好雄 옮김, ちくま学芸文庫 및 『에크리튀르와 차이』, 고다 마사토合田正人·다니구치 히로시谷口博史 옮김, 法政大学出版会).

연구자가 경전을 읽을 때 의식의 내부가 촉발되고 표상과 의미 인상이 생겨나고서는 변해가는 것을 경험한다. 이 경험은 경전 내부의 담론과 그것을 읽는 연구자의 의식이라는 양자 사이에서 외부의 어떠한 사물도 개입시키지 않고서 일어난다. 그러나 연구자는 의식 안에 출현하는 표상과 의미 인상을 경전 외부에 실재하는 사물이나 사건을 근거로 하여 생겨난 것으로 파악하게 된다. 경전의 담론이라는 시니피앙(기표)과 독자 내부에 환기되는 의미 인상이라는 시니피에(기의) 외에 외부에 실재하는 사물이라는 레페랑(지시체)을 구하는 것이다. 표상이나 의미 인상이 진정한 것이라면, 그것은 이 외계의 지시 대상이라는 현실에서 기원을 지닌다 — 이러한 근거가 불확실한 확신을 읽는 사람인 연구자는 어느 사이엔가 품게 된다.

표상의 근거로서 담론 외부의 실재가 내세워질 때, 그 유력한 후보는 과거 경전의 필자가 경전의 담론으로 지시하거나 암시하고 있다고 여겨지는 '과거의 사실'이다. 앞에서 이야기한 대승 경전의 담론 내용에 대한 독해에 기초한 대승 불교 기원설은 모두 시니피앙과 시니피에를 넘어선 외계의 실재에 대한 확신에 기초하고 있다. 여기에는 경전의 담론 외부에 있었을 '사실'을 근거로 하여 경전의 작자에 의해 담론이 생겨나고, 나아가서는 그 담론으로 인해 연구자의 의식 속에 표상이 생겨났다는 이해가 놓여 있다.

그렇지만 여기서 설정된 '과거의 사실'의 정체는 경전의 담론과 연구자의 의식 사이에서 생겨난 표상이 가상된 경전 작자의 의식 내부로 옮겨져 거기를 통과한 후에, 더 나아가 가상 작자의 의식 밖으로 밀려 나간 것이다. 그것은 두 차례의 의식 출입을 거치는 과정에서 어느 사이엔가 '과거의 사실'이라는 의상을 두르게 된 출발점의 표상 외에 다른 것이 아니다. 결국 이 과정은 손에 쥔 동어반복일 뿐이다.

연구자가 이러한 수사학의 함정에 무의식적으로 빠지게 된

경위를 해명하기 위해서는 언어에서의 지표 기능과 표현 기능의 차이, 표상과 그 근거로 오인되는 외부 세계 사이의 관계, 의식에 '현전하고' 있는 듯한 '실재'의 취급이라는, 서양 형이상학이 역사를 통해 정확히 변별할 수 없었던 중요한 문제를 배려해야만 한다(시모다 마사히로下田正弘, 「에크리튀르론으로부터 비추는 불교 연구」, 『인도 철학 불교학 연구インド哲学仏教学研究』 27, 2019년).

과거의 복원이라는 과제

그렇다 하더라도 '현재' 존재하는 흔적들 속에서 '과거'를 읽어내는 것이 어떠한 얼개에 의해 가능해지는 것일까? 다양한 역사이론을 대상으로 하여 리쾨르는 동일성, 차이성, 유사성이라는 세 가지 관점에서 분석하되 앞의 둘을 배척하고 마지막 입장을 인정하고 있다(폴 리쾨르, 『시간과 이야기 III時間と物語 III』, 구메 히로시久米博 옮김, 新曜社).

동일성이라는 점에서 역사를 파악하는 로빈 콜링우드Robin George Collingwood(1889~1942)에 따르면, 과거는 흔적을 남김으로써 계속해서 살아가며, 사람은 그 상속자가 되어 과거에 사유된 것을 추체험할 수 있다고 한다. 흔적을 마주 대하는 역사가가 과거에 사유된 것을 지금 다시 사유할 수 있다고 확신할 때, 그는 말하자면 과거의 사유 내부로 들어감으로써 흔적과 자신과의 사이에 놓인 시간적인 거리를 무화시키고 흔적의 과거성을 폐기한다. 이 동일성이 확보되었을 때 눈앞의 흔적은 과거를 나타내는 흔적이 되어 있다고 한다.

하지만 여기에는 두 가지 문제가 있다. 첫째, 이 이해에 따르면, 역사가는 자신의 행위가 아닌 행위를 추체험하고 있다는 것을 아는 것으로 되지만, 나의 것으로서의 과거에 대한 사유와 다른 것으로서의 과거에 대한 사유는 다른 것이며, 무매개로는 결합될 수 없다. 둘째, 추체험이 과거의 생기 사건과의 동일성을 실현하는 것이라면, 이 행위는 과거의 다른 생기 사건에 흡수되고, 그 자신의 생기 사건으로서의 고유한 의미를 잃어버린다. 추체험은 시간적 거리를 없앰으로써 성립하는 것이 아니라 과거와 현재의 시간적 간격에 놓여 있는 과정, 습득, 합체, 발전, 비판 등의 조건들을 해명함으로써 명확하게 되어야 할 독자적인 행위이다.

리쾨르는 이어서 역사를 '차이성', '타자성'으로서 파악하는 폴 벤느Paul Veyne(1930~), 미셸 드 세르토Michel de Certeau(1926~1986) 등의 입장을 검토한다. 그 결과 실체적인 과거를 배제하고 현전하는 것의 심적 반복이라는 의미에서의 표상을 내버린다는 점에서는 고려할 만하지만, 현재에 과거가 존속하는 것에서 긍정적인 의의를 인정하지 않는다는 점에 한계가 있다고 한다. 언제나 추상적 체계에 관계하고 탈시간화된 차이는 지금은 부재하고 죽어 있으나 이전에는 실재하고 살아 있던 것을 대리할 수 없는 것이다.

마지막으로 리쾨르가 평가하는 것은 비유론Tropology에 의해 역사 서술을 해명하는 헤이든 화이트의 '유사'의 입장에 의한 역사 이론이다. 과거의 실재성, 즉 기재성^{旣在性}이 문제가 되는 것은 지금 관찰될 수 없는 한에서이다. 현재 부재하는 것의 기재성을 탐구하는 데 힘을 발휘하는 '유추'는 동일성과 타자성의 양쪽에 관련되면서 작용한다. 과거란 한편으로 동일성에 기초한 방식으로 추체험하는 것이지만, 동시에 우리의 모든 구성물이 부재하는 동시에 타자성인 한에서 과거인 것인바, 역사는 이 양자를 충족시키는 언술을 제시해야만 한다. '~인 듯한' 사태를 언명하는 '유사'는 '~이다'와 동시에 '~가 아니다'인 것이기도 하며, 추체험의 힘과 그로부터 거리를 두는 힘을 동시에 자신 속에 보존하고 있다.

과거와의 마주 대함에는 흔적을 가능하게 하는 과거의 존속, 우리를 상속자로 삼는 전통, 새로운 소유를 가능하게 하는 보존, 이러한 요건들이 갖추어지고 고찰의 대상으로 되는 것이 필요하다. 이를 위해서는 추체험의 동일성으로부터 타자성에로 전진하고, 나아가 동일성과 타자성의 양쪽을 변증법적으로 거두어들이는 비유의 이론에까지 이를 필요가 있다.

이러한 리쾨르의 고찰은 다양한 비유로 가득 차 있고 붓다가 존재한 역사적 시간과의 동일성과 타자성을 주제로 하는 대승 경전의 내용을 이해하는 데서 대단히 효과적으로 작용한다. 대승 경전에서 문제가 되는 것은 지상에 남겨진 불교의 흔적으로부터 어떻게 해서 붓다의 진리를 진리이게 하는 기원에 자신이 도달할 것인가 하는 과제이며, 그 물음과 응답이 경전 속에서 전개되고 있다. 이것을 읽어내는 것은 저절로 비유론을 더듬어 가게 되는 것이다.

대승 경전의 '기원'으로서의 무의식에 대하여

마지막으로 대승 경전은 자기의 기원을 도대체 어떻게 이해하는지 확실히 해두고자 한다. 여기서 불러들일 수 있는 것은 표상의 기원을 차연에서 찾은 데리다의 논의이다.

> 차연이 기원적이라는 것은 동시에 현전하는 기원이라는 신화를 지워 없애는 것이다. 따라서 '기원적'이라는 것은 말소하면서 이해해야만 한다. 그렇지 않으면 차연은 어떤 충실한 기원에서 파생되는 것으로 될 것이다. 기원적인 것이란 비–기원인 것이다. (자크 데리다, 『에크리튀르와 차이』, 412쪽, 일부 수정)

이 구절은 대승 경전이 자기의 '기원'에 관계하는 자세를 멋들어지게 표출하고 있다. 『법화경』이든 『반야경般若經』이든 『무량수경無量壽經』이든 자기 담론의 기원을 언급할 때 머나먼 과거로 거슬러 올라가고 현재의 시방세계十方世界로 비상하며 요원한 미래로 도약하여 무수하다고도 말할 수 있는 붓다를 추구하고, 역사 현상으로서의 불교를 창시한 석가라는 '현전하는 기원이라는 신화'를 지워 없애고 있다. 불교 전통에서 기원으로서 현전한 석가라는 붓다는 새로운 붓다의 출현으로 겹쳐 쓰여간다. 불교의 과거에 대해 이 정도로 근원적인 물음은 다시 없다.

대승 경전의 전승자들에게 경전이란 도대체 무엇이었을까? 데리다가 논의하는 다음 구절은 그에 대한 하나의 대답이 되어 있다. 의식되지 않는 가운데 지나가 버린 과거의 심적 외상이 사람의 현재에 강대한 영향을 미치는 문제에 대해 무의식이라는 지평에서 텍스트의 존재 방식으로서 파악하는 프로이트를 데리다가 추적하고 해독하는 부분이다.

> 무의식의 텍스트는 이미 순수한 흔적, 차이에 의해 짜여 있다. 거기서는 의미와 힘이 일체화되어 있으며, 이것은 언제나 이미 옮겨 쓴 것인 복수의 고문서에 의해 구성된, 어디에도 현전하지 않는 텍스트이며, 기원적인 판화이다. 모든 것은 복제로 시작된다. 다시 말하면, 언제나 이미 전혀 현전한 적이 없는 의미의 저장고이다. 왜냐하면 이 의미가 가리키는 현재는 언제나 늦게, 사후에 대리 보충으로서 재구성되기 때문이다. (앞의 책, 427~428쪽)

대승 경전의 편찬자들에게 붓다의 말들이 출현하는 경전은 이미 현재화顯在化하여 과거가 된 말의 의미의 그릇인 것이 아니다. 그것은 '초기 경전'이 그리하듯이 이미 존재한 것을 다시 내세우는 것이 아니라 아직 나타난 적이 없는 '어디에도 현전하지 않는 텍스트'를 제시한다.

동시에 그것은 불교의 '기원'으로서의 의미를 짊어질 수 있는 텍스트로서, 니카야와 아함阿含을 더욱더 거슬러 올라가는 '복수의 고문서에 의해 구성된' 것이기도 하다. 대승 경전이 초기 경전과 공통된 교설이나 불전을 소재로 하는 까닭이다. 하지만 선행하는 '고문서'는 그것 자체가 절대적인 기원인 것이 아니다. 전통 불교에서 붓다의 가르침의 기원조차도 명상에서 붓다의 깨달음의 체험이라는 언어 이전의 경험적 생기 사건으로 소급되는 것이며, 언어가 된 전승은 그 기원의 '언제나 이미 옮겨 쓴' 텍스트이다.

대승 경전 담론의 '기원'은 의식의 '기원'인 '무의식'에 빗대어질 수 있다. 무의식이란 아무것도 존재하지 않는 의식 상태를 말하는 것이 아니다. '무의식의 텍스트는' 형상화되어 있지 않은 '순수한 흔적, 차이'에 의해 '이미' '짜여 있다.' 불교의 새로운 의미가 말로서 산출되는 경전의 기원은 명상에서의 경험에서 보이는 것과 같은 언어 이전의, 의미 이전의 '순수한 흔적, 차이'에 의해 구성되어 있다. 불교에서의 새로운 의미는 이 흔적, 차이의 사후적 발동으로서 만들어진다.

삼매三昧가 이전에 존재하지 않은 방대한 말을 만들어내는 매트릭스이자 '의미의 저장고'라는 것, 이것은 앤드루 스킬턴Andrew Skilton이 『삼매왕경』의 상세한 분석에서 논증한 내용 그 자체이다. '삼매'는 '무의식의 텍스트'에 비교될 수 있으며, 거기에서는 '의미와 힘이 일체화되어' 있다. 말이 부재하는 것처럼 보이면서도 무수한 말이 맹아 상태로 존재한다. 이러한 에크리튀르적인 성격에 눈뜨고 있는 대승 경전의 편찬자들은 드러나 있는 말이 된 경전이란 언제나 '기원적인 판화'이며, '모든 것은 복제로 시작되는' '옮겨 쓰기'라는 것을 자각하고 있다.

여기서 말하는 '옮겨 쓰기'는 잠재성에서 현재성顯在性으로의 전환이나 이행을 의미하는 것이지 하나의 현재적인 텍스트를 다른 현재적인 매체에서 끌어내는 것을 이야기하는 것이 아니다. 이러한 대승 경전이 '가리키는 현재'는 '언제나 늦게, 사후에' 구성된 것이다. 게다가 '현재'는 '대리 보충으로서 재구성'되는 것이기 때문에 '부가되는 것처럼 생각할 수 있지'만, 사실은 '보충하는 것'이다.

실제로 한 시기에 끊임없이 창출된 방대한 숫자의 대승 경전은 그것이 언제나 새롭게 다시 설파되어왔음을 보여준다. 그 작품군 전체를 보았을 때, 그것들은 선행하는 역사를 '보충하는 것'으로서 만들어지고 있다. 거기에는 '기원'에서 존재하면서도 아직 나타난 적이 없었던 불교의 의미를 새롭게 '기원'으로 되돌아가 현재에서의 붓다의 말로서 캐내는 선명한 문제의식이 엿보인다.

여기까지 이르면 대승 경전이 역사 연구라는 방법으로 충분히 해명될 수 없다는 것은 분명하다. 이 텍스트는 불교가 석가에서 시작하는 역사 현상으로 된 과정 그 자체를 물음의 대상으로 하고 있다. 그것은 서두에서 말했듯이 역사를 그려내고자 하는 주체 쪽 의식의 형상화와 역사적 현실이라는 대상의 형상화, 그 양자를 매개하는 텍스트의 형상화를 동시에 성립시키는 하나의 학적 지식이 구성되는 과정으로서 파악되어야 한다.

☞ 좀 더 자세히 알기 위한 참고 문헌

— 가쓰라 쇼류桂紹隆·사이토 아키라齋藤明·시모다 마사히로下田正弘·스에
키 후미히코末木文美士 편, 『대승 불교의 탄생大乘仏教の誕生』시리즈 대승
불교 2, 春秋社, 2011년. 국내외의 70명이 넘는 연구자에 의해 집필된
'시리즈 대승 불교' 전 10권 가운데 한 권. 대승 불교 기원론에 대한
학설들을 소개한 책으로 대승 불교 연구에 대해 학계의 현 상황을
개관할 수 있다. 같은 시리즈의 1『대승 불교란 무엇인가?大乘仏教とは何か』,
4『지혜/세계/말智慧/世界/ことば』도 아울러 참조할 것을 권한다.

— 히라카와 아키라平川彰, 『인도 불교사インド仏教史』상·하(신판), 春秋社,
2011년. 인도 불교사 전체를 개관한 뛰어난 불교사 개설. 재가–불탑
기원설에 기초한 대승 불교 이해를 보여주었다는 점과 관련해서는
수정이 필요하지만, 영역 출판도 이루어졌으며, 표준적인 불교사로서
신뢰할 만하다.

— 그레고리 쇼펜Gregory Schopen, 『대승 불교 흥기 시대. 인도의 승원 생활大乘
仏教興起時代 インドの僧院生活』, 오다니 노부치요小谷信千代 옮김, 春秋社, 2000년.
80년대 이후 세계의 불교 연구 흐름을 크게 변화시킨 불교학의 석학에
의한 영문 강의를 일역한 것. 고고학적 자료와 문헌학을 멋지게 조합하여
고대 인도 불교사를 구축한 주목해야 할 성과이다.

칼럼 1

알렉산드리아 문헌학

데무라 미야코^{出村みや子}

기원전 3세기에 프톨레마이오스 왕조의 수도로서 번영을 누린 고대 도시 알렉산드리아는 지중해 세계의 각지로부터 수사학, 고전 문헌학, 역사, 의학, 수학, 자연학 등의 학자를 모아 보호한 다문화 도시로서 알려져 있다. 여기서는 특히 호메로스 연구를 중심으로 문헌학, 문법학, 해석학이 발전했는데, 그것은 이 왕조가 모범으로 삼고 그 정통한 후계자를 자임한 알렉산드로스 대왕이 호메로스를 애호했기 때문이다. 호메로스 문헌학의 성립을 더듬어 가는 데서 중요한 증언이 아리스토텔레스의 『시학』과 단편적으로 전해지는 『호메로스의 문제들』이며, 이 저작들은 특히 플라톤의 호메로스 추방론에서 보이는 것과 같은 서사시에 대한 비판에 대응하여 호메로스의 서사시를 비극과 마찬가지의 문학으로 평가해야 한다는 것을 주장하고 있다.

젊은 알렉산드로스와 함께 이전에 아리스토텔레스에게서 배운 프톨레마이오스 1세는 그 권력을 과시하기 위해 교역으로 얻은 재부를 이 도시의 문화 사업에 쏟아부으며, 테오프라스토스의 제자였던 페리파토스학파의 데메트리오스를 초청하여 아테네를 모델로 한 대도서관과 무세이온(museum의 어원으로 학예의 수호신 무사이를 모시는 성역)이라고 불리는 연구소를 건설하고, 그 소장 숫자가 50만 권 또는 70만 권이라고도 하는 고대 세계 최대 규모의 문화 사업에 착수했다. 그

특징은 문헌 텍스트에 초점을 맞추어 호메로스 서사시의 표준판을 확정하고 그것들의 문학적 특징을 분석하는 데 있으며, 자료수집, 분류, 목록 작성 외에 원전의 교정과 주석, 번역과 사본의 제작 등이 행해졌다. 프톨레마이오스 8세 시대에 많은 학자가 국외 추방된 것을 계기로 이 땅의 학문이 로마 제국의 각지로 전파되며, 새롭게 유대교와 그리스도교에 의한 성서 문헌학이 7세기에 아랍에 의해 이 도시가 점거되기까지 발전을 이루었다(노마치 아키라野町啓, 『수수께끼의 고대 도시 알렉산드리아謎の古代都市アレクサンドリア』, 講談社現代新書, 2000년).

　그 원전들은 현존하지 않지만, 후년에 작성된 사본에 적힌 스콜리아(난외의 주)에 상당한 숫자의 단편이 남아 있으며, 오늘날 그것들은 비판적 교정판을 통해 알려져 있다. 간접 자료이면서도 스콜리아에 의해 호메로스 학자인 아리스타르코스나 그의 후계자인 제노도토스, 비잔티움의 아리스토파네스 등이 행한 알렉산드리아 문헌학의 방법과 특징을 알 수 있다. 호메로스의 스콜리아는 헬레니즘화한 디아스포라의 유대인 필론의 성서 주해에도 알려져 있으며, 그 영향은 『헥사플라』(『구약성서』의 여섯 가지 대역판)와 많은 성서 주해를 만들어낸 오리게네스 등의 그리스도교 저술가에게도 미치고(오다카 다케시小高毅, 『오리게네스オリゲネス』, 清水書院, 1992년), 그 후의 교회사에서 성서 해석의 집성을 촉진했다.

　고전 연구에는 교정 작업에 의한 본문 텍스트의 교정과 연구·해석이 빠질 수 없다면, 알렉산드리아 문헌학은 후대의 인문학 연구에 헤아릴 수 없는 영향을 주었다고 말할 수 있을 것이다.

제5장

고전 중국의 성립

와타나베 요시히로渡邉義浩

1. 고전 중국이란 무엇인가?

정체인가 안정인가?

헤겔은 중국을 지속의 제국으로 파악하고 중국사의 특징을 정체停滯로 보았다. 헤겔만이 아니다. 1980년대에 진관타오金觀濤·류칭펑劉靑峰, 『융성과 위기 — 중국 봉건사회의 절대 안정 구조를 논함興盛与危機 — 論中國封建社會的超穩定結構』(湖南人民出版社, 1984년)은 중국 봉건사회가 '종법宗法 일체화 구조'를 지니는 까닭에 정체성 가운데서 왕조의 주기적 붕괴를 되풀이했다고 보았다. '종법 일체화 구조'란 국가가 농민 대반란 속에서 붕괴할 때, 왕조 수복의 주형을 제공하고 사회를 종래의 옛 구조로 되돌리는 '절대 안정

시스템'으로 정의되었다. 거기서는 유교에 의해 형성된 '종법 일체
화 구조'가 중국 사회를 발전과는 인연이 먼 것으로 만드는 거대한
'함정'에 빠져들게 하고 중국의 발전을 저해한 것으로 자리매김했
다. 그 무렵 일본의 중국사 연구에서는 전후 맑스주의에 의해
주도되어온 논쟁, 즉 중국사에서 내발적인 발전의 계기를 찾아내
고 그에 의해 중국사의 발전 단계를 시대 구분하는 논쟁도 개별적인
실증을 중시함에 따라 종식되고 있었다.

　그러한 가운데 중국 전근대의 역사를 정체로 파악하고 그것을
넘어서기 위해 서구화의 유효성을 주장하는 '절대 안정 시스템'론
은 '전반적 서구화'가 주창된 1980~90년대의 중국사 파악 방법으로
서는 매우 흥미로웠다. 시대 구분은 역사상을 구성하는 데서 언제
나 무언가의 이념을 빠뜨릴 수 없는 영위이기 때문이다. 그러나
이러한 파악 방식은 전前근대를 살아간 중국인이 지니고 있던
역사 인식과는 크게 다르다. 그들은 옛날에서 이상을 찾았다.
시대 구분은 해당 시대를 살아가는 사람들이 스스로 주체적으로
인식하고 있던 역사관에 기초해야 한다.

　그때의 옛날이란 이념적으로는 주周나라였지만 구체적으로는
한漢나라였다. 기원전 221년에 중국을 최초로 통일한 진秦 제국을
대신하여 기원전 202년에 성립한 한 제국은 왕망王莽에 의한 중단을
사이에 두고 전한·후한을 합쳐 400년 이상 이어진 중국 역사상
가장 긴 통일 제국이다. 물론 은殷 왕조나 주 왕조는 한 제국보다
오래 지속되었다. 두 왕조가 중국의 원류인 것은 틀림없다. 하지만

그 영토는 작았고, 크게 보아 다른 도시국가를 지배했을 뿐, 백성 한 사람 한 사람을 직접 지배하는 것이 아니었으며, 그 국가와 사회도 후세의 규범이 되지는 못했다.

'한漢' 민족‥'한'이라는 호칭은 중화가 자신의 고전으로서 한 제국을 계속해서 존중해온 것의 상징적 표현일 것이다. 여기서는 그러한 한을 '고전 중국'이라 부르기로 한다. 유럽에서 그리스·로마를 고전 고대라고 부르고 '모든 길은 로마로 통한다'라고 칭하는 것과 같은 규범성이 한 제국에도 갖추어져 있다고 생각되기 때문이다.

고전 중국과 시대 구분

'고전 중국'은 '유교 국가'의 국가 체제로서 후한의 장제章帝 시기에 백호관白虎觀 회의에서 정해진 중국의 고전적 국가 체제와 그것을 정통적인 것으로 만드는 유교의 경의經義에 의해 구성된다.

중국이 통일 국가이어야 한다는 것은 '대일통大一統'이라는 『춘추공양전春秋公羊傳』 은공隱公 원년의 '춘추의 의義'에 의해 표현된다. '대일통'을 유지하는 시책으로서는 '군현'과 '봉건'이 대조적으로 말해진다. '대일통'의 장애가 되는 사적인 토지 집적에 대해서는 '정전井田'의 이상을 준비하고, 모든 가치 기준을 국가로 수렴하기 위해 '학교'가 설치된다. 지배의 정통성은 '황제'와 함께 사용되는 '천자'라는 칭호로 상징되며, 중국을 위협하는 이민족을 포함하는 세계관으로서 '화이華夷' 사상을 지닌다. 중국에서 국가의 이러한 규범적 형태는 전한의 경제景帝 시기부터 단계적으로 나아가는 유교의 국교화와 후한의 '유교 국가'에 의해 형성된다. 그러나 새로운 사회의 도래와 더불어 '고전'의 재편은 필요했다.

실력으로 중국을 지배하는 황제가 지니는 권력은 천명을 받은 성스러운 천자天子의 통치라는 권위에 의해 정통적인 것으로 만들어졌다. 천자는 하늘의 아들이라는 것을 보여주기 위해 예를 들어 후한의 정현鄭玄(127~200)의 학설에서는 동지에는 환구圜丘에서 호천상제昊天上帝를 제사 지내고, 정월에는 남교南郊(도읍의 남쪽 교외)에서 오천제五天帝를 모신다. 남교에서의 제천 의례는 요遼나라를 예외로 하여 모든 전근대 중국 국가로 계승되었다. 다만 한나라부터 당나라까지는 남교 제천에의 참가자는 황제와 일부의 고급 관료뿐이었다. '고전 중국'에서 황제와 황제의 지배를 받는 사람들이 만드는 공동체에 공속 의식을 지녔던 것은 지배 계급과 국가로부터 이익을 얻고 있던 계층에 한정되어 있었다. 그러나 북송北宋에 이르면 수도 개봉의 남교 의례는 성내의 주민을 열광시키는 화려한 야외극이 된다. 또는 수도도 장안과 낙양에 놓이지 않게 되듯이 '고전 중국'으로부터의 다양한 전개가 당송 변혁기에 일어난다.

고전 중국의 천天은 초월적이고 불가지적인 주어진 자연으로서의 하늘이며, 그것이 주재신主宰神인 하늘에 의해 정통적인 것으로 만들어지는 천자의 신비성을 떠받치고 있었다. 천자가 선정을 베풀 때 하늘은 상서로운 조짐에 의해 그것을 칭찬하고, 천자가 무도하면 하늘은 지진이나 일식 등의 천재지변에 의해 견책한다는, 전한의 동중서董仲舒(기원전 176?~기원전 104년경) 학파가 집대성한 천인상관설天人相關說은 그러한 인격신으로서의 하늘을 전제로 한다.

이에 반해 송나라 이후의 하늘은, 하늘이란 '이理'라고 하는 북송의 정호程顥(1032~1085)의 규정을 이어받아 '천리天理'라는 개념이 널리 퍼지게 되듯이, 우주를 질서 짓는 가지적인 합리성을 지니게 된다. 여기서 중국사는 '고전 중국' 성립 이전의 '원중국', '고전 중국'이 성립한 '고전 중국'의 시대를 끝내고, '고전 중국'을 재편한 송나라로부터 청나라의 '근세 중국'으로 전개된다. 머지않아 하늘을 제사 지내지 않는 지배자인 손문孫文(1866~1925)이 출현하고 '근대 중국'이 태어날 것이다. 이 장은 이러한 시대 구분에 기초하여 '고전 중국'의 형성 과정을 다룬다.

2. 법가에서 유가로

중화 통일과 법가

실존이 확인될 수 있는 중국 최초의 국가인 은나라와 주나라는 혈연을 유대로 하는 씨족제 사회를 토대로 하고 있었다. 춘추·전국

시대에는 소와 쟁기에 의한 경작과 철제 농기구에 따른 생산력의 보급을 배경으로 하면서 진나라의 '상앙商鞅의 변법變法'으로 대표되는 위로부터의 씨족제 해체에 따라 씨족제 사회는 지역적 편차를 지니긴 하지만 해체를 향해 간다. 그리고 씨족제를 가장 선진적으로 해체한 진나라에 의해 중화는 통일된다.

중화 통일의 사상은 한비韓非(기원전 280?~기원전 233)로 대표되는 법가에 의해 준비되었다.

> 한韓나라의 소후昭侯가 취해 잠이 들었다. 전관典冠(임금의 모자를 담당하는 관리)은 군주가 춥게 자는 것을 보고서 옷을 덮어주었다. 소후는 깨어나 기뻐하며 옷을 덮어준 자를 찾았다. 그것이 전관임을 알게되자 소후는 전의典衣와 전관을 함께 벌했다. 전의를 벌한 것은 직무를 게을리했기 때문이다. 전관을 벌한 것은 직무를 넘어섰기 때문이다. 추위를 싫어하지 않는 것이 아니다. 남의 직분을 침해한 관리의 폐해는 추위의 해보다 심하다고 생각한 것이다. 뛰어난 군주가 신하를 양성하기 위해서는 신하에게 직무의 틀을 넘어서서 공적을 얻게 하지 않으며, 말로 하면 실행하도록 해야만 한다. (『한비자韓非子』, 이병二柄 편)

여기서는 종적 관계의 비효율보다도 월권으로 인해 특정 신하에게로 권력이 집중되는 것을 피하지 않으면, 군주에게로 권력이 집중될 수 없다는 것이 주장된다. 확실히 논리적으로는 올바르다.

다만 동시에 사람의 정에 반하는 위화감을 느끼게 된다. 노골적인 권력 강화가 낳은 사람으로서의 정에 대한 무시는 법가 사상의 특징인 '신상필벌信賞必罰'에서도 보인다.

군주는 신하를 일곱 가지 방법으로 다스린다. 첫째, 부하의 언동을 많은 증거를 대조하여 조사한다. 둘째, 죄를 범한 자는 반드시 벌하고 위엄을 갖춘다. 셋째, 공로가 있는 자에게 진실로 상을 주고 능력을 발휘하게 한다. 넷째, 신하의 실적을 나무라고 바로잡는다. 다섯째, 거짓된 수단으로 신하를 부린다. 여섯째, 알고 있다는 것을 숨기고 묻는다. 일곱째, 일부러 반대의 일을 말하고서 반응을 본다. (『한비자』, 내저설內儲說 편 상)

둘째와 셋째를 조합시킨 것이 '신상필벌'이다. 『한비자』 외저설外儲說 우상右上에서는 호언狐偃에게서 신상필벌의 설명을 들은 진의 문공文公이 '시간에 늦은 자는 군법에 따라 처벌한다'라는 명에 따르지 않은 총신 전힐顚頡을 참살한 일화를 싣고 있다. 여기까지는 아직 바람직하다. 잘못은 늦은 신하에게 있다. 이에 반해 다섯째로부터 일곱째의 방법에 이르러서는 군주가 신하를 속이고 있다. 법가의 사상에 의해 성취된 중화 통일이 15년밖에 유지될 수 없었던 원인은 사상으로서의 합리성과 획일성을 추구하는 나머지 사람의 정을 일탈한 것에 놓여 있을 것이다.

유교의 국교화

진나라를 타도한 진승陳勝·오광吳廣의 난 이후, 항우와의 격투에서 승리를 거머쥔 유방은 전한을 건국했다. 유방은 군현제와 봉건제를 병용한 군국제를 채용하여 씨족제의 불균등한 해체에 대응하고 황로黃老 사상을 이용하여 민력의 휴식을 꾀했다. 이것은 아들인 문제文帝, 손자인 경제景帝로 계승되었다. 그 결과 증손인 무제武帝 때에는 흉노로부터 둔황 등 하서사군河西四郡을 빼앗을 정도로 국력을 회복했다.

무제의 적극적인 국정 운영에 따라 무위를 떠받드는 황로 사상은 점차 쇠퇴한다. 그러한 가운데 동중서의 헌책에 따라 태학太學(국립대학)에 오경박사가 설치되고 유교가 국교화되었다고 설명되는 경우가 많다. 오경박사란『시경詩經』,『상서尙書』,『춘추春秋』,『역경易經』,『예기禮記』라는 다섯 개의 유교 경전마다 설치된 박사관博士官을 말한다. 결론적으로 말하면, 이것은 반고班固(32~92)의『한서漢書』에 그려져 있는 동중서에 대한 찬미를 무턱대고 믿은 오해이다. 무제 시기를 살아가고 동중서를 스승으로 하는 사마천司馬遷(기원전 145?~기원전 87년경)은『사기史記』에 그와 같은 동중서의 사적을 기록하지 않는다.

사마천의『사기』동중서전은 318자로 이루어져 있다. 그것을 약 23배의 7,225자로 가필한 것이『한서』동중서전이다. 증보한 부분에는 오경박사를 두고 제자백가를 물리치며 유교만을 존중해야 한다고 설파하는 '천인삼책天人三策'이라고 불리는 세 개의 상주문上奏文이 포함된다. 종래에는 무제가 이를 받아들여 유교가 국교화되었다고 설명되어왔다. 하지만 예를 들어 제2책에 포함된 강거국康居國은 무제 말기에 비로소 중국에 존재가 알려진 나라인 까닭에 '천인삼책'은 무제 때의 상주라고는 생각하기 어렵다.

다만 무제 시기부터 유가가 대두한 것은 틀림없다. 유자로서 처음으로 승상이 된 공손홍公孫弘(기원전 200~기원전 121)처럼 무제가 좋아하는 법가사상을 유교로 꾸미는 자는 중용되었다. 하지만 정치가로서는 불우했던 동중서에게서야말로 유교 사상의 심화를 볼 수 있다.

인륜을 설파하는 공자의 가르침은 그대로는 천자의 지배를 정통적인 것으로 만들지 않는다. 따라서 동중서의 출현까지 유교는 권력에 다가가는 기예가 약하며, 진나라는 법가사상, 한나라 초에는 황로 사상이 국가의 지배이념의 중핵에 놓였다. 동중서가 닦은 춘추 공양학春秋公羊學은 유교 안에서 재빨리 경서의 의미 내용을 현실에 비추어 보고, 무제 시기의 후반부터 점차 권력에 접근해 간다. 그 학설은 천자의 선정·악정에 따라 천은 그 정치를 찬미·견책한다는 천인상관론을 중심으로 한다.

사람의 몸에 큰 관절이 12군데, 작은 관절이 366군데 있는 것은 1년의 달수와 날수에 대응하며, 오장五臟이 오행五行에 사지四肢가 사시四時에 대응한다. 사람은 하늘과는 불가분의 관계에 있다. 이 때문에 사람의 정점에 군림하는 천자가 선정을 베풀면 하늘은 상서로운 조짐을 내려 칭찬하고, 천자가 무도하면 하늘은 지진이나 일식이나 홍수와 같은 천재지변을 내려 견책한다. 여기서 유교는 하늘이라는 인격적인 주재신을 지니는 종교가 되었다.

금문학과 고문학

전한의 후반기에 유교는 자기의 사상을 한 제국의 전제 지배에 합치시키기 위해 새로운 경전을 요구하고 있었다. 그에 응답한 것이 위서緯書와 고문경서古文經書였다.

경서의 '경'은 날실, 사람으로서 살아가는 이치라는 뜻이다. '위'는 씨실이며, 날실과 씨실로 베가 이루어지듯이 경서를 보완하기 위해 공자가 저술했다고 하는 서적이 위서이다. 물론 위서는 공자와 무관하며, 국가 권력에 접근하기 위해 주로 성제成帝 시기부터 애제哀帝 시기까지 공양학파가 창작한 위서僞書이다. 그 특징은 신비성의 높이에 있다. 그 가운데서도 예언 성격이 높은 문서는 부명符命·도참圖讖이라고 불렸다. 전자는 왕망王莽, 후자는 광무제光武帝가 이용한다.

한편 고문경서는 궁중의 도서 정리에 따라 발견되었다고 한다. 한대에 사용되고 있던 예서隸書보다 오래된 문자로 쓰여 있었기 때문에 고문(문은 문자를 뜻한다)경서라고 한다. 이에 따라 유교 경전은 금문今文과 고문이라는 문자의 차이로 크게 구별된다. 단지 경서의 문자가 다르기만 한 것이 아니다. 『예기』(금문)와 『주례周

『禮』(고문)와 같이 경서 그 자체가 다른 '예', 『춘추공양전』(금문)과 『춘추좌씨전春秋左氏傳』(고문)과 같이 경서를 해석하는 '전'이 다른 '춘추' 등, 경서 그 자체로부터 해석 그리고 무엇보다도 주장 내용이 크게 달랐다. 전반적으로 말하면, 뒤에 출현한 고문경서 쪽이 한나라의 현실에 적합하고 중앙집권적인 전제 권력을 좀 더 강하게 정통적인 것으로 만들고 있다. 이 때문에 고전적 국가 체제 논의에서는 고문학(고문경서에 기초한 학문)이 우세했다.

또한 고문학은 새로운 주장도 했다. 한나라를 요堯의 후예인 화덕火德의 국가라고 하는 것도 그 가운데 하나이다. 전국시대에 음양가陰陽家의 추연鄒衍이 설파한 음양오행설陰陽五行說에 따르면, 만물은 음(땅·달·여자 등)과 양(하늘·해·남자 등)의 결합으로 태어나고 토·목·금·화·수라는 오행(다섯 가지 요소)에 의해 구성된다. 오행은 토·목·금·화·수·토 ……의 순서로 아래가 위에 대해 이기며, 이를 오행상승설五行相勝說이라고 한다. 이에 대해 고문학은 목·화·토·금·수·목 ……의 순서로 위에서 아래가 태어난다는 오행상생설五行相生說에 의지했다. 상승설과 상생설을 아울러 오덕종시설五德終始說이라고 한다. 만물의 운행이 이에 따르기 때문에 국가의 성쇠도 오덕종시설로 설명된다.

국가의 흥망을 설명하는 오덕상승설에서는 문제文帝 시기의 장창張蒼이 한나라 수덕설水德說을 이야기했지만, 가의賈誼나 공손신公孫臣은 한나라를 토덕土德으로 생각했다. 황룡 — 토의 상징색은 황색 — 의 출현을 계기로 문제는 공손신의 한나라 토덕설을 채택한다.

이에 반해 고문학자인 유흠劉歆(?~23)은 오덕상생설에 기초하여 한나라 화덕설·한요후설漢堯後說을 주창했다. 구체적으로는『춘추좌씨전』소공昭公 전 17년을 논거로 하여 제왕의 계보에 소호少昊를 삽입함으로써 요와 한나라가 모두 화덕이라는 것을 논증했다. 유흠의 한요후설·한나라 화덕설은 순舜의 후손이자 토덕인 왕망이 전한을 빼앗는 정통성이 된다. 그리고 그것을 성취하는 전제로서 왕망은 유교 경의에 근거한 고전 중국의 형성에 힘을 다해간다.

고전 중국의 형성

중국에서의 고전적 국가 체제는『예기』왕제王制 편과『주례』및 위서에 기초하여 이루어진 제천 의례를 중심으로 하는 장치들과 예법을 일컫는다. 고전적 국가 체제에 대한 제언은 원제元帝 초원初元 3(기원전 46)년의 익봉翼奉의 상주를 시원으로 한다. 성제成帝 시기에는 천자로서 가장 중요한 천지의 제사 방법으로서 남북교사南北郊祀가 제기되며, 몇 차례인가의 되돌림과 애제哀帝 시기의 반동을 거쳐 평제平帝 원시元始 5(기원후 5)년, 왕망에 의해 장안의 남북교사가 확정되어 고전적 국가 체제는 완성된다.

고전적 국가 체제의 지표는 좀 더 구체적으로는 ① 낙양 천도, ② 기내畿內 제도, ③ 삼공三公 설치, ④ 12주목州牧 설치, ⑤ 남북교사, ⑥ 영기迎氣(오교五郊), ⑦ 칠묘합사七廟合祀, ⑧ 관직官稷(사직社稷), ⑨ 벽옹辟雍(명당明堂·영대靈臺), ⑩ 학관學官, ⑪ 이왕후二王後, ⑫

공자의 자손, ⑬ 악제 개혁, ⑭ 천하호^{天下号}(국가명)의 14항목으로 나누어진다. 이 가운데 왕망은 ⑤⑥⑦⑧⑨를 정했다.

왕망은 원시 4(기원후 4)년부터 후세에 '원시고사^{元始故事}'라고 총칭되는 예제 개혁에 착수했다. 원시 4년에는 ⑨ 벽옹·명당·영대를 세우고, 원시 5년에는 ⑤ 남북교사, ⑦ 칠묘합사를 확립하며, ⑥ 영기를 정하고, ⑧ 관직을 세웠다. 이러한 '원시고사' 가운데 후세에 가장 커다란 영향을 미친 것은 ⑤ 남북교사와 ⑦ 칠묘합사이다.

왕망은 가장 중요한 ⑤ 남북교사에 대해 동짓날에 남교에서 하늘을, 하짓날에 북교(도읍의 북쪽 교외)에서 땅을, 그리고 정월에는 남교에서 천지를 함께 제사 지내는 전거를 『주례』 대사악^{大司樂} 편에서 찾았다. 또한 천자가 ⑦ 칠묘합사를 행할 때의 불훼묘^{不毁廟} (영원히 남는 묘)의 취급에 대해서는 『춘추좌씨전』을 전거로 하는 유흠의 주장에 따랐다. 왕망은 고전적 국가 체제를 고문경서의 경의에 의해 정통적인 것으로 만듦으로써 고전 중국을 형성해간다.

유교에 기초한 국가 지배의 세 개의 기둥은 '봉건'··'정전^{井田}'· '학교'이다. 얼마 지나지 않아 신^新나라를 건국한 왕망은 다섯 등급 작위의 '봉건'을 행하고 중앙 관제를 서열화하며 지방관의 세습을 지향했다. 또한 '학교'로서는 태학에 고문학 박사를 설치하고, 『주례』와 『춘추좌씨전』의 선양과 보급에 힘썼다. '정전'은 토지를 균등하게 나누어 준다는 유교의 이상이다. 주나라의 정전을 전하는 문헌 가운데서는 『맹자』가 가장 유명하지만, 왕망의 '정전'

정책인 왕전제王田制는 주나라의 정전법을 규범으로 하여 즉위 다음 해인 시건국始建國 원년(9년)부터 개시된다.

왕망은 이처럼 고문학을 중심으로 중국의 고전적 국가 체제를 정하고 그것을 경의에 의해 정통인 것으로 만들어 고전 중국의 형성에 힘썼다. 다른 한편 고문경서에 근거하여 자기의 권력을 정통적인 것으로 만들고 한나라로부터 선양을 받을 준비를 한다. 그것을 짊어진 것 역시 고문학이었다.

경학과 부명

왕망은 거섭居攝 3(서력 8)년에 자신을 황제와 우순虞舜의 후예로 자리매김하고 한나라를 화덕으로 선언한다. 같은 달에 즉위한 왕망은 원호를 초시初始로 고치고 천하의 호를 신新으로 정했다. 다음 해인 시건국 원년(9년)에 왕망은 한을 요의 후예라 하고 요순 혁명을 본떠 한신漢新 혁명을 수행했다고 선언한다.

> 나의 황시조고皇始祖考인 우제虞帝(순)는 선양을 당제唐帝(요)로부
> 터 받았다. 한 씨의 조선祖先인 당제에게는 대대로 전해진 나라의
> 상象(나라를 양도하는 징조)이 있고, 나 역시 직접 금책金策(한의
> 천하를 양도한다는 명령서)을 한의 고황제高皇帝의 영으로부터 받
> 았다. (『한서』, 왕망전에서)

이 문장에는 두 개의 정통성이 섞여 있다. 하나는 경서 해석에 기초하여 요순 혁명에 한신 혁명을 비기는 정통성, 또 하나는 '금책'으로 표상되는 신비적인 초월성이다.

순임금의 후예인 왕망이 요순 혁명을 규범으로 한신 혁명을 성취한 정통성은 고문경서의 『춘추좌씨전』을 전거로 한다. 그러나 『춘추좌씨전』만으로는 왕망의 찬탈은 완성되지 않았다. 합리적인 『춘추좌씨전』에 의한 설명에 더하여 신비적인 위서緯書에 의한 예언이 필요했다. 고문학은 아직 유흠 등 소수의 고문학자가 연구를 계속하고 있을 뿐이었다. 한나라의 지식인층에 널리 유행하고 있던 예언 등의 종교성을 걸치지 않고서 혁명은 완성되지 않았다.

이 때문에 왕망의 혁명은 '부명혁명符命革命'이라고 불리는 경우가 있다. 부명이란 언제나 '부'(무언가 상서로운 조짐)와 관련하여 출현하는 '명'(하늘의 예언)을 말한다. 거기에는 하늘의 명이 적혀 있지만, 물론 그것은 왕망의 의도를 받아들인 자가 만들어낸 것이었다. 이러한 부명이 고문학과는 다른 흐름을 이루면서 천명에 의한 혁명의 정통화를 짊어지고 있었다.

왕망이 고전적 국가 체제를 정통적인 것으로 만들기 위해 노력하고 있던 원시 5년(기원후 5년)에 우물에서 나온 흰 돌에 '안한공安漢公 왕망에게 고한다, 황제가 돼라'라고 쓰여 있었다는 보고가 있었다. 부명의 기원이다. 왕망은 다른 신하에게 부명의 출현을 원태황태후元太皇太后(원제의 황후로 왕망의 일족)에게 말씀드리도록 했다. 원태황태후는 '이것은 천하를 속이는 것이다, 반포해서는 안 된다'

라고 말했다.

원태황태후가 부명을 '천하를 속이는 것'이라고 부정한 것에 주목할 수 있을 것이다. 왕망의 혁명은 '부명혁명'이라고 일컬어질 정도로 전면적으로 부명에 의거했던 것은 아니다. 부명만으로는 원태황태후를 필두로 하는 혁명에 대한 반대를 무릅쓸 수 없었다. 왕망의 혁명은 부명뿐만 아니라 『춘추좌씨전』 등 고문학의 경의에 기초하고 한요후설이나 왕망순후설王莽舜後說 등을 논리적으로 구축하는 것과 상호 보완하면서 실현되었다. 논리만으로는 하늘에 의해 정통적인 것이 되는 천자의 지위에 오르기 어렵다. 여기에 고전 중국에서의 유교가 신비성과 종교성을 띠어야만 했던 이유가 있다.

도참의 존중

왕망은 신나라를 건국한 후 급진화하여 『주례』에 기초하는 국가 체제 개혁을 연달아 행했다. 또한 외교에서도 화이사상에 기초하여 흉노와 고구려에 '항노복우降奴服于', '하구려후下句麗侯'라는 칭호를 강제하여 그들의 이반을 초래했다. 이러한 혼란 중에 일어난 적미赤眉의 난을 계기로 신나라는 건국 후 겨우 15년 만에 멸망하고, 광무제 유수劉秀가 한나라를 다시 일으킨다.

후한을 건국한 광무제는 중국의 고전적 국가 체제에 따라 낙양을 수도로 하고, 공신으로부터 군권을 빼앗고 유교를 배우게 했다.

광무제가 유교를 존중한 것은 스스로 금문 『상서尙書』를 닦고 있었을 뿐만 아니라 당시 국가의 정통성에 대해 유교가 커다란 역할을 담당하고 있었기 때문이다.

왕망은 본래 한나라를 위해 형성되었을 참위讖緯 사상(위서의 예언을 믿는 신비 사상), 특히 상서로운 조짐과 함께 출현하는 부명을 교묘하게 이용했다. 광무제 역시 『적복부赤伏符』라는 도참圖讖(예언문)의 '유수劉秀가 군사를 일으켜 무도한 자를 토벌하니, 화덕의 한이 다시 천하의 주인이 된다'라는 문언을 근거로 즉위했다. 참위 사상을 방치하면 국가는 안정되지 않는다.

그리하여 광무제는 위서緯書를 정리하여 후한의 정통성을 나타내는 것만을 천하에 전파하고 스스로가 인정하는 참위 사상을 포함한 유교를 한나라의 통치를 뒷받침하는 유일한 정통 사상으로 존중했다. 공신만이 아니라 호족에게도 향거리선鄕擧里選(관리 등용 제도)의 운영에 따라 한나라를 정통적인 것으로 만드는 유교를 공부하게 했다. 이 결과 후한에서는 태학에 오경박사가 설치되는 등, 제도적으로 유교가 존중될 뿐만 아니라 관료와 호족에게 유교가 침투하여 국가를 정통적인 것으로 만드는 유교가 통치의 장에서도 사용되는 '유교 국가'가 형성된다. 후세의 유자, 예를 들어 명나라와 청나라의 고증학자가 후한을 유교에 기초하여 통치된 이상적인 국가로 삼고 광무제를 높이 평가하는 것은 이 때문이다.

그러나 후한 이외의 것을 정통적인 것으로 하는 참위 사상이 소멸한 것은 아니었다. 공손술公孫述이 지배한 촉나라에서는 '한을 대체하는 것은 당도고當塗高이다'라는 예언이 계속 남아 있었다. 후한 말의 군웅 중에서 최초로 황제를 일컫는 원술袁術은 '당도고'의 '도'를 자기의 자인 '공로公路'의 '로'에 해당한다고 하고 황제로의 즉위를 정통화했다. 조조曹操의 아들 조비曹丕 역시 후한으로부터 선양을 받아 위魏나라를 건국할 때 '적赤(한)을 대체하는 것은 위의 공자(조비)다', '당도고인 것은 위나라다'라는 참문讖文(예언 문)을 이용하고 있다. 다른 한편 촉한이 쇠퇴하는 가운데 초주譙周는 한을 대신하는 '당도고란 위나라다'라고 주장한다. 촉한을 건국한 유비나 제갈량의 입장에서는 이러한 참문을 멋들어지게 억누른 광무제는 존경해 마지않는 존재였다.

3. 유교 국교화의 완성

규범을 세우다

후한 '유교 국가'에서 해결해야 할 문제는 왕망 시기에 대두한 고문학과 후한의 관학이 된 금문학의 경의를 조정하는 것에 놓여 있었다. 왕망을 타도하고 한나라를 부흥시킨 광무제 유수는 왕망의 정통성을 뒷받침하는 고문학에 대항하여 금문학을 권장했다. 하지 만 국가의 지배를 위한 정치사상으로서는 강대한 군주권을 옹호하 는 등, 뒤에 나온 고문학 쪽이 뛰어났다. 또한 학문적으로도 훈고訓詁

(고전의 해석)에 뛰어난 고문학은 무시할 수 없는 힘을 지닌다.

그리하여 전한의 선제宣帝가 행한 석거각회의石渠閣會議를 모방하여 후한의 장제章帝 하에서 양자의 견해가 토론되어 금문학의 정통이 확인되었다. 이것이 백호관白虎觀 회의이다. 회의의 토론 결과는 『한서』의 저자이기도 한 반고에 의해 『백호통白虎通』으로 정리되었다.

백호관 회의는 건초建初 4년(기원후 79년), 장제의 조칙을 받든 유자가 경의의 의심스러운 뜻을 10여 명의 유자에게 논의하게 하고 장제 자신이 결재하는 형식으로 행해졌다. 그 토의 결과를 정리한 『백호통』에 따르면, 수도는 다음과 같이 규정되어 있다.

제왕의 경사京師(수도)가 반드시 토중土中(중국의 중심)을 선택하는 것은 왜인가? 가르침에 이르는 길을 고르게 하고 왕래를 쉽게 하며, 선과 악을 보고하기 쉽게 하고 두려워하고 삼가며 선악을 돌아보아야 한다는 것을 밝히기 위해서이다. 『상서』 소고召誥 편에 '왕은 애써 상제를 돕고 스스로 토중을 다스려라'라고 말하는 대로이다. (『백호통』, 경사)

『상서』에 적혀 있는 '토중'이란 서주西周의 동도 낙읍洛邑(한나라의 낙양)을 가리킨다. 『백호통』은 '토중'의 전거를 금문 『상서』에서 구하고 후한이 낙양에 수도를 두고 있는 것을 유교 경의에 의해 정통적인 것으로 만들고 있다. 지금까지 예를 들어 수도를 어디에 둘 것인가 하는 국가의 정책을 유교의 경전에 의해 정통화하는 일은 없었다. 물론 백호관 회의는 수도의 위치나 고전적 국가 체제뿐만 아니라 군신·부자·부부의 '삼강三綱', 여러 백부와 숙부·형제·친족·여러 외삼촌·스승과 촌장·붕우의 육기六紀를 핵심으로 하는 윤리 질서의 규범, 선악의 기준을 명시했다. 고전 중국의 국가와 사회의 규범이 여기서 비로소 경서에 의해 정통적인 것으로 만들어지고 확정된 것이다.

이리하여 중국에서의 고전적 국가 체제와 선악의 근저에 놓이는 사회 규범은 장제 시기의 백호관 회의에서 경의에 따라 정통적인 것으로 만들어졌다. 백호관 회의에 의해 사상 내용으로서의 체제 유교가 성립할 무렵에는 이미 제도적인 유교 일존一尊 체제는 확립되며, 유교의 중앙·지방의 관료층에로의 침투와 수용도 완료되어 있었다. 그리고 유교적 지배로서의 '관치寬治'(유교를 매개로 하여 호족의 힘을 이용한 관대한 통치)도 장제 시기부터 본격화해 간다.

이리하여 장제 시기에 후한 '유교 국가'는 성립하며, 그것과 함께 '고전 중국'의 존재 방식이 유교에 의해 규정되어 '유교의 국교화'가 완성되었다.

무모순의 체계성

후한 '유교 국가'가 성립하고 고전 중국의 존재 방식이 정해진 장제 시기 이후, 후한은 외척과 환관의 전횡으로 점차 쇠퇴해간다. 다른 한편 경학, 특히 재야의 학문이 된 고문학은 연구가 진전되고, 정현의 스승인 마융馬融과 최초의 한자 사전인 『설문해자說文解字』를 쓴 허신許愼 등이 나타났다. 그럼에도 불구하고 후한은 환관에 반대하는 유교 관료를 악인의 무리로서 탄압한 환제桓帝 시기의 당고의 금黨錮之禁에 의해 붕괴한다. 영제靈帝 시기에는 황로 사상의 계보를 잇는 중황태을中黃太乙이라는 하늘을 숭배하는 태평도太平道에 의해 황건적의 난이 일어났다. 난 그 자체는 마융의 제자이자 유비의 스승인 노식盧植의 계략에 기초하여 평정되었지만, 시대는 '삼국지'로 이행해간다.

그러한 가운데 고전 중국의 경학을 집대성한 자가 정현이다. 정현은 한나라라는 절대적인 선이 붕괴해가는 가운데 경전 해석의 '무모순의 체계성'에 의해 절대적인 올바름을 만들어내고 다음 시대로 국가와 사회의 존재 방식의 이상형을 남기고자 했다. 이러한 영위 속에서 고전 중국의 경의를 대표하는 정현학鄭玄學이 형성되었다.

정현학의 정수는 천자에 의한 하늘의 제사를 규정하는 육천설六天說이다. 정현은 육천설에 의해 영원하다고 생각된 '성한聖漢'이 어째서 종언을 맞이했는지를 설명한다. 그리고 '성한'의 종말은 예를 들어 중황태을에 대한 신앙과 같은 유교 이외의 종교나 가치관에 기초한 국가가 건설되는 것을 의미하지 않는다고 주장한다. 정현은 한나라를 대신하는 국가 역시 유교에 기초할 필연성을 육천설로 보여주는 것이다.

　정현의 육천설은 감생제설感生帝說을 전제로 한다. 감생제설이란 천명을 받은 국가의 시조는 통상적인 출산이 아니라 그 어머니가 이물異物에 반응하여 제왕을 잉태한다는 사고방식이다. 정현은 주나라의 시조 후직后稷은 어머니 강원姜嫄이 상제 발자국의 엄지발가락을 밟고서 임신했다는 전설에 대해, 후직은 발자국을 남긴 감생제(상제, 하늘)의 아들이라고 설명한다. 발자국을 남긴 상제는 위서에 따르면 창제영위앙蒼帝靈威仰이라는 이름을 지닌다. 위서의 종교성이 정현 학설의 신비성을 뒷받침하는 것이다. 이것이 주나라의 수호신이 되는 하늘이다. 주나라라는 국가는 주나라의 수호신이자 감생제인 창제영위앙의 발자국의 엄지발가락을 밟음으로써 잉태한 강원이 낳은 후직이 하늘의 명을 받아 성립한 국가이다. 따라서 주나라의 멸망은 창제영위앙의 보호가 끝나는 것을 의미한다.

　한편 유교의 최고 신인 호천상제昊天上帝는 주나라의 흥망과 관계없이 계속해서 군림한다. 그리고 주나라 — 목덕, 상징색은 푸른색 — 를 대신하는 한나라 — 화덕, 상징색은 빨간색 — 의 수호신인 적제적표노赤帝赤熛怒를 감생제·수호신으로 하는 유방이 한나라를 건국한 것이다. 이제 한나라가 천명을 상실하고 있다면, 오행의 순서에서 말하면 황제함추뉴黃帝含樞紐 — 토덕, 상징색은 황색 — 를 감생제로 하는 명 받은 자가 지상에 나타날 것이다. 그것은 결코 호천상제를 부정하는 장각張角이 아니다.

이처럼 정현의 육천설은 지고신인 호천상제 외에 오행을 담당하고 역대 제왕의 수명제受命帝가 되는 창제영위앙·적제적표노·황제함추뉴·백제백초거白帝白招拒·흑제즙광기黑帝汁光紀의 다섯 천제라는 여섯 종류의 천제를 설정하는 사상이다. 그리고 정현은 하늘의 제사를 둘로 크게 구별하고, 호천상제를 환구圜丘(하늘을 상징하는 원형의 제단)에서 제사 지내고, 상제(다섯 천제)를 남교에서 제사 지내야 한다고 주장한다. 남교에서는 정월에 제왕의 조상인 감생제로부터 태어난 시조 — 주나라라면 후직, 한나라라면 유방 — 를 배유配侑(함께 제사 지내는 것)하여 다섯 천제 — 주나라라면 창제영위앙, 한나라라면 적제적표노 — 를 제사 지낸다(남교제천). 그리고 이 밖에 동지에는 환구에서 호천상제를 제사 지낸다(환구사천).

이렇게 하여 정현은 왜 한나라가 멸망하는지, 한나라를 대신하는 국가가 그럼에도 불구하고 여전히 유교의 하늘이 베푸는 보호를 받는 것인지 설명했다. 육천설에 의해 '한나라를 대신하는 자'의 존재를 예언한 것이다. 여기서 중국 국가는 자기의 원형을 지니게 되었다. 이것이 고전 중국의 핵심이다.

☞ 좀 더 자세히 알기 위한 참고 문헌

— 와타나베 요시히로渡邉義浩, 『'고전 중국'의 형성과 왕망'古典中國'の形成と王莽』, 汲古書院, 2019년. 이 장의 바탕이 된 연구서. 상세한 내용은 이 책을 참조할 수 있을 것이다.

— 와타나베 요시히로渡邉義浩, 『한 제국—400년의 흥망漢帝国— 四00年の興亡』, 中央公論新社, 2019년. 신서로서 한 제국의 정치 과정을 포함하여 한나라에서의 고전 중국의 형성을 이야기한다.

— 와타나베 요시히로渡邉義浩, 『'고전 중국'에서의 문학과 유교'古典中国における文学と儒教』, 汲古書院, 2015년. 고전 중국에서 유교와의 관계 속에서 어떻게 문학이 떠오르게 되는지를 논의한다.

— 와타나베 요시히로渡邉義浩, 『'고전 중국'에서의 소설과 유교'古典中国における小説と儒教』, 汲古書院, 2017년. 노신이 소설로 자리매김한 『세설신어世說新語』, 『수신기搜神記』의 고전 중국에서의 존재 방식을 이야기한다.

— 안느 쳉Anne Cheng, 『중국 사상사中国思想史』, 시노 요시노부志野好伸·나카지마 다카히로中島隆博·히로세 레이코廣瀨玲子 옮김, 知泉書館, 2010년. 쳉은 후한의 하휴何休, 공양학의 전문가이기 때문에 한대의 사상을 이해하기 위한 입문서가 된다.

제6장

불교와 유교의 논쟁

나카지마 다카히로中島隆博

1. 불교 전래

후한의 불교

이 책 제5장에서 와타나베 요시히로渡邉義浩가 밝힌 것은 '고전 중국' 즉 '유교 국가'라는 국가 체제가 한나라에서 성립한 까닭이 었다. 그러나 후한의 대유학자인 정현이 '유교 국가'의 정통성을 이론적으로 집대성하고 한나라를 대신하는 국가도 유교에 기초할 것이라고 말한 바로 그때 이미 그것을 뒤흔드는 사유가 등장하고 있었다. 그것이 불교이다.

불교가 중국에 전래된 것은 후한 때라고 생각되고 있다. 잘 알려진 것은 후한의 제2대 황제인 명제明帝(28~75, 재위 57~75)의 기사이다. 『모자이혹론牟子理惑論』의 '감몽구법感夢求法 설화'에 따르면, 명제가 꿈에 금빛 나는 '금인金人'이 궁전 위를 날고 있는 것을 보고 그것이 붓다라고 알고서 서방으로 사절을 파견하여 『사십이장경四十二章経』을 베껴 쓰게 하고, 귀국 후에 도읍인 낙양에 백마사白馬寺를 세웠다고 한다. 또한 『후한서』 「광무십왕열전光武十王列伝」에 따르면, 명제의 배다른 형제인 초왕楚王 영劉英(?~71)이 명제에 대한 모반을 의심받았을 때 내린 조서에 '초왕은 황로의 미언微言을 독송하고, 부도浮屠의 인사仁祀를 숭상한다'라고 기록되어 있다. 황로란 전설상의 황제인 황제黃帝와 노자에 기초하여 통치술과 불사를 추구하는 사조로 전한에서 유행한 것이다. 또한 부도란 붓다를 가리키기 때문에, 초왕 영은 후한에서 구축되고 있는 '유교 국가'의 국정과는 다른 사상을 지니고 있었다는 것을 알 수 있다.

불교와 도교

와타나베 요시히로가 말하듯이, 후한의 제3대 황제인 장제章帝(57~88, 재위 75~88)에서 '유교 국가'가 성립하고 그 후 정현이 이론적인 세련화를 해갔다. 하지만 바로 그 정현이 활약하고 있던 시기는 제11대 황제인 환제桓帝(132~168, 재위 146~168)인데, 『후한서』 「효환제기孝桓帝紀」에 따르면 '화개華蓋를 설치하여 붓다와 노자를 제사 지냈다'라고 되어 있다. 안느 쳉의 『중국 사상사』 「제14장:

중국에의 불교 전래」에 따르면 그 무렵 낙양에는 이미 역경소가 설치되었고 파르티아, 스키타이, 인도 그리고 소그드에서 온 도래 승려가 지도에 임하며, 환제 시기인 148년경에는 그 낙양에 파르티아 승려인 안시가오安世高가 와서 20년 정도 체재하면서 역경(『안반수의경安般守意經』, 『아비담오법행경阿毘曇五法行經』 등)을 행하고, 불교 신앙을 널리 알리며 중국 승려를 육성했다고 한다.

안느 쳉은 더 나아가 한대의 불교에 관한 관심은 혼의 불사, 윤회, 업과 같은 문제로 향해 있었다고 말한다. 그 배경에는 도교의 '승부承負', 즉 선조가 이룬 죄과의 응보를 자손이 받는다는 사고방식이 놓여 있으며, 또한 윤회도 마찬가지로 육체가 영적으로 되면 불사에 이른다는 도교의 신앙을 기초로 이해되고 있었다. 그렇다면 '유교 국가'가 확립된 바로 그때 불교와 도교가 서로 뒤섞인 또 하나의 다른 사유가 모습을 나타내고 있었다는 것이 된다.

2. 위진 현학

왕필의 '무'

후한이 멸망하자 중국에는 새로운 철학 운동이 생겨났다. 그것이 현학玄學이다. '현'은 『노자』 제1장에 있는 '아득하고 또 아득한 것, 뭇 오묘한 것이 나오는 문이다玄之又玄, 衆妙之門'에서 유래하는 개념으로 심오한 것, 신비한 것이라는 의미이다. 현학은 '삼현三玄'이라고 불리는 『장자』, 『노자』, 『역』이라는 텍스트에 근거하여 본체인 '현'을 탐구하는 학문이었다. 이 학문의 기원은 후한 말에 놓여 있다. 조금 전에 언급한 환제의 치세에 환제는 양기梁翼의 전권을 배제하기 위해 대규모의 숙청을 했기 때문에 환관이 권력을 휘두르게 되었다. 그에 반대하는 사람들이 '청의清議' 즉 '청'(청렴)한 사인士人들에 의한 반대 운동을 조직했지만, 오히려 탄압되고 말았다. 그로 인해 많은 사인은 정치로부터 몸을 빼고서 '청담清談'에 몰두하게 된다. 그들은 '유교 국가'라는 국가 체제를 비판하기 위해 도가·도교적인 사유로 향했다. 『장자』, 『노자』, 『역』이라는 텍스트가 소환된 것은 그 때문이었다.

현학이 성행한 것은 위魏(220~265)로부터 서진西晉(265~316)에 걸쳐서이다. 그중에서도 중요한 것은 '무無'의 형이상학을 수립한 왕필王弼(226~249)이다. 왕필 사유의 가장 커다란 특징은 '무'를 만물의 근원으로 규정한 것에 있다. 『노자』 제40장에 있는 '천하의 만물은 유에서 생겨나고, 유는 무에서 생겨난다'를 해석하여 '유의 시작은 무가 근본이다'라고 말하고, '도道'와 만물의 관계를 '본本'(근본)인 '무'와 '말末'(말초末梢)인 '유'의 관계로 정리한 것이다.

'무'라고 하는 한에서 그것은 그 이상으로 거슬러 올라갈 수 없는 궁극의 근거이다. 왕필은 단지 '없다'든가 '존재하지 않는다'든가 하는 '무'가 아니라 궁극의 근거라는 개념으로서의 '무'를 수립한 것이다. 이와 같은 의미에서의 '무'로 회귀할 수 있으면 모든 것의 근거를 손에 넣을 수 있는 까닭에 그것은 '유를 완수하는' 것이 된다. '무'의 형이상학은 오히려 이 세계의 개개 사물의 본질적인 존재 방식인 '이理'를 강력하게 뒷받침하게 되었다.

곽상의 '자연'

현학이 도리어 이 세계를 뒷받침하는 경향이 강해진 것은 서진 시대에 『장자』에 주석을 붙인 곽상郭象(252년경~312)에서이다. 곽상은 왕필이 말하는 것과 같은 형이상학적인 '무'는 없다고 하고 모든 것은 자연自然에서 산출된다고 주장했다.

> 무는 이미 없는 것이기 때문에, 유를 생기게 할 수 없다. 유가 생기지 않는 이상, 나아가 무언가를 생기게 할 수 없다. 그러면 무언가를 생기게 하는 것은 누구인가? 저절로 스스로 생겨났을 뿐이다. (…) 사물은 각자 스스로 생기는 것이며, 어딘가 거기서 나오는 곳 따위는 없다. (『장자』, 제물론齊物論 주)

스피노자라면 '자기 원인'이라고도 부를 이러한 사물의 자연 발생이라는 사유는 어디로 귀착하는 것일까? 곽상은 사물과 인간의 '성性'이란 '자연自然'이라고 한 다음, '본래 인의仁義는 사람의 성이다(『장자』, 천운天運 주), '본래 인의는 그대로 사람의 정성情性이며, 그저 이것에 맡겨두면 좋다(『장자』, 병무騈拇 주)라고 말했다.

그것은 '인의'로 대표되는 유가적인 질서를 그 '자연'의 철학에 따라 그대로 긍정한 것이다.

이것은 '청담'으로 알려진 '죽림칠현'의 한 사람인 혜강嵇康 (223~262)이 '명교名敎를 넘어서서 자연에 맡긴다'(혜강, 「석사론釋私論」)라고 말하여 유가적인 현실의 질서인 '명교'를 부정하고 제도 이전의 '자연'에 내맡기고자 했던 태도와는 대조적이었지만, 현학의 하나의 귀착점이기도 했다.

3. 화북과 강남의 불교

화북의 불교

위진魏晉 후에 중국은 남북으로 나뉘며, 화북과 강남으로 두 개의 문화권이 성립해갔다. 이 과정에서 불교는 점차 큰 역할을 담당해갔다.

화북에서 성립한 것은 한漢 민족과는 다른 민족에 의한 왕조였다. 그로 인해 그 정통성을 보증하는 데는 유교보다 불교가 좀 더 적합했다. 쿠차 출신이라고 하는 불도징佛圖澄(232~348)은 후조後趙 (319~351)의 시조인 석륵石勒(274~333, 재위 330~333)이나 그의 조카이자 제3대 황제인 석호石虎(295~349, 재위 334~349)에게 봉사하며 '신이神異'라는 불가사의한 현상을 불러일으켰다고 한다.

불도징에게 사사한 것이 도안道安(312~385)이다. 도안은 애초에 도가·도교에 의해 불교를 이해하려고 했다. 이러한 이해는 번역의 형식으로 인한 것이다. 이전에는 '격의불교格義佛教'라고도 불렸던 것인데, 그것은 의역이나 음역이 아니라 중국 문화의 시스템 속으로 짜 넣는 번역 형식을 가리킨다. 예를 들어 니르바나를 '무위無爲', 타타타 즉 사물이 그와 같이 있는 것을 '본무本無'라고 옮기는 것과 같은 것이다. 그러나 그 후에는 거기서 벗어나 한 이래의 한역 불전을 망라한 『종리중경목록綜理衆經目錄』을 편찬하게 되며, 마침내는 미륵 신앙을 창시했다.

도안의 사적에서 중요한 것은 쿠마라지바鳩摩羅什(344~413)의 초빙을 건의한 일이다. 초빙은 도안의 생존 중에는 이루어지지 않았지만, 쿠마라지바는 401년에 장안에 도착하며, 많은 승려와 함께 방대한 역경 작업을 시작했다. 당나라 현장玄奘(602~664)의 역경을 신역新譯이라고 생각하는 견해에서는 쿠마라지바의 역경은 구역舊譯, 그리고 쿠마라지바 이전의 역경은 고역古譯이라고 불리지만, 현재도 쿠마라지바가 번역한 개념이 많이 사용되고 있을 정도로 결정적인 영향을 한역 불전에 주었다. 쿠마라지바의 역경에 의해 본격적으로 대승 경전이 중국에 전해졌다고 할 수도 있을 것이다. 그 가운데는 정토淨土 경전이나 『법화경法華經』, 『유마경維摩經』 그리고 '공空' 개념을 논의한 중관파中觀派의 『백론百論』, 『중론中論』, 『십이문론十二門論』 등이 있다.

강남의 불교

그러면 강남의 불교는 어떠했던가? 여기서 손꼽아 두어야 하는
것은 동진東晉 시대(317~420)에 활약한 여산廬山의 혜원慧遠(334~
416)이다. 혜원은 앞에서 언급한 도안의 제자였는데, 도안이 전진前
秦(351~394)의 부견符堅(338~385, 재위 357~385)에 의해 장안으로
가게 되자 강남으로 옮겨 여산에 들어갔다. 혜원은 스승의 미륵
신앙을 계승하고, 정토를 이야기하는 아미타불 신앙을 창시했다.
나아가 설일체유부說一切有部 경전의 번역에 조력했지만, 그것은
쿠마라지바가 가지고 들어온 중관파와 대립하는 것이었다. 그런데
도 혜원은 쿠마라지바와도 서한을 교환했으며, 제자인 도생道生
(360~434)을 장안의 쿠마라지바에게로 파견하여 번역 집단에 참가
시켰다. 그러나 그 도생도 모든 존재자에게 불성이 있고 구제
가능하다는 것과 돈오頓悟를 이야기한다는 점에서 쿠마라지바
등의 중관파 중시와는 다른 불교 이해를 전개하고 있었다.

혜원에게로 돌아오면, 가장 잘 알려진 것은 『사문불경왕자론沙
門不敬王者論』이다. 이 논의를 저술한 배경에는 승려가 제왕인 황제에
게 예경禮敬을 해야 할 것인가 아닌가 하는 예경 논쟁이 있었다.
이 논쟁은 동진에서부터 단속적으로 반복된 것으로, 혜원이 관여
한 것은 제10대 황제인 안제安帝(382~419, 재위 396~419)의 원흥元興
원년(402년)에 생겨난 원흥 논쟁이다. 이 논쟁을 상세히 검토한
엔도 유스케遠藤祐介의 『육조 시기의 불교 수용 연구六朝期における仏教受

容の研究』에 따르면, 이 논쟁은 당시의 정치적 실력자인 환현桓玄 (369~404)이 황제권을 찬탈하기 직전에 일어난 것으로, 혜원과 왕밀王謐(360~408)이 논쟁 상대가 되었다고 한다. 왕밀의 주장은 '임금과 신하의 공경에 이르러서는 그 도리는 명교인 유교에서 다하게 된다. 지금 승려는 왕후의 신하가 아니다. 그런 까닭에 공경도 그만두는 것이다'(왕밀, 「공중답公重答」, 『홍명집弘明集』 제12권)라는 것이었다. 그러면 혜원은 어떻게 주장했던가?

> 출가한 자는 모두 세속을 벗어나 그 뜻을 추구하고 습속을 변화시켜 그 도에 도달하려고 한다. 습속을 변화시킨다는 것은 그들의 복장이 세간의 예와 같지 않다는 것이다. 세속을 벗어난다는 것은 그들의 행함을 높인다는 것이다. (…) 그런 까닭에 [출가한 승려는] 안으로는 [친자 관계라는] 하늘에 속하는 중요한 것에 등 돌리고 있지만, 효를 어기지 않는다. 밖으로는 군주를 받드는 공손함에서는 빠져 있지만, 공경을 잃고 있는 것이 아니다. (혜원, 「출가」, 『사문불경왕자론』, 『홍명집』 제5권)

혜원의 주장은 왕밀과는 조금 다르다. 왕밀이 군신 관계의 여부에 의해 예경이 필요한가 필요하지 않은가를 논의한 데 반해, 혜원은 승려가 출가하여 '변속變俗' 즉 습속을 변화시키는 것의 의의를 강조하고 있다. 그것은 예가 어떤 습속을 같이하는 자들의 공동체에서의 규범이라는 것을 상기하게 하는 것으로, 승려는 그것과는 다른 공동체에 속하며 복장으로 대표되는 다른 예를 실행하고 있다는 것이다.

여기서 제시된, 하늘 아래서 다른 예의 공동체를 어떻게 인정해 갈 것인가 하는 논쟁은 그 후에도 되풀이하여 문제가 된다. 그리스 도교가 들어온 후에 일어난 논쟁, 즉 중국의 황제에 대한 예와 로마 교황에 대한 예 가운데 어느 쪽이 우위이냐는 전례 논쟁(17~18세기) 역시 같은 유형의 논의이다. '나라 중의 나라'인가, 그렇지 않으면 다원적인 사회인가? 이 논쟁은 우리의 사회적 상상력을 되풀이하여 단련시키는 것이다.

혜원의 신불멸론

혜원이 또 하나 제기한 것은 '신불멸神不滅'이라는 논의다. '신神'은 인간의 지성적이고 신비로운 작용을 가리키는 것이며, 혼이나 마음에 해당하는 것이다. '형形' 즉 신체가 죽음에 의해 다하여지면 '신' 역시 사멸하는 것인가? 이것이야말로 불교와 유교 사이의 논쟁 가운데 가장 첨예한 논점이었다. 그에 대해 혜원은 '형이 다하더라도 신은 불멸이다'라고 하여 다음과 같이 논의했다.

답한다. 본래 신이란 무엇일까? 그것은 정精이 극히 영묘해진 것이다. (…) 장자는 대종사大宗師 편에서 현묘한 논의를 하고 있다. '대괴大塊(큰 덩어리) 즉 우주는 삶으로 나를 수고롭게 하며, 죽음으로 내게 휴식을 준다', '삶은 질곡이고, 죽음은 참으로 돌아가는 것이다.' 이것은 삶이 대환大患(큰 앓이)이고, 삶 없음 즉 죽음이 본래의 것으로 돌아간다는 것을 아는 것이다. 문자文子는 황제黃帝의 말을 말하고 있다. '형形은 없어지더라도 신은 변화하지 않는다. 변화하지 않음으로써 변화를 이겨내기 때문에, 그 변화는 무궁하다.' 장자도 이렇게 말한다. '다만 사람의 형을 훔쳐 태어난 것을 기뻐하지만, 사람의 형은 천변만화하기 때문에 궁극적인 것이 아니다.' 요컨대 삶은 한 번의 변화로 끝나는 것이 아니라 차례차례 다양한 사물을 뒤쫓아가며, 돌아가는 것은 없다는 것을 알고 있는 것이다. 장자와 문자의 논의는 진실을 끝까지 밝힌 것은 아니지만, 중요한 것에 기초하여 그것을 듣고 있었던 것처럼 보인다.

그러나 당신은 장자의 삶과 죽음의 설을 [다루고 있음에도 불구하고] 고찰하지 않고서 [기의] 모임과 흩어짐이 한 번의 변화라고 오해하고 있다. 신의 존재 방식이 영묘한 것이라고 생각하지 않고, 정교한 신도 조잡한 형도 모두 끝난다고 생각한다. 대단히 슬픈 일이 아닐까? 당신이 언급한 불과 나무의 비유는 본래는 [『장자』 등의] 성전에서 나온 것이지만, 그 올바른 전승이 사라졌기 때문에 그윽한 의미가 물어지지 않는다. (…)

불이 장작에 옮겨붙는 것은 마치 신이 형으로 전해지는 것과 같으며, 불이 다른 장작으로 번지는 것은 신이 다른 형으로 전해지는 것과 같다. (…) 그러나 어떤 자는 형이 하나의 삶에서 쇠퇴하는 것을 보면, 신과 정精도 그와 함께 곧 상실된다고 생각한다. 그것은

마치 불이 한 나무에서 꺼지는 것을 보고서 불 그 자체가 영원히
소멸하였다고 생각하는 것과 같다. (혜원, 「형진신불멸形盡神不滅」,
『사문불경왕자론』, 『홍명집』 제5권)

이것은 문답으로 이루어진 논의이지만, 혜원에게 물음을 제기
한 자는 『장자』에 의지하여 '형'이 없어지면 '신'도 없어진다고
논의하고 있었다. 그에 반해 혜원은 그 『장자』를 다른 방식으로
해석하여 '신'은 불멸이라고 논의하고자 했다. 혜원 논의의 요점은
'전傳'에 있다. 불이 장작에서 장작으로 되풀이하여 전해지듯이
'신' 역시 '형'에서 '형'으로 되풀이해서 전해지는 것이지 불 그
자체나 '신' 그 자체가 소멸하는 것은 아니다. 요컨대 전승 가능성이
나 반복 가능성에서 '신'을 논의하려고 하는 것이다. 이것은 윤회에
대한 하나의 강한 해석이기도 하다. 실체로서의 혼이 윤회한다기보
다 '신'이라는 존재 방식은 반복 가능성에서 비로소 논의될 수
있다는 것이다.
　따라서 성전聖典의 올바른 전승도 강조된다. 중국의 성전이든
불교의 성전이든 그 '그윽한 의미'는 올바른 전승에서 반복되어야
만 한다. 그것은 '신'이 전승되고 반복되는 것과 같은 것이다.
혜원의 논의는 텍스트의 해석과 혼론魂論 또는 심론心論이 다른
것이 아니라는 것을 시사하고 있다.

4. 신멸불멸 논쟁

범진의 신멸론

'신'이 소멸하는가 소멸하지 않는가는 혜원 이후에 좀 더 긴장도를 높인 논쟁이 되어갔다. 그것이 신멸불멸神滅不滅 논쟁이라고 불리는 것이다. 이 논쟁은 주로 제齊나라(479~502), 양梁나라(502~557) 시대에 이루어진 것으로, 특히 불교를 보호한 양나라의 무제武帝(465~549, 재위 502~549) 시기에 논쟁이 활발해졌다. 이 논쟁의 성과를 모은 것이 양나라의 승우僧祐(445~518)가 편집한 『홍명집弘明集』 전 14권(518년)이다.

신멸불멸 논쟁의 중심인물은 『신멸론神滅論』을 저술한 범진范縝(450년경~510년경)이다. 범진은 '형'이 스러지면 '신' 역시 소멸한다고 주장했다. 그 전제로서 주장한 원리가 '형신상즉形神相即' 즉 '형'과 '신'이 서로 일체를 이룬다는 것이다. 이것은 '형'과 '신'이 어떤 '체體'(본체)에 대한 두 가지 표현인바, 전자가 '용用'(작용)에 대한 표현이고, 후자가 '질質'(실질)에 대한 표현이라고 하는 것이다. 그 구체적인 예로 든 것이 '이利'(날카로움)와 '칼'이다.

신과 질의 관계는 마치 날카로움과 칼의 관계와 같다. 그리고 형과 용의 관계는 마치 칼과 날카로움의 관계와 같다. 그런데 날카로움이라는 이름은 칼이 아니며, 칼이라는 이름은 날카로움이 아니다. 그러나 [이처럼 날카로움과 칼은 이름에서 다르지만] 날카로움을 버리고서는 칼이 아니며, 칼을 버리고서는 날카로움이 아니다. 칼이 없는데도 날카로움이 남아 존재한다는 것은 들어본 적이 없다. 어떻게 해서 형이 없어지더라도 신이 존재한다고 말할 수 있는 것일까? (범진, 『신멸론』, 『홍명집』 제9권)

혜원이 사용한 비유인 불과 장작과는 다른 예를 여기서 범진이 들고 있는 것에 주의하자. 날카로움과 칼이라는 비유를 가지고 옴으로써 '용'과 '질'이라는 맞짝 개념을 정의할 수 있었던 것이다. 이 맞짝 개념은 아리스토텔레스의 에이도스^{eidos}(형상)와 휠레^{hyle}(질료)를 방불케 한다. 그리고 그 양자가 '서로 일체를 이룬다^{相即}'라고, 즉 표현으로서는 다르지만 다른 것이 아니라고 말할 수 있었다.

이러한 전제 위에서 범진이 내린 결론은 다음과 같다.

신은 즉 형이며, 형은 즉 신이다. 따라서 형이 존재하고 있다면 신도 존재하며, 형이 쇠망하면 신도 소멸한다. (같은 곳)

그렇지만 사태는 그렇게 단순하지 않다. 아리스토텔레스가 『혼에 대하여』에서 '지성'(누스)이 '분리되어 존재'한다는 것을 논의했듯이, '신'이라는 작용 속에서도 지성적인 작용에 관해서는 '형신상즉'이 잘 들어맞지 않는 장면이 쉽게 상정될 수 있기 때문이다. 그것은 다음과 같은 것이다.

묻는다. 옳고 그름을 판단하는 사려는 손발에 관계하지 않는다면 어디에 관계해야 하는가?

답한다. 옳고 그름을 판단하는 사려는 심기心器(마음 그릇), 즉 심장이 맡는다. (같은 곳)

까다로운 것은 '심기'이다. '형신상즉'을 지키기 위해서는 사려라는 작용에 대응하는 '형'이 없으면 안 된다. 그래서 범진은 심장이라는 장기로서의 '심기'를 가져왔다. 그러나 그 경우에는 다른 지각 기관인 눈, 귀, 코, 입과 마찬가지로 사려도 심장이라는 의미에서의 '심기'에서 전개되는 특정한 작용이 된다. 이러한 정의라면, 한편으로는 사려의 무한정성을 잘 처리할 수 없으며, 다른 한편으로는 눈, 귀, 코, 입에 의한 지각에는 사려가 전혀 관여하지 않게 된다. 이러한 어려움이 가장 첨예하게 드러난 것이 다음 지점이다.

묻는다. 사려는 기초할 수 있는 체體(몸)가 없는 까닭에 눈이라는 부분에 머물 수 없으며, 눈으로 보는 것은 기초할 수 있는 체가 그 자신이기 때문에 다른 부분에 머물 수 없는 것이 아닐까?

답한다. 어째서 눈으로 보는 것에는 기초하는 것이 있고 사려에는 없다는 것인가? 만약 [사려가] 나의 형에 기초하지 않고 다른 곳에 두루 머물 수 있게 되면, 갑의 정情이 을의 몸에, 병의 성性이 정의 몸에 머물게 된다. 그러한 것일까? 그렇지 않을 것이다. (같은 곳)

묻는 자는 사려가 눈, 귀, 코, 입에서의 지각에서도 이미 동시에 작용하고 있으며, 그것은 사려가 기초하는 '체' 즉 기체基體가 없는 무한정한 작용이기 때문이라고 생각한다. 그에 대한 범진의 응답은 실로 흥미로운 것으로, 타인의 '체'(몸)를 가져온 것이었다. 요컨대 사려에 '체'가 없어 어디든 '기탁'할 수 있다면, 타인의 '체'에도 기탁할 수 있게 되는데, 그것은 이상하다는 논의이다. 논의의 우세와 열세만을 생각하면, 범진은 사려가 눈, 귀, 코, 입에서의 지각에는 없고 '심기'에서만 작용한다고 대답해도 좋았을 것이다. 그러나 범진은 '형'과 '신' 논의의 진정한 문제 계열이 타자론에 있다는 것을 이해하고 있었을 것이며, 여기서 한 걸음 더 나아가 '신'의 무한정성, 즉 나의 혼과 마음은 다른 사람에게서 작용하는 것인가, 요컨대 혼은 어울리는 것인가 하는 문제를 생각한 것이다.

범진에 대한 비판

범진에 대해서는 불교에 관여하는 많은 사인士人이 반론을 행했다. 그들은 유교에 뒷받침된 소양을 이용하여 비판했다. 그 가운데 한 사람인 소침蕭琛(480~531)은 범진의 의붓동생이자 대단히 친한 관계에 있었지만, 불교의 입장을 옹호하기 위해 『신멸론』의 거의 전편에 걸쳐 비판을 전개했다. 그 가운데 사려 문제에 관해서는 다음과 같이 비판했다.

범진『신멸론』은 '심장이 사려의 근본이기 때문에, 사려는 다른 부분에 머물 수 없다'라고 말한다. 이 논의는 입, 눈, 귀, 코에 대해서라면 성립하겠지만, 다른 사람의 마음에 대해서라면 성립하지 않는다. 왜냐하면 귀와 코는 이 체體를 함께 하고 있지만, 서로 섞이지 않기 때문이다. 작용을 맡는 곳이 같지 않고 기관의 작용이 다르기 때문이다. 그러나 다른 사람의 마음은 저쪽의 몸形에 있는데도 서로 교섭할 수 있다. 이것은 신神의 원리가 어느 쪽이든 다 묘하고, 사려의 기능이 어느 쪽에서든 작용하고 있기 때문이다. 따라서『서경書經』에서는 '너의 마음을 열어 내 마음에 깃들어라', 『시경詩經』에서는 '남에게는 마음이 있고 그것을 나는 미루어 헤아린다'라고 말하고 있다. 제나라의 환공桓公이 관중管仲의 계략에 따르고, 한나라의 고조高祖가 장량張良의 책략을 사용했지만, 모두 다 자신의 몸에 기초한 사려를 다른 사람의 부분에 머물게 한 결과이다. 어째서 '갑의 정이 을의 몸에, 병의 성이 정의 몸에 머물 수 없다'라고 말하는 것인가? (소침, 『난신멸론難神滅論』, 『홍명집』 제9권)

여기서 인용되고 있는『시경』의 구절(소아小雅·절남산節南山·교언巧言)은 제1권 제4장에서 언급했듯이 '차마 하지 못하는 마음'을 문제로 삼은『맹자』양혜왕 상의 기사에서도 언급된 바 있었다. 그것은 유가에게는 결정적으로 중요한, 감정을 통해 타자에게서

촉발되는 공감을 논의한 것이다. 소침의 전략은 그러한 유교적인 문제 계열을 특별히 인용하여 범진의 논의를 해체하려고 하는 것이었다.

소침 논의의 요점은 커뮤니케이션의 가능성에 있다. 나의 사려가 다른 사람에게 통하는 커뮤니케이션은 범진의 논의에서는 설명이 되지 않는다. 소침은 마찬가지 논의를 꿈이라는 현상에서도 전개해갔다.

나는 여기서 꿈을 논거로 하여 몸形과 신이 일체일 수 없다는 것을 증명하려고 한다. 사람이 자고 있을 때 그 몸은 알지 못하는 것임에도 불구하고 무언가를 보는 경우가 있다. 이것은 신이 분리되어 [다른 것과] 교섭하기 때문이다. 그런데 신은 고립해 있는 것이 아니라 반드시 형기形器에 들러붙는다. 그것은 마치 사람이 집 밖에서는 살지 않고 방을 필요로 하는 것과 같은 것이다. 그러나 형기는 더러운 질質이며, 방은 막힌 장소이다. 따라서 신이 [분리에서] 몸으로 돌아오면, 그 앎은 조금 어두워진다. 어두워지므로 본 것이 꿈이 되는 것이다. 그것은 마치 사람이 방으로 돌아오면 그 신이 갑자기 막히게 되고, 막히기 때문에 눈이 멀게 되는 것과 같은 것이다. 애초에 사람은 꿈에서 현허玄虛로 올라가거나 만리나 먼 곳으로 가거나 한다. 만약 신이 가는 것이 아니라면, 몸이 간다고 말할 것인가? 몸이 가지 않고 신도 분리되지 않는다면, 도대체 왜 이런 일이 있을 수 있을까? (같은 곳)

자고 있을 때 '몸'에서 '신神'이 분리되고 '신'과 '신'이 서로 '접'(교섭)하는 까닭에야말로 꿈에서 사물을 보거나 멀리 가거나 할 수 있다. 이로부터 소침은 '형신상즉'이 아니라 '몸形'과 '신'의 합리合離, 즉 '신'이 '몸'으로부터 분리되어 존재할 수 있다는 신불멸론과 윤회의 증명을 끌어내는 것이다.

이 꿈 논의는 『장자』를 참조하고 있지만, 그것과 마찬가지 논의를 조사문曹思文(생몰년 불명, 양나라 사람)도 심화시켜갔다.

> 자고 있을 때 혼은 어울린다. 따라서 신이 나비가 되어 놀았던 것은 몸과 신이 나뉘었기 때문이다. 깨어나면 몸이 활동하기 때문에, 깜짝 놀라 장주였던 것이지만, 그것은 몸과 신이 합한 것이다. 이렇게 신과 몸은 나뉘거나 합하거나 한다. 합하면 함께 일체를 이루며, 나뉘면 몸은 스러지고 신은 지나쳐간다. (조사문, 『난범중서신멸론 難范中書神滅論』, 『홍명집』 제9권)

고딕 부분의 전반부는 '자고 있을 때는 혼이 어울리고, 깨어나면 몸이 활동한다'(『장자』, 제물론)로부터의 인용이며, 후반부는 나비의 꿈(같은 곳)이다. 이처럼 불교와 유교의 논쟁은 『장자』와 『맹자』 또는 『시경』과 같은 중국의 경전을 어떻게 독해할 것인가 하는 다툼이기도 했다.

이러한 꿈에 의한 비판에 대해 범진은 다음과 같이 반론한다.

이 [조사문의] 비난은 그 논변이 매우 많은 것을 비판한 정도라고
는 할 수 있지만, 그 이치가 철저하다고는 할 수 없다. 당신은
신이 분리하여 나비가 된다고 말하지만, 그것이 참으로 날아가는
벌레가 된 것일까? 만약 그렇다면, 꿈에서 소가 되었다면 사람의
수레를 끌게 되며, 말이 되었다면 사람을 태우게 된다. 그러나
다음 날 아침에는 [이미 소도 말도 없으므로] 죽은 소나 말이
있어야 하지만, 그러한 사물이 없는 것은 어째서일까? (…) 꿈이나
환상은 허구이고 저절로 찾아온 것임이 틀림없다. 그러나 그것을
일단 실재의 것이라고 한다면, 정말로 기이한 것이 된다. 눈을
감으면 하늘을 오가고, 앉으면 천해天海를 돌아다닌다는 것은 신이
안에서 혼미해 있어 멋대로 그와 같은 기이한 것을 보는 것이다.
장주가 실제로 [나비가 되어] 남원을 날아다니며, [꿈을 꾸고서
천제에게 갔다는] 조앙趙鞅이 정말로 천문에 오르는 일 따위가
있는 것은 아니다. 의붓동생인 소침도 꿈에 의해 장황하고 번거롭
게 비판하고 있지만, 누구도 상대하지 않는다. (범진, 『답조록사난
신멸론答曹錄事難神滅論』, 『홍명집』 제9권)

범진은 꿈에서 생기는 현상을 진실이 아니라고 하여 물리친다.
꿈은 허구에 지나지 않는다. 이렇게 함으로써 타자가 등장하는
사태와 그 타자의 혼과 어울리는 사태를 물리치고자 한 것이다.
그러나 이렇게 꿈을 배제함으로써 도리어 범진은 '형신상즉'의

논의에 강한 실재성을 주장하지 않을 수 없게 되었다. 사려에 '심기心器'를 가져오는 조금 전에 본 논의는 그 전형이다. 그것은 범진의 논의로부터 있을 수 있었을지도 모르는 다른 가능성을 빼앗는 것이었다.

신멸론의 가능성과 아포리아

그 다른 가능성 중에서 생각해두고 싶은 것은 '지성'(누스)이 '분리 존재'한다는 아리스토텔레스의 능동 지성의 존재 방식이다. '형신상즉'이 아리스토텔레스의 에이도스(형상)와 휠레(질료)에 상응하는 것과 같은 '용用'(작용)과 '질質'(실질)에 기초한다고 하면, 그것이 다른 문제를 불러일으키게 된다고 할지라도, 질료적인 것으로부터 분리된 순수 작용으로서의 사려에 대해 생각하는 것도 가능했을 것이다. 그 경우에는 유교뿐만 아니라 도가·도교적인 혼에 관한 논의와 접속할 수 있는 기회도 생겨났을 것이다. 그러나 강한 실재성의 요구에 들어갔던 까닭에, 그러한 가능성을 잃어버렸을 뿐만 아니라 불교와의 논쟁 속에서 몇 가지 철학적인 아포리아에 빠져들 수밖에 없었다.

아포리아의 요점만 보여주자면, 하나는 '형'과 '신'의 수가 맞지 않는다는 문제이다. 만약 기체로서의 '체'에 대한 두 가지 표현으로서 반드시 '형'과 '신'이 있다면, '형'과 '신'의 수는 일치해야만 한다. 그러나 심약沈約(441~513)이 말하듯이 인간의 신체에 수많은 이름이 있는데도 불구하고 그것에 일대일 대응하는 '신'의 이름은 없다. '만약 형과 신이 대응하고, 조금도 다른 것이 없다면, 어떻게 형의 이름만 많고, 신의 이름은 적은 것인가?'(심약, 『난범진신멸론難范縝神滅論』, 『광홍명집廣弘明集』 제22권) 그것이 관련된 예로서 심약이 든 것이 '칼刀'과 '날카로움利'이다. '날카로움'에 대응하는 것은 '칼' 전체가 아니라 '날'이며, '날' 이외의 부분에는 '날카로움'이 상응하지 않고, '칼' 전체에도 적용될 수 없는 것이 아닌가 하는 것이다. 나아가 심약은 범진의 논의에 따르게 되면, '사체' 역시 무언가의 물질로서 존재하는 이상, 거기에서는 무언가의 '죽은 신死神'을 상정하지 않을 수 없게 되는 것이 아닌가라고도 주장했다.

또 하나는 성인聖人이다. 성인은 중국에서는 가장 사려 깊은 이상적인 사람이다. 그 성인의 특별한 '신'의 작용에 대해 범진은 '형도 범인을 넘어선다'(범진, 『신멸론』, 『홍명집』 제9권)고 말하고 말았다. 그에 대해서는 다음과 같은 비판이 생겨났다. 요컨대 그렇게 되면 복수의 서로 다른 '형'을 지닌 성인이 있는 이상, 복수의 성인의 '신'을 인정하지 않으면 안 되게 된다. 그렇다면 성인을 성인이게 하는 성성聖性이라는 이데아적인 것이 도리어 흔들리게 된다. 애초에 성인을 세우는 것도 가능하지 않게 된다. 이와 같은 비판이었다.

그 밖에도 범진의 논의에서는 삶으로부터 죽음에로의 변화를 파악할 수 없다든가, 중국의 조상 제사에 있어 결정적으로 중요한 '귀신'(유령적인 것)을 다루기가 어렵다는 문제가 나왔다. 그리고 이러한 아포리아는 후에 주자학이 불교를 넘어서고자 했을 때와 그리스도교가 중국에 들어온 명대에 다른 방식으로 다시 불타오르게 된다.

신멸론의 행방

그러면 범진의 논의는 어디로 귀착된 것일까? 『신멸론』의 마지막에 이렇게 씌어 있다.

삼라만상은 '자연自然'으로부터 받아들인 것으로, 어느 것이든 '독화獨化' 즉 홀로 변화하여 홀연히 저절로 존재하거나 없어지거나 한다. 만물이 생겨나는 것을 막을 수 없으며 사라지는 것을 멈출 수 없다. 만상은 하늘의 이치에 따라 각각의 성性에 만족하고 있다. 소인이 논밭을 가는 것을 받아들이고 군자가 검소를 으뜸으로 하는 생활을 유지한다면, 갈아 먹어도 식량은 다하지 않으며 양잠하여 옷을 만들어도 옷이 부족해지는 일은 없다. 요컨대 아랫것은 나머지가 있으면 위엣것에 바치고, 위엣것은 무위에 의해 아랫것을 대한다. 그렇게 하면 삶을 온전히 하고 나라를 강하게 하며 군주를 패자로 만들 수 있다. 그것은 여기서 든 방식에 의한 것이다. (같은 곳)

여기에 있는 '자연'과 '독화'가 서진의 곽상이 다듬어낸 개념이었다는 것을 생각해 내자. 그것은 결국 눈앞에서 전개되는 것을 모두 긍정하는 것 이외에 다른 것이 아니다. 어떻게 해서 이렇게 된 것일까라는 물음을 봉쇄함으로써 그것은 강력한 본질주의로 회귀하며, 모든 것은 각각의 '성'에 따라 '자득自得'하고 '자족'해야 한다는 것이다.

달리 표현하자면, 불교가 '성불' 즉 부처가 된다는 현기증 나는 변용을 통해 구제를 구상한 데 반해, 범진은 강력한 군주 밑에서의 안정에 내기를 건 것이다. 범진은 본래 제나라 시대에 불교 신앙에 독실했던 경릉왕竟陵王 소자량蕭子良(460~494)을 섬기고 있었다. 덧붙이자면, 범진을 비판한 심약이나 소침도 '경릉팔우竟陵八友'라는 소자량 살롱의 구성원이었다. 그 소자량에게 범진은 이렇게 말하고 있었다.

처음에 범진은 제나라 시대에 경릉왕 자량을 섬기고 있었다. 자량은 일편단심으로 불교를 신앙하고 있었지만, 범진은 열심히 무불無佛을 주장하고 있었다.

자량이 묻는다. '자네는 인과를 믿지 않는다지만, 그러면 어떻게 해서 부귀와 빈천의 다름이 세상 속에 있을 수 있는 것인가?'

범진이 답한다. '사람의 삶은 비유하자면 나무에 피는 꽃입니다. 함께 같은 가지와 꽃받침에서 피어났더라도 바람에 흩날려 떨어지면, 어떤 것은 발이나 장막에 부딪혀 방석 위에 떨어지고 어떤 것은 울타리에 걸려 변소 쪽으로 떨어져 저절로 나뉩니다. 방석에 떨어진 것이 당신과 같고, 변소에 떨어진 것이 저입니다. 귀천은 이리하여 길을 달리하는 것이며, 인과 등을 용납할 여지가 도대체 어디에 있겠습니까?'

자량은 이 논의를 받아들일 수 없었고, 깊이 불가사의하게 생각했다. 그래서 범진은 물러나 그 이치를 논의하여『신멸론』을 저술했다. (『양서梁書』, 범진전)

인과를 부정하고 현 상태를 그대로 긍정하고자 하는 범진은 자신의 것을 변소에 떨어진 꽃이라고 말하고 있었다. 거기에는 무언가 말하기 어려운 괴로운 경험이 있었을 것이다. 그렇지만 인과를 부정함으로써 '자연'에로 향하는 것이 아니라 좀 더 철저한 우연성으로 열어가는 방향성도 있었던 것이 아닐까? 즉, 에네르게이아 또는 알레르게이아로서의 '꽃피는' 철학을 전개할 가능성이다. 다만 이를 위해서는『장자』를 다른 방식으로 독해할 필요가 있을 것이다.

☞ 좀 더 자세히 알기 위한 참고 문헌

— 호리이케 노부오堀池信夫, 『한·위 사상사 연구漢·魏思想史研究』, 明治書院, 1988년. 이미 절판된 듯하지만, 육조 시기의 현학을 철학으로서 생각하기 위해서는 여전히 많은 시사점을 제공해준다. 최근에도 『노자 주석사 연구 — 사쿠라무라문고 1老子注釋史の研究 — 櫻邑文稿1』, 明治書院, 2019년을 출판했으며, 왕필을 다시 거론하고 있다.

— 나카지마 다카히로中島隆博, 『공생의 프락시스 — 국가와 종교共生のプラクシス — 国家と宗教』, 東京大学出版会, 2011년. 육조 시기의 불교와 유교, 특히 신멸불멸 논쟁에 관해서는 「제4장 죽임을 당한 자와 사체 쪽으로」에서 상세히 논의하고 있으므로 참고할 수 있을 것이다.

— 후나야마 도오루船山徹, 『불전은 어떻게 한역되었는가 — 수트라가 경전이 될 때仏典はどう漢譯されたのか — スートラが経典になるとき』, 岩波書店, 2013년. 현재의 번역론을 원용하여 불전이 한역되는 과정을 명석하게 보여준다. 번역이 중국 불교의 문제 계열을 만들어간 것의 의의와 번역 불가능한 개념과의 격투에 대해 계발해주는 바가 많다.

— 엔도 유스케遠藤祐介, 『육조 시기의 불교 수용 연구六朝期における仏敎受容の研究』, 白帝社, 2014년. 중국의 불교 수용, 특히 육조 시기에 관해서는 많은 연구 논문과 연구서가 있지만, 그중에서도 가장 새로운 책들 가운데 하나이다. 예경 논쟁에 관해서는 배울 바가 많았다.

제7장

조로아스터교와 마니교

아오키 다케시靑木 健

1. 세계철학사와 3~6세기의 페르시아

조로아스터교의 '사상적 해발 고도'

이 장은 세계철학사의 일환으로서 사산 왕조 페르시아 제국 시대(224~651)의 서아시아로부터 중앙아시아에서 성립한 두 개의 '철학(즉 조로아스터교와 마니교)을 다룬다. 다만 이 양자는 상당히 성격을 달리하기 때문에, 우선은 그 개략적인 것을 파악해 두고자 한다.

조로아스터교에는 '신 없는 세상에서는 모든 것이 허용된다'라는 도스토옙스키적인 절박감을 지니고서 유일한 신을 희구하는 것 따위는 끝내 없었다. 그와 같은 관점에서 보면 이 종교의 신자들은 대단히 한가롭고 절망 속에서 희망을 지니는 윤리관 속에서 살아가고 있었다. 그들은 있는 힘껏 논리를 구축한 끝에 세계 인식의 극단이 도래할 것으로 생각하는 정신적 태도는 처음부터 꿈꾸지 않았다. 그들은 결코 삶을 그렇게 추상화하려고 하지 않으며, 좀 더 구체적이고 개별적인 것에 대한 강인한 집착을 보여준다. 이란인이라는 것(사실 이 한정이 중요하지만), 즐겁게 현세를 뒤따르면 그것으로 좋다는 묘하게 건강한 우량아와 같은 발상이 그 밑바탕에 놓여 있다.

언뜻 보면 단순하고 느긋한 이러한 태도가 조로아스터교도가 자아낸 사상을 충격이 약한 것으로 만들고 있다는 사실은 부정할 수 없다. 어쨌든 그들의 '철학' 내부에서조차 전혀 정합성이 잡혀 있지 않다. 그들의 '철학'은 그리스 철학과 서로 떨어진 점이 아득히 멀며, 아브라함의 일신교와 비교해서도 어딘가 이질적이었다. 한가한 것에 이러한 '이질성'이 더해진 까닭에 세계철학사에서 조로아스터교의 '철학'은 사상적 해발 고도가 조금 낮은 것으로 평가되고 있다.

하지만 조로아스터교도라고 하더라도 두려운 어둠 속에서 절대의 진실을 찾아 헤매는 인간 본래의 지향은 지니고 있었다. 다만 그것이 후대의 세계철학사에서 바라볼 때 '전혀 유행하지 않았다'라고 할 뿐인바(지나치게 슬픈 이유를 선뜻 쓰고 있는 것 같기도 하지만), 그렇다고 해서 그들이 구축한 철학을 무시하고 떠나는 것은 지적 오만과 지적 퇴폐 이외의 아무것도 아닐 것이다.

마니교의 '정묘한 인공적 철학'

이에 반해 마니교는 현실 세계에 대한 격렬한 적개심이든 그 정신적 대가로서의 빛의 세계에 대한 열렬한 희구이든 조로아스터교와는 전혀 다른 철학적 전망을 엿보게 해준다. 조로아스터교 쪽이 이를테면 이란인이 자기식으로 다듬어내 자연 그대로 (어느샌가) 만들어진 철학이라면, 그에 반해 마니교는 한 사람의 작자가 이성과 지혜를 다해 정성껏 공예적으로 창조한 인공적 철학이다. 작자의 날카로운 자의식이 관철되고 틀림없는 천재의 각인이 찍힌 '철학'이 마니교라고 할 수 있다. 여기에서는 조로아스터교에 농후하게 흔적을 남기고 있던 이란적 토착성 등은 전혀 찾아볼 수 없다.

만약 형식적 완벽함과 구성력을 중시하는 독자라면 조로아스터교보다 마니교 쪽에 공감을 지닐지도 모르지만, 그와 같은 단도직입적인 이해를 허락하지 않는 장벽이 이 철학에는 있다. 왜냐하면 이 철학의 창시자는 그리스도교를 미리 정해진 대전제로 하고 견인불발의 대담성을 발휘하여 그 도구와 장치 전부를 빌려왔기 때문이다. 그리고 그 소재를 빌려왔음에도 기죽지 않고 자기의 철학적 직관에 따라 그것을 재조합하여 '이것이 참된 그리스도교다'라고 선언하여 전 세계에 확산시키려고 시도했다. 덧붙이자면, 마니교는 페르시아 제국 내에서 발생한 사상임에도 불구하고,

군이 먼 곳의 그리스도교로부터의 차용에 마음 쓰고 선행하는 조로아스터교를 마음에 두지 않는다. 이 사실은 조로아스터교의 사상적 빈곤을 간접적으로 반영하고 있다.

따라서 애당초 그리스도교를 잘 모르는 독자가 이것을 읽어 보았자 무슨 말을 하고 있는지 도무지 이해할 수 없으며, 반대로 그리스도교를 잘 아는 독자가 이것을 읽게 되면 무엇을 희롱하고 있느냐고 화를 내는 것이 고작이다. 조로아스터교가 '전혀 유행하지 않았다'라는 것과는 또 다른 이유를 지니고서 마니교는 순간적으로는 인류 역사상 드문 사상의 솟구침을 보였지만 결국에는 유행하지 못하고 역사의 어둠 속으로 묻혀갔다.

유행하지 않은 철학

이 '유행하지 않았다'라는 언명은 실제로는 복잡한 논리의 조합으로 이루어져 있다. 그 부분을 자세히 살펴보자. 첫째, 그것들은 일시적으로 유행하지 않았던 것이 아니다. 다만 조로아스터교는 이란인 이외에는 전혀 수용되지 않았으며, 마니교는 유행한 후에 좀 더 유행한 철학(그리스도교와 이슬람)에 의해 철저하게 증거를 인멸당하기까지 했다. 필자는 일부러 페르시아의 두 철학을 과도하게 비극적으로 그리고 있는 것이 아니다. 그리스 비극보다 더 비극적인 것이 페르시아 철학의 운명이었다.

둘째, 증거를 인멸당하기 쉬운 요인이 페르시아의 철학 측에도 있었다. 그들이 이용한 중세 이란어(중세 페르시아어와 파르티아어)는 기술 언어로서 전혀 성숙하지 않았고, 추상화된 사상 세계를 전개하는 데는 대체로 부적당했다. 연구자의 속 사정을 적어두자면, 이들 문헌을 기쁨과 감사의 눈물을 흘리며 해독하는 것은 언어학자의 일인바, 조로아스터 연구와 마니교 연구 등이라는 것은 사상 연구자가 좋아서 헤치고 들어가는 길이 아니다. 이래서는 타자에 의해 증거를 인멸당하기 이전에 스스로 증거를 포기하고 갈지도 모를 기세이다 ……. 그리고 실제로 그렇게 되었다. 여담이지만, 이와 같은 사정이고 보면, 중세 페르시아어의 후계 언어인 근세 페르시아어가 후세에 마침내 이슬람 세계의 학술 용어로서 정착하지 못하고 단순히 시가의 문자로 사용된 데 지나지 않았던 것도 결코 까닭 없는 일이 아니다.

그리고 셋째, 이란어의 문장 표현이 미숙한 데 따른 당연한 귀결로서 그들의 '철학'은 신화의 극적 구성력과 — 다분히 불모의 — 형용사 나열에 의한 호소력에 과도하게 의존하며, 사상 표현의 형태가 일종의 신화극 풍의 프리미티비즘 양상을 띠게 되었다. 이것을 그리스 철학에서 보면 단지 토속적·통속적인 민화의 집성으로밖에 비치지 않았을지도 모르며, 그것은 훨씬 이전에 그리스 철학이 통과한 길로서 인식되었을 것이다. 또한 아브라함의 일신교에서 보면, 숭고하고 세련된 『성서』 이야기에 외람되게도 대치하려고 시도하는 시대착오로밖에 파악되지 않았을 것이다.

초월적 일자 대 이원론

그처럼 유행하지 않은 철학을 위해 세계철학사를 논의하는 책 시리즈에 굳이 한 장을 설정하는 것은 무슨 까닭일까? 이유를 간결하게 말한다면, 그것은 3~6세기 당시 지중해 방면에서 먹구름처럼 몰려든 ─ 페르시아의 관점에서는 이렇게 보인다 ─ 아브라함의 일신교가 설파하는 초월적 일자의 사상에 대해 감히 이의를 제기하고 이원론으로써 대항하려고 했던 철학적 독자성에 놓여 있다. 이들 한 쌍의 사상(아브라함의 일신교와 페르시아의 이원론)은 마치 후지산의 앞면과 뒷면의 관계와 같아서 쌍방을 이해함으로써 비로소 고대 말기의 서아시아로부터 지중해의 사상계 상황을 입체적으로 파악할 수 있다.

이하에서 필자는 이원론이라는 개념을 광원으로 하여 조로아스터교와 마니교를 논의한다. 그러나 그 서술 순서는 이 두 철학의 기원 연대와 완성 연대를 나누어 생각하기 때문에, 삼층 구조를 취하지 않을 수 없다. 조로아스터교는 기원전 17세기~기원전 12세기 무렵, 현재의 중앙아시아에서 태어난 이란인 교조 자라스슈트라 스피타마가 읊은 시문에서 발단한다. 기원만을 문제로 한다면, 조로아스터교는 마니교에 1,500~2,000년 선행한다.

하지만 이 기원적 발생을 사상적 완성으로 오인해서는 안 된다. 조로아스터교의 경우 교조 자라스슈트라는 단지 사상적 시문을 표명하고, 말하자면 씨를 뿌린 것에 지나지 않는다. 그것이 싹을 틔워 일단 열매를 맺는 연대는 훨씬 내려가 마니교의 성립 시기와 완성 시기를 뛰어넘어 사산 왕조 페르시아 제국 말기로까지 밀고 나아간다. 따라서 연대순의 기술을 의도하는 이 글에서는 그가 설파한 원시적인 이원론에 대한 해설이 조로아스터교의 사상적 완성과는 분리되어 제1층에 배치된다.

마니교는 3세기의 메소포타미아에서 살아간 이란인 교조 마니 하이예(216~277)에 의한 독자적인 창작이다. 그는 같은 이란계의 피를 이어받았다고는 하지만, 자라스슈트라처럼 당시의 문명 세계의 아득한 변경에서 목축 생활을 영위하고 있던 소박한 인물이 아니다. 그렇기는커녕 3세기에는 가장 도시화가 진행되고 인구가 조밀했던 메소포타미아에서 활동한 대단히 도회적인 인물이다. 그 문화적 세련을 최대한으로 살려 교조 스스로가 책을 집필하고(다만 대부분은 아람어로), 그것이 그대로 마니교의 사상으로서 확립되었다. 말하자면 마니교의 발생과 마니 사상의 성립은 등호로 연결된다. 따라서 마니교 사상 전반의 해설이 제2층에서 나타난다.

그리고 그보다 늦은 약 300년의 세월을 거친 6세기 무렵에 조로아스터교가 하나의 사상적 유기체로서 완성된다. 일이 여기에 이르기까지 교조 자라스슈트라 이후의 원시 조로아스터교가 어떠한 운명을 걸었는지는 실은 잘 알려져 있지 않다. 그러나 그리스도교의 성립이라는 일대 사건을 사이에 두고 6세기의 사상 성립 단계에서는 아브라함의 일신교를 새삼스레 의식하지 않을 수 없었을 것이다. 더욱이 그것이 책으로 쓰여 확립되는 것은 더욱

시대가 늦어져 이슬람 시대에 돌입한 9세기의 일이었다. 따라서 사상의 확립이라는 척도로 측정했을 경우, 조로아스터교는 마니교보다 300~600년은 뒤처진다는 계산이 된다.

이하에서는 우선은 자라스슈트라 스피타마의 원시적 이원론을 문제로 한다. 다음으로는, 마니교의 성립(결국 완성)을 다룬다. 그 후에 말하자면 그것을 뒤따르는 형태로 체재를 갖춘 조로아스터교의 기술로 나아간다. 미리 정식화를 명시해두자면, 제1층은 '일신교적 이원론', 제2층은 '염세적 영육 이원론', 제3층은 '낙천적 선악 이원론'으로서 정리될 것이다.

2. 자라스슈트라의 일신교적 이원론

쌍둥이 원초적 성령

페르시아 이원론의 원천은 먼 옛날에 — 이 이상으로 한정할 수 없다 — 자라스슈트라 스피타마가 중앙아시아의 어딘가에서 — 이것도 이 이상으로 한정할 수 없다 — 읊은 시문 '가타'에서 발단한다. 달리 유사한 사상을 지닌 이란인이 여럿 존재했을지도 모르지만, 그 시문은 남아 있지 않으므로 고찰하기에 충분하지 않다. 이하에서는 '가타' 중에서 가장 잘 이원론을 표명하고 있는 부분을 참조해보자. 기원후 6세기에 편찬된 조로아스터교 성전에서는 『아베스타그』 「야스나」 제30장 제3~4절이라 불리는 부분에 해당한다.

> 두 쌍둥이 원초적 성령이 [나=자라스슈트라에게] 꿈속에서 출현했다. 그들의 사고, 언동, 행동의 방법은 두 가지였다. 요컨대 선과 악이다. 이들 둘 사이에서 지혜로운 자는 바르게 선택하고, 어리석은 자는 그렇지 않을 것이다. 이들 두 성령이 만났을 때, 그들은 최초로 생명과 비생명을 만들어냈다. 최후에는 허위의 추종자에게는 최악의 존재가 초래되고, 진실의 추종자에게는 최선의 사고가 초래될 것이다.

이 고대 이란어 시문에 대해서는 여러 가지 해석이 있지만 ― 아무래도 3,500년 정도 옛날의 시문이므로 본의는 아무도 모른다 ―, 대강의 줄거리로서는 우선 자라스슈트라의 육성으로 '진실과 허위의 쌍둥이 성령'이 대치하고, 인간은 어느 한쪽을 선택하여 따라가지 않으면 안 된다는 것이 말해지고 있다. 이 정도로 오래된 시문이 당당하게 전해지고 있다는 것은 당시 이 메시지가 지니고 있던 사상적 충격이 어느 정도였는지를 이야기해준다.

쌍둥이 원초적 성령의 아버지

그런데 자라스슈트라의 원시적 이원론에서는 완전히 분리된 두 성령이 모든 관계를 끊고서 대립하는 것이 아니다. 아마도 양자에게 화해의 여지는 없겠지만, 자라스슈트라는 그 기원을 동일한 것으로 생각하고 있다. 즉, 『아베스타그』「야스나」 제47장 제3절에서는 최고신 아후라 마즈다가 선한 성령 스펜타 마이뉴와 악한 성령 앙그라 마이뉴 쌍둥이의 '아버지'라고 되어 있는 것이다.

여기에 자라스슈트라의 사유의 복잡함이 놓여 있다. 쌍둥이 성령이 대립하고 있는 국면만을 추출하면 그의 사상은 전형적인 이원론이다. 그러나 양자 위에 기원으로서의 최고신 아후라 마즈다를 정립하는 점에서는 선악은 완전히 분리된 존재가 아니라 실제로는 하나의 기원의 긍정과 부정의 관계에 있다는 것을 시사하며, 다분히 일신교에 대한 지향을 내포한다. 원초적인 만큼 오히려 다의성을 내포하고 한 가닥의 해석을 허용하지 않는 것이 자라스슈트라의 '일신교적 이원론'이다.

이 상황을 그림으로 제시하면, 아래와 같이 될 것이다. 이것을 일신교라고 불러야 하는지 아니면 이원론이라고 불러야 하는지는 사람들을 매우 어리둥절하게 만드는 문제이다.

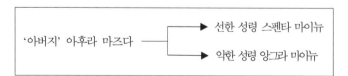

인류의 선택

그야 어쨌든 인류의 눈앞에 제시된 선택지로서는 진실과 거짓이 있을 뿐이다. 여기에 조로아스터교에 특유한 윤리적 특징이 있다 …… 그렇긴 하지만 그 선악의 기준이란 것이 지극히 이란적으로(이 글에서는 자세히 설명하지 않는다) 다른 민족에게는 쉽사리 덧붙일 수 없는 그러한 대용품이었던 것이지만 말이다. 그것이야 어쨌든 인간은 태생에 의해서가 아니라 선악 앞에 홀로 선 주체적 판단으로 진실의 편에도 허위의 편에도 속한다고 생각되었다.

자라스슈트라는 이처럼 준엄하게 진실과 거짓을 구별하는 이상, 하나의 정신으로서는 비타협적이고 격렬한 비분강개의 사람이었던 것이 아닐까 생각된다. 그것을 철학사상 처음으로 윤리적으로 맑고 명랑한 인간상을 맺는 곳까지 승화하여 일신교와 이원론과 인간 윤리를 하나의 선으로 연결한 것이다. 필자는 이 점에서 자라스슈트라의 사상적 독자성을 느낀다.

그런데 이와 같은 번개가 멀리서 번쩍일 때, 그 섬광과 천둥소리 사이에는 아주 오랜 시간이 지나가게 된다. 중앙아시아에서 자라스슈트라가 내던진 번개가 페르시아에서 천둥소리로서 울려 퍼질 때까지는 약 2,000년 이상의 세월이 필요했다.

3. 마니교의 염세적 이원론

마니교의 사상적 계보

다음으로 마니교의 해설로 넘어가자. '예수 그리스도의 사도'를 자칭한 마니에 따르면, 『구약성서』의 신과 『신약성서』의 신은 전혀 다른 별종의 초월적 존재이다. 바울은 이 점을 오해하여 두 신을 동일시하고, 잘못된 그리스도교를 세상에 퍼뜨려버렸다 …… 바울의 영은 적절히 고쳐야 한다.

거짓된 사도 바울을 대신하는 참된 사도 마니의 예언에 따르면, 『구약성서』의 신은 암흑세계로부터 인류에게 발해진 메시지로, 물질 속에 사로잡힌 상태에 편안해지는 것을 가르치고 있다. 이에 반해 『신약성서』의 신은 인류의 본래 고향인 빛의 세계로의 귀환을 이야기하는 영적 메시지로, 한시라도 빨리 혼탁한 이 세상에서 이탈하도록 가르친다. 이렇게 마니식으로 해석된 그리스도교야말로 '참된 그리스도교'였다. 그의 가르침을 '마니교'라고 칭하는 것은 본인의 자의식과는 동떨어진 후세로부터의 경멸하는 명칭이다.

이처럼 『구약성서』의 신과 『신약성서』의 신을 분리하고 그 두 기둥을 이루는 신들 사이에 대립 구조를 구축하려고 하는 이상, 철학적으로 이것이 이원론의 형식을 취하는 것은 필연이다. 다만 그것이 근거하게 되는 곳이 어떤 곳인지가 문제가 되면,

실증적 연구는 매우 다른 대답을 준비한다. 하나의 가능성으로 마니교는 원시 그리스도교의 틀 안에서 그 성전 해석을 둘러싸고 논전이 벌어지는 가운데 일반적으로 그노시스주의라고 불리는 입장에서 파생된 사상이라고 이해되고 있다. 이 입장의 가장 큰 논거는 마니 본인이 '예수 그리스도의 사도'를 내세우고 자기의 가르침을 '참된 그리스도교'라고 이름 붙이고 있는 이상, 이것은 어떻게 보더라도 그리스도교 문화권의 문제의식 속에서만 성립할 수 있다는 점에 놓여 있다.

　또 하나의 가능성으로서 마니의 출신과 출생지에 주목하는 경우, 조로아스터교로부터의 영향이 생각된다. 마니는 어머니 쪽으로는 아르샤크 왕조 왕족으로 이어지는 이란 귀족이며, 출생지는 메소포타미아의 바빌론 교외 마르디누 마을로, 이것 또한 아르샤크 왕조 판도의 중추이다. 물론 이것들은 주어진 조건이며, 마니가 자발적으로 선택한 것이 아니다. 그러나 마니 본인도 자신이 스물네 살의 젊은 나이에 그 가르침을 연 '참된 그리스도교'를 포교하는 데서 아르샤크 왕조의 후계 국가인 사산 왕조의 제2대 황제 샤푸르 1세(재위 240~272)에 대한 알현을 추구하고, 그의 재가를 얻은 후에는 기본적으로는 궁정 의사로서 페르시아 제국 내에서 활동하고 있다. 이만큼의 외적 조건이 갖추어지고, 더구나 마니의 사상이 두드러지게 이원론적인 면모를 띠고 있다면, 여기에서 조로아스터교의 영향을 상정하는 입장도 일정한 찬동을 얻을 만하다.

2010년대에는 마니교 연구에서 전자의 입론이 압도적으로 우세하다. 필자로서는 사상적 계보에서 마니교는 페르시아적 이원론의 아종이라기보다는 그리스도교의 페르시아적 변종으로서 파악하는 쪽이 어울리는 것이 아닌지 생각하고 있다.

신화극 풍의 프리미티비즘

마니의 사상은 240년 전후라는 고대 말기가 가장 긴장했던 시대에 형성되었다. 거기서는 자라스슈트라의 시문처럼 가볍게 걸쳐 있는 '아버지'가 전체를 덮는 느슨한 이원론이 표명되는 것이 아니라 그 당시의 세태를 반영하여 귀기를 띨 정도로 타협의 여지가 없는 이원론이 구축되어 있다. 그 배경에는 영혼과 육체를 둘로 나누고 전자에게 모든 것을 걸고자 하는 강인한 고독이 놓여 있으며, 마니는 그것을 그리스 철학 풍의 논증이 아니라 당시 메소포타미아와 페르시아에 독특한 방식을 모방하여 신화극으로서 선언했다.

마니의 도식에 따르면 빛의 영적 세계와 어둠의 물질세계는 영겁의 옛날부터 대립 관계에 있었다. 양자 사이에서 전쟁이 벌어지자 빛의 세계의 첫 번째 기사인 아후라 마즈다는 어찌 된 일인지 간단히 어둠의 왕 앙그라 마이뉴의 포로가 되어 빛의 요소가 물질세계의 포로가 되는 단서를 만들었다 …… 확실히 조로아스터교도를 격노케 하는 배역이다.

이를 구하기 위해 출격한 두 번째 기사 미트라는 성공적으로 어둠의 세계 전체를 포위하여 '우주' 안에 봉인하였으나 그 안에 중첩 구조로 포로로 사로잡힌 빛의 요소를 모두 구출하는 데까지는 이르지 못했다. 어둠의 왕 아흐레만 쪽도 마찬가지로 영원히 빛의 요소를 물질 안에 포로로 잡아두기 위해 '인간'을 창조하고 생식 능력을 부여함으로써 그 확대 재생산을 꾀했다.

일이 여기에 이르러 제3의 기사인 빛의 예수가 도래하고 전 세계에 사도를 파견하여 인간들에 내재하는 빛의 요소에 본래의 고향인 영적 세계로의 귀환을 부르짖었다. 그 대표가 자라스슈트라, 붓다, 예수 그리스도(빛의 예수와는 다른 이)이며, 마니는 (바울과는 달리) 예수 그리스도의 가르침을 올바르게 이해한 마지막 사도이다.

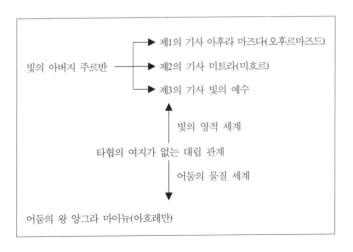

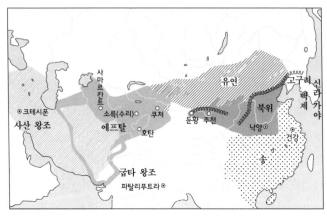

내륙 아시아(5세기경)

　이상을 그림으로 제시하면, 위의 그림과 같을 것이다. 오직 마니만이 이러한 복잡기괴하고 현실의 인류사로부터 아득히 먼 저편에서 벌어지는 초월 세계의 전말을 환상적으로 볼 수 있었다는 점에 그의 사상의 불가사의한 설득력이 있다. 아마도 그는 이야기 꾼으로서 대단히 유능하다고 할 것이다.

　시대정신의 체현

　자연스러운 일이지만, 한 사상의 철학적 완성도와 그것의 동시대에 대한 충격은 다른 문제이다. 본래 마니교의 사고방식을 끝까지 파고들어 가면, 어둠의 세력에 의해 창조된 인류는 최종적으로는 사멸하는 것이 좋을 것이라는 데 다다른다 — 물론 몸 안의 빛의 요소를 해방한 다음의 이야기이지만 말이다. 그렇다면 이 철학은 그것을 수용한 인간이 자기 파괴를 지향한다는 자가당착 위에서 성립하고 있으며, 마니교가 확대되면 될수록 인류의 총인구에서 차지하는 마니교 신자들의 비율은 점점 더 감소하지 않을 수 없다. 이 아름다운 관념적 가르침은 흡입하면 그대로 질식할 수 있는 맹독을 내포하는 것이다.

그럼에도 불구하고 마니의 강렬한 주관 철학에 찬성하는 사람들은 고대 말기에 예상보다 더 많았다. 서쪽으로는 당시 그리스도교의 아성인 이집트 인구의 수십 퍼센트를 개종시키고, 동쪽으로는 실크로드를 따라 멀리 중국에까지 '마니교摩尼敎'로서 전래했다. 현지에서 토착 사상과 뒤섞인 혼재된 마니교 사상은 이미 마니 본인의 철학과는 다른 것으로 변질해버렸지만, 그럼에도 고대 말기 메소포타미아 지식인의 꿈과 혼란을 동시에 체현하고, 영육 이원론이라는 페르시아적인 고전미(보기에 따라서는 퇴폐미)를 그 지적인 부조리와 함께 유라시아 대륙 전역으로 전했다.

4. 조로아스터교의 낙관적 이원론

아후라 마즈다와 스펜타 마이뉴의 융합

메소포타미아 땅에서 마니교가 융성하고, 후세의 우리가 '그리

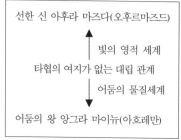

선한 신 아후라 마즈다(오후르마즈드)

↑

빛의 영적 세계

타협의 여지가 없는 대립 관계

어둠의 물질세계

↓

어둠의 왕 앙그라 마이뉴(아흐레만)

스도교'라고 부르는 바의 가르침도 페르시아에 진출하는 가운데, 그 도전에 대응하는 조로아스터교는 새로운 사상적 국면을 맞이하고 있었다. 6세기에 완성된 중세 조로아스터교

사상을 9세기에 정리한 문헌들(이 언저리에 대한 문헌학적 고증은 대단히 복잡하고 까다롭다)에서는 교조 자라스슈트라가 그려낸 도식이 해체되기 시작한다. 즉, 선과 악 두 성령의 아버지인 유일신 아후라 마즈다(중세 페르시아어로는 오후르마즈드)의 지위가 급격히 하락하고 선한 성령 스펜타 마이뉴와의 동화가 진행된다.

그렇다면 선한 신 아후라 마즈다와 어둠의 왕 앙그라 마이뉴(중세 페르시아어로 아흐레만)는 직접적인 항쟁 관계에 빠지지 않을 수 없고, 둘 사이에 다리를 놓는 존재는 사라지게 된다. 말하자면 교조 자라스슈트라가 일신교적인 함축을 지닌 선과 악의 이원론을 설파한 것과 비교하면 크게 이원론으로 기울어진 것이 6-9세기의 중세 조로아스터교이다. 이러한 사상 변화의 이유는 확실하지 않지만, 서방에서 다가오는 그리스도교에 대한 반발로서 굳이 일신교와의 차이를 강조하는 방향으로 방향을 틀었을 것이다.

이상의 설명을 그림으로 제시하면 위와 같이 된다. 일반적으로 '페르시아적 이원론'으로서 사람들이 머리에 떠올리는 것은 이

도식에서는 없는 것처럼 보인다. 이것은 실제로는 조로아스터교의 최종 국면에서의 사상을 반영한 것에 지나지 않는다.

고대 말기의 인디언 서머

하지만 선한 신과 어둠의 왕이 직접 대치하는 중세 조로아스터교의 이원론은 이상하게도 메소포타미아 도시의 아들인 마니가 이야기한 유사한 구조와 같은 가차 없음을 느끼게 하지 않는다. 이란고원의 시골구석 페르시아에서 발전한 중세 조로아스터교는 마니교만큼 세세한 신화를 지니지 않는 대신 기묘하게 낙천적이고 세계에 대해 느긋하고 대범하다. 이 종교의 신자는 서방에서 초월의 신을 받드는 일신교가 다가오는 가운데, 페르시아 제국이라는 고대 오리엔트 이래의 정치적·군사적 겉껍데기로 무장하면서 페르시아에 독특한 감각 방식, 취미 지향, 감히 말하자면 기호를 최후의 인디언 서머 속에서 노래하고 있었다.

그것은 서아시아 전역이 일신교로 뒤덮인 7세기 이후의 사상이 영원의 무명 속으로 놓쳐버린 무언가이다. 한마디로 말하면 같은 이원론 형식을 취하면서도 마니교와는 대극에 놓여 있는 낙천적인 철학 태도가 그에 해당한다. 위에서 말한 선악 이원론은 영혼과 육체의 대립을 전제로 하지 않는다. 선은 영적 차원에서나 물질적 차원에서나 동일한 존재 강도로 구현될 수 있지만, 악은 영적 차원에서만 나타나고 물질적 차원에서는 무리를 범하며 존속하고 있다.

따라서 이러한 선과 악의 투쟁의 귀추는 그것이 개시되었을 때부터 분명하며, 인류는 결말이 시작부터 보이는 승부 속에서 선에 대한 공헌을 요구받는 데 지나지 않는다. 게다가 설사 악에 가담한 사람이라 하더라도 최후의 심판 후에는 용서받고 선인과 함께 낙원으로 향한다고 여겨진다.

이 사상이 당시 인간의 지적 욕구를 얼마나 만족시켰는지는 명확하지 않지만, 필자로서는 중세 조로아스터교는 그것이 살아간 시대에 행복했다고 생각한다. 그 후의 서아시아 사상사에서 이렇게 연체동물처럼 붙잡을 데 없는 철학이 세상을 뒤덮은 일은 한 번도 없는 것이 아닐까?

초월적 유일신의 도전

여기까지의 밑그림으로 3~6세기 페르시아 제국에서 번영한 두 이원론에 대한 개략적인 기술을 마쳤다. 마지막으로 그 종말에 대해서도 언급해두고자 한다. 조로아스터교와 마니교 모두에서 형이상적인 수준에서의 종언에 선행하여 형이하적인 수준에서의 충격이 나타났다. 즉, 7세기에 일어난 아랍인 이슬람교도의 페르시아 제국 침공이 그것이다. 그 결과로서 페르시아 제국은 괴멸했다.

이것은 형이상적인 의미에서 이원론이 초월의 일신교에 패배했다는 것을 의미하지 않는다. 이원론은 형이상적인 논쟁에서 패하여 퇴장을 선고받기 전에 군사적 힘에 의한 불가항력으로 무대에서 끌어내려지게 된 것이다. 정치적·군사적 버팀목을 잃은 페르시아의 사상은 그럼에도 불구하고 300년간에 걸쳐 사상의 생명력만으로 버텨냈다. 조로아스터교가 최후의 지적 활력을 보이며 중세 페르시아어 문헌들을 엮어 쓴 것은 이 시기의 일이다. 또한 마니교는 8세기 무렵에 이르러 무언가 열매 맺지 못하는 꽃처럼 위구르 왕국의 국교가 되었다.

저자는 지금까지 설명해온 두 개의 이원론이 고대 말기의 인류의 지적 환상 수준에 비추어 얼마만큼이나 빼어난 것인지 판단할 수 없다. 그것은 세계철학사 시리즈를 읽은 각각의 독자의 감상에 맡길 수밖에 없다. 다만 조로아스터교와 마니교라는 페르시아의 이원론은 고대 말기 석양이 물들 때 갑자기 나타나 순간적인 빛을 내뿜으며 사라진 유성처럼 21세기에 이르기까지 강렬한 잔상을— 사람들이 그것을 알아차리는 일은 드물지만—남기고 있다.

그 잔상은 프리드리히 니체(1844~1900)가 감히 반–그리스도의 중심인물로서 자라스슈트라에게 가탁한 『차라투스트라(고대 이란어 자라스슈트라의 독일어 읽기)는 이렇게 말했다』에 이르기까지 꼬리를 길게 드리우고 있다. 다만 니체의 선택에는 연인 루살로메Lou Andreas-Salome(1861~1937)의 결혼 상대가 된 괴팅겐대학 이란학 교수인 칼 안드레아스Friedrich Carl Andreas(1846~1931)가 우연

히 고대 이란학의 창시자였다는 개인적인 사정도 얽혀 있는 것으로
보이지만 말이다.

☞ 좀 더 자세히 알기 위한 참고 문헌

— 메리 보이스Nora Elisabeth Mary Boyce, 『조로아스터교. 3,500년의 역사ゾロアスター教 三五00年の歷史』, 야마모토 유미코山本由美子 옮김, 筑摩書房, 1983년. 원저는 20세기 후반의 조로아스터교 연구의 표준이 된 명저.

— 오카다 아키노리岡田明憲, 『조로아스터의 신비사상ゾロアスターの神秘思想』, 講談社現代新書, 1988년. 일반적으로는 논의되는 일이 적은 조로아스터교의 신비 사상에 초점을 맞춘 드물게 보는 저작.

— 마에다 고사쿠前田耕作, 『종조 조로아스터宗祖ゾロアスター』, ちくま新書, 1997년. 유럽에서의 조로아스터 전설을 논의한 저작.

— 미셸 타르디외Michel Tardieu, 『마니교マニ教』, 오누키 다카시大貫隆·나카노 치에미中野千惠美 옮김, 白水社[文庫クセジュ], 2002년. 원저는 프랑스의 마니교 연구를 주도한 타르디외에 의한 명저.

— 아오키 다케시青木健, 『새로운 조로아스터교 역사新ゾロアスター教史』, 刀水書房, 2019년. 조로아스터교 사상 발전의 정점을 사산조 시대로 보는 견지에서 쓴 개설서.

칼럼 2

율리아누스의 '살아 있는 철학'

나카니시 교코中西恭子

로마 황제 율리아누스(331/2~363, 부황제 재위 355~361, 정황제 재위 361~363)의 저작은 마르쿠스 아우렐리우스를 동경한 문인 황제의 살아 있는 철학 기록이다.

콘스탄티누스 1세의 이복동생 율리우스 콘스탄티우스의 셋째 아들 율리아누스는 생후 곧바로 어머니를, 콘스탄티누스 사후의 황실 내 숙청에서 아버지와 큰형을 잃었으며, 광대한 정신의 세계를 마음의 고향으로 삼아 궁정의 권모술수 한가운데를 살아갔다. 그를 감시하고 때때로 이용했던 콘스탄티누스의 적자 콘스탄티우스 2세도 그의 학문에 대한 의지를 꺾을 수 없었다. 신플라톤주의를 배우기 위해 소아시아를 편력 중이던 354년, 율리아누스는 황비 에우세비아의 중재로 1년의 유예를 얻어 아테나이에서 공부하고, 이듬해 부황제에 지명되어 게르마니아와 갈리아 평정에 나섰다. 임지에서는 인망이 두터웠으며, 360년에는 군대로부터 정황제 추대의 환호를 받았다. 361년 가을, 율리아누스 토벌로 향하는 도중에 콘스탄티우스는 병으로 사망했고, 율리아누스는 같은 해 11월, 단독 황제로서 콘스탄티노폴리스로 개선했다.

그리스도교 외부에도 '신'과 만날 수 있다는 것을 긍정하고 기도와 초월로 관철된 철학을 살아가는 사람들이 있다. 그 점을 배운 율리아누스는 신동술사인 에페소스의 막시모스 등, 갈리아 부임 중에도 서한을 주고받은 스승이자 친구들을 궁정에 초청하여 '예로부터의 신들의 종교'의 진흥을 꾀하고, 그리스도교의 내부 항쟁에는 엄벌을 주었다. 그것은 의례와 기도를 '신'과 만나는 인류 향상의 장으로서 파악하는 이암블리코스 『이집트인의 비의에 대하여』를 착상의 원천으로 하는 실천임과 동시에 아레이오스파를 후대하고 그 밖의 종교들을 배격한 콘스탄티우스의 가혹한 종교 정책의 거울상이다. 362년 7월부터 363년 3월까지의 안티오키아 겨울 진영 때는 그곳을 덮친 기근에 대한 대응보다 제사의 정비를 우선하여 시민들의 노여움을 샀다.

율리아누스는 치열하게 살아가듯이 저술에 힘썼다. 이암블리코스파 신플라톤주의 사상을 원용하여 제국에 편재하는 태양신·지모신 숭배와 희생 제물 의례를 긍정하고(『왕 되신 헬리오스에 대한 찬가』, 『신들의 어머니에 대한 찬가』), 초대 황제 아우구스투스 이래의 로마 황제의 수호신 선택을 우화적인 작품으로 묘사하며(『황제들』), 안티오키아 시민들에게 이해되지 않는 자신을 조소하고(『턱수염을 증오하는 자들』), 영웅 서사시와 플라톤의 저작을 성전으로 하는 학예를 모색했다(「신관에게 보내는 서간 단편」). 단편으로 알려진 『갈릴리인 논박』에서는 아레이오스 논쟁 시기의 미숙한 성경 해석과 다른 종교에 대한 배타성을 규탄했다. 소년기에 세례를 받은 최초의 로마 황제가 본 '지상 나라의 종교'에 대한 솔직한 의심이다.

363년 6월, 율리아누스는 페르시아 영역에서의 전투 한 가운데서 전사했다. 그의 저서는 문인 황제의 사유와 좌절을 전해주는 책으로서 비잔티움 시기로도 계승되며, 문예부흥 시기 이후에는 '이교'와 그리스도교의 갈등을 바라보는 저작가들이 자신을 비추는 거울이 되기도 했다.

칼럼 3

조지프 니덤이 발견한 것

쓰카하라 도고塚原東吾

본래 중국에 과학이 있었던가 하는 것부터가 문제였다. 과학이란 그리스에 기원을 지닌 경험적이고 합리적·이성적인 지식 체계이며, 르네상스로 유럽에서 부활한 것이다. 이처럼 유럽이 길러낸 앎이 과학이며, 그것은 코페르니쿠스와 케플러, 갈릴레오 등에 의한 17세기 과학 혁명으로 확립되었다. 데카르트와 베이컨이 근대 유럽 과학의 철학을 떠맡았다. 이것이 과학을 둘러싼 유럽 중심주의적인 견해이다.

과학사와 관련해 이러한 사고방식을 근본적으로 뒤엎은 것이 조지프 니덤Joseph Needham(1900~1995)이다. 중국에서는 고대부터 천문과 지리·자연사 등의 정밀한 관찰과 기록이 이루어지고 정확도가 높은 달력과 지리지 등이 작성되었다는 것, 나침반·화약·종이·인쇄라는 4대 발명이 중국에서 기원했다는 것, 그리고 15세기까지는 사회·경제·통치 시스템 등 모든 측면에서 중국이 세계를 능가하고 있었다는 것과 같은 니덤의 '발견'은 일일이 다 제시할 수 없다. 그의 『중국의 과학과 문명』 시리즈는 케임브리지대학 출판회에서 간행되었다. 니덤은 중국의 과학사를 기술함으로써 인류의 과학사를 기술했다고도 말해진다.

그렇다면 왜 중국에서 근대 과학이 태어나지 않은 것일까? 이 의문은 '니덤의 물음'이라고 여겨진다. 사회경제적, 정치 체제적 측면에서 이에 대답하고, 유럽 상업 자본의 전개나 항해술과 군사 기술의 발전에서 그 연원을 찾는 것도 가능하다. 동시에 니덤은 과학 자체에 내포된 문제로서 유럽의 기계론적 세계상(과 데카르트적인 주객 단절에 의한 자연과 철학의 분리)에 대해 중국적인 유기체적이고 환원주의적·전체론적인 세계상(및 도교적 신비주의에 의한 직감적·공감적인 자연 이해)을 대치시키고 있다.

니덤이 '발견'한 것은 '중국'만이 아니었다. 유럽의 앎의 근간인 '과학' 개념을 근본적으로 전복시킴으로써 유럽 중심주의를 뒤흔들었다. 요컨대 니덤은 중국 과학사를 통해 근대 유럽을 상대화한 것이다. 그는 유럽 중심주의에 대항하는 투사였다.

이제 생명 조작과 빅데이터, 인공지능의 개발이 이야기해주듯이, 신이 되려고 하는 것으로 보이는 인류의 도전은 머물 곳을 알지 못한다. 하지만 지구 온난화 문제나 방사성 물질·미세 플라스틱 등으로 인한 환경오염의 심각화를 보면, 인류는 이미 과학 기술을 제어할 수 없게 되었다는 우려가 제거될 수 없다. 이것은 '유럽 근대 과학'이 귀착한 곳일까? 인류의 지나온 날을 생각하고 앞날을 우려할 때, 니덤으로부터 배울 수 있는 것은 여전히 많다.

제8장

플라톤주의 전통

니시무라 요헤이 西村洋平

1. 기원전 1세기부터 기원후 6세기까지의 플라톤주의

'플라톤주의'란?

'플라톤주의'란 무엇일까? 가장 좁은 의미에서 가장 넓은 의미까지 포함하여 크게 나누어 세 가지 플라톤주의가 생각될 수 있을 것이다.

첫째, 기원전 4세기에 플라톤이 설립한 '아카데메이아'에 속한 철학자들은 '플라톤주의' 전통에 포함된다. 그 구성원에는 아리스토텔레스 이외에 회의주의로 된 아르케실라오스와 카르네아데스 등이 속한다(제1권 제9장 3을 참조). 이 학원은 기원전 86년, 로마의 집정관 술라가 폰토스 왕 미트리다테스 측에 붙어 로마에 반기를

든 아테나이를 제압할 때까지 존속했던 것으로 보인다. 그 후 플라톤주의자들은 이 학원에서 활동한 회의주의자들을 '아카데메이아학파'라고 부르고 '플라톤주의'인 자신들과의 차이를 강조하게 된다.

아카데메이아라는 제도적 권위가 없어진 후에는 플라톤과 그의 텍스트를 권위로 삼는 철학자가 나타난다. 이것이 두 번째 의미에서의 '플라톤주의'이다. 물론 회의주의자도 플라톤의 텍스트 속에서 회의주의의 요소를 발견했던 것이고, 그러한 점에서 플라톤을 권위로 간주하는 플라톤주의자이다. 또한 플라톤주의자들 가운데는 퓌타고라스가 플라톤의 원천이라고 — 또는 양자는 공통의 사상을 지녔다고 — 생각하는 사람도 있어 '퓌타고라스학파' — 또는 고대의 그것과 구별되는 신-퓌타고라스학파 — 라고 불리거나 한다. 그렇지만 이 장에서는 그러한 철학자들도 플라톤의 텍스트에 대해 권위를 인정한다는 점에서 '플라톤주의' 전통 안에 포함하기로 한다.

셋째, 플라톤의 텍스트를 권위로 삼지는 않지만, 그것을 지적 원천으로 하여 자신의 철학을 전개하거나 어떤 특정한 사상 — 예를 들어 이데아와 같은 형이상학적인 것의 존재를 인정하는 사상 — 을 취하거나 하는 철학자를 플라톤주의라고 부르기도 한다. 이러한 넓은 의미에서 현대의 분석 철학자들 — 예를 들어 프레게나 콰인 등 — 도 플라톤주의라고 불릴 수 있다.

이 장이 다루는 것은 학원 아카데메이아가 없어진 기원전 1세기부터 529년에 동로마의 유스티니아누스 황제에 의해 '이교'의 것인 그리스 철학의 교육이 금지될 때까지 계속된 플라톤주의의 전통이다. 이 시기에 활동한 철학자들은 아카데메이아에 속하지 않기 때문에 첫 번째 의미의 플라톤주의자는 아니지만, 이데아라는 초월적 원리를 인정했다는 점에서 세 번째 의미의 플라톤주의자이다. 그러나 현대 철학자와는 달리 플라톤을 권위로 간주하는 두 번째 의미에서도 플라톤주의자라고 불린다.

중기 플라톤주의와 신플라톤주의

앞서 언급했듯이 아카데메이아라는 지리적·조직적인 거점이 없어지자 플라톤의 사상을 텍스트로부터 끌어내려고 하는 철학자들이 나타났다. 이러한 플라톤주의의 융성은 지중해 세계의 각지에서 일어난 개별적인 운동이었다. 176년에 로마 황제 마르쿠스 아우렐리우스가 아테나이에 페리파토스학파, 스토아학파, 에피쿠로스학파와 함께 플라톤주의 학교를 열고 나서도 그 경향은 계속된 것으로 보인다. 이러한 기원전 1세기 이후의 플라톤주의는 그 이전의 아카데메이아학파(회의주의 또는 그 이전의 플라톤주의)와 플로티노스(205~270) 이후의 신플라톤주의 중간에 있는 것으로서 '중기 플라톤주의Middle Platonism'라고 불린다. 이 명칭은 20세기 초의 고전학자 프레히터에 의해 도입되었다.

다른 한편 '신플라톤주의Neo-platonism'라는 명칭은 18세기 독일의 철학 사학자들에게로 소급한다. 브루커^{Johann Jakob Brucker}의 『비판적 철학사』(1742~1767)에 의해 플로티노스 이후는 여러 가지 이론과 종교를 체계 없이 혼합하는 나쁜 절충주의라는 견해가 확립되었다. 그 영향으로 인해 그 이전의 체계적이고 정통적인 플라톤주의로부터의 단절을 나타내기 위해 플로티노스를 '신플라톤주의자'라고 표현하는 것이 일반적으로 된다. 처음에 이 표현에는 부정적인 뉘앙스가 담겨 있었다.

이상과 같이 '중기 플라톤주의'와 '신플라톤주의'라는 구별은 현대적인 것이다. 고대의 철학자들 스스로가 '신新'이라거나 '중기'라고 자각하고 그렇게 자칭한 것이 아니며, 사상적인 단절이 보이는 것도 아니다. 그런 까닭에 이 구별을 없애야 한다는 논자도 많다. 그러나 차이가 있는 것도 사실이다. 예를 들어 신플라톤주의는 플라톤의 『파르메니데스』를 형이상학적인 저작으로서 주석하지만, 중기 플라톤주의에 그러한 경향은 별로 없다. 그리고 포르퓌리오스(234년경~305년경) 이후, 신플라톤주의자들은 아리스토텔레스 철학을 주해하게 된다. 그러한 사상에서의 차이는 별도로 하더라도, 중기와 신이라는 구별은 600~700년에 걸친 이 플라톤주의 전통을 거의 반분한다는 점에서 편리하다고 할 수 있다. 이 장에서도 기원전 1세기 이후 3세기 이전의 철학자들을 '중기 플라톤주의', 플로티노스 이후를 '신플라톤주의'라고 부른다.

전통의 종언

신플라톤주의자들의 시대에는 중기 플라톤주의 시절에 활동하고 있었던 스토아학파와 페리파토스학파는 그림자를 숨기며, 그리스도교와 그노시스주의(영지주의), 헤르메스주의 등 새로운 종교·신비 사상이 일어나고 있었다. 예를 들어 플로티노스의 교실에는 그노시스학파가 출입했다고 한다(『플로티노스전』, 제16장). 플로티노스는 그 그노시스학파를 논박하는 논고를 썼으며, 그의 제자 포르퓌리오스도 조로아스터의 이름을 빌린 위서에 대한 논박을 썼다고 한다. 나아가 388년 로마 제국에서 국교화된 그리스도교가 대두되자 이에 대항하기라도 하듯이 신플라톤주의도 다양한 종교적 요소를 받아들여 독자적인 전개를 보이게 된다.

이윽고 플라톤주의는 '이교'의 철학이 되었고 철학자들의 생명도 위기에 처하게 된다. 유명한 여성 철학자 휘파티아는 알렉산드리아에서 활동했는데, 415년에 폭도들에 의해 살해당한다 — 다만 그리스도교도에 의한 폭거였는지는 불분명하다. 아테나이에서는 플루타르코스(432년 사망)가 철학을 가르치는 학원을 열었다. 그러나 거기에 온 젊은 프로클로스(412~485)가 남의 눈도 의식하지 않고 달에 예배드린 것에 주위의 철학자들이 충격을 받았다는 에피소드를 프로클로스의 제자 마리노스(440년경~500년경)가 전해주고 있다(『프로클로스 또는 행복에 대하여』, 제11장). 이와 같은 달에 대한 예배조차 공개적으로 할 수 없는 사회 상황이었다는 것을 엿볼 수 있다. 그 압력은 강해졌고, 학원을 이어받은 프로클로스도 '거대한 독수리 같은 사람들'(그리스도교도의 은어)에 둘러싸여 아테나이를 1년 동안 떠나지 않을 수 없었다고 한다(같은 책, 제15장). 529년, 이교 철학 교육이 금지되어 학원은 소멸한다. 당시의 학원장 다마스키오스(462년경~538년경)는 심플리키오스(5-6세기) 등의 제자를 데리고 페르시아로 가 호스로 1세의 보호를 구했다고 한다. 그러나 그곳에서의 대우에 실망한 철학자들은 동로마와 페르시아 사이에 협정이 맺어진 후 페르시아를 떠난 것으로 추정되지만, 그 이후의 발자취는 불분명하다.

  529년에 플라톤을 권위로 하여 그 텍스트를 해석하는 플라톤주의 전통은 끊어졌다고 할 수 있을 것이다. 그러나 그 이후에도 알렉산드리아의 플라톤주의자들은 아리스토텔레스 주석을 중심으로 활동을 계속하고 있었던 듯하다. 필로포노스(490년경~570년경)는 그리스도교도이며, 올림피오도로스(6세기경)에게도 그리스도교도 제자들이 있었다. 또한 6세기경의 시리아에서 활동했다고 추측되는 그리스도교 신학자 디오뉘시오스 아레오파기테스는 프로클로스를 읽고 독자적인 신학을 발전시켰다. 나아가 신플라톤주의자의 저작은 9세기에 아라비아어로 번역·번안됨으로써 동방으로 퍼져나간다. 이처럼 플라톤주의 전통의 종언은 그리스도교 철학과 아라비아 철학이라는 새로운 시작이기도 했다.

2. 주석의 전통

플라톤에 대한 각주?

현대의 저명한 철학자 화이트헤드는 '유럽의 철학 전통에 대한 가장 안전한 일반적 성격 부여는 그것이 플라톤에 대한 일련의 각주로 이루어져 있다는 것이다'라고 말했다(제1권, 제1장 2에서 인용). 누군가가 주장한 것이 참인지 아닌지를 확인할 때 사람들은 사실에 호소한다. 그러나 그 사실 자체가 어떤 철학 전통의 유력한 사상적 틀의 영향 아래 놓여 있을지도 모른다. 화이트헤드의 유명한 구절은 그러한 서양 철학의 틀을 파악하고자 한 것이다. 이 정식화에 옳고 그름도 있겠지만, 이 장에서 다루는 플라톤주의자들은 이에 가까운 철학사관을 지니고 있었다.

시리아에서 활동한 것으로 생각되는 누메니오스(2세기경)에 따르면, 플라톤 철학은 뿔뿔이 흩어져버리고 그 부분 부분은 비판받고 상처를 입고 말았다. 예를 들어 헬레니즘 시기에 아카데메이아학파와 스토아학파는 논쟁을 벌였지만, 어느 쪽이든 다 뿔뿔이 흩어진 방식으로 플라톤 철학의 일부를 가지고 있었다. 그들은 부분밖에 갖지 못해 전체가 보이지 않았기 때문에 논쟁을 벌이게 되었다. 그러나 그것은 전체상을 알고 있다면 공격하려고 생각할 수 없는 부분끼리의 공격이며, 자기모순과 오해로 인해 만들어진 플라톤과의 섀도복싱에 지나지 않는다(단편 24~25).

플라톤의 전체상을 재구성하려는 시도가 플라톤주의자들의 영위였으며, 그것은 플라톤의 텍스트를 읽고 주석하는 것으로 이루어졌다. 이 견해에 따르면, 진리를 탐구하는 철학은 플라톤에 대한 주석으로밖에 이루어질 수 없다. 어떤 주장의 진위를 확인하기 위해 참조해야 할 '사실'은 다름 아닌 플라톤이기 때문이다. 플라톤주의자들은 화이트헤드의 구절에 다음과 같이 덧붙일 것이다. 플라톤 철학이야말로 '사실'이자 진리이며 그 권위라고 말이다.

'권위'라 하더라도 그 권위에 대한 태도는 다양하다. 어떤 사람 X가 어떤 사항에 대해 다른 사람이나 어떤 것 Y에 대해 신뢰를 두는 경우, Y는 X에 대해 권위가 된다. 문제는 '신뢰'의 정도이다. 그 신뢰는 정당한 근거를 지닐 수도 있고 회의적일 수도 맹목적일 수도 있다. 플라톤주의자들은 진리에 대해 플라톤에게 권위를 인정했지만, 결코 맹목적으로 신뢰를 두고 있었던 것은 아니다. 플라톤 자신이 말하듯이 쓰인 텍스트는 작자 없이는 자기 자신을 지킬 수 없다(『파이드로스』, 275D~E). 플라톤주의자들은 아리스토텔레스나 스토아학파의 비판에 대해서나 또한 다른 플라톤주의자의 해석에 대해 스스로 해석하여 플라톤이 옳다는 근거를 제시한다.

주석의 스타일도 신플라톤주의에 이르러 정형과 같은 것이 만들어진다. 주석에 들어가기 전에 각 저작의 의도, 진작인지 위작인지 문제 등을 다루고, 가르침의 순서를 자리매김하며, 독자나 주석자 자신에게 필요한 예비지식은 무엇인가와 같은 세부적인 항목을 해설하는 것이 관례가 된다. 또한 아리스토텔레스는 플라톤 철학의 도입으로서 자리매김한다. 나아가 그 철학의 가르침 과정 전체의 도입으로서 포르퓌리오스『에이사고게』(도입이라는 뜻)가 자리 잡게 되었다. 나아가 이『에이사고게』의 주해,『철학 입문』과 같은 저작이 많이 저술되게 된다.

플라톤 대화편의 분류

플라톤을 권위로 삼은 이 시대의 철학자들은 플라톤의 저작을 정리한다. 전기 작가 디오게네스 라에르티오스(3세기경)가 전하는 바에 따르면, 로도스에서 활동한 트라쉴로스(기원전 1세기~기원후 1세기경)는 비극의 형식을 모방하여 플라톤의 저작을 아홉 개의 4부작으로 정리했다고 한다. 이러한 4부작으로 정리하는 편집 방법은 최초의 활자 인쇄가 된 알도 판(1513년)에서 사용되었으며, 현재 옥스퍼드 고전 총서에서 나오고 있는 플라톤 전집도 그것을 사용하고 있다. 그 밖에 디오게네스는 플라톤의 저작을 그 성격에 기초하여 나누는 분류도 전해준다.

고대에는 현대에 자주 이루어지는 것과 같은 집필 시기의 추측에 기초한 분류(초기·중기·후기)는 보이지 않는다. 그러나 어떤 대화 편부터 읽어야 하는가 하는 논의는 이루어지고 있었다. 트라쉴로스의 첫 번째 4부작에는 소크라테스의 재판에서 사형에 이르기까지를 무대로 한 대화편『에우튀프론』,『소크라테스의 변론』,『크리톤』, 『파이돈』이 담겨 있다. 거기서는 소크라테스에 대한 도입으로 부터 시작한다는 그의 의도가 보일 것이다. 이에 반해 알비노스(2세기경)는 플라톤의 저작이 원圓처럼 완벽한 까닭에 여기서 시작해야 한다는 출발점은 없다고 말한다. 오히려 교육적인 관점에서 그리고 읽는 자의 조건 — 나이, 시민·정치 활동을 하고 있는지 아닌지 등 — 에 따라 플라톤 저작의 출발점을 결정해야 한다고 하고 있다(『플라톤의 철학 서설』, 제4~5장).

신플라톤주의 시대에는 좀 더 교의적인 순서가 설정되게 된다. 이암블리코스(245~320년경)는 자연학의 정점을 『티마이오스』로, 신학의 정점을 『파르메니데스』로 하여 거기에 이르기 위한 10개의 대화편 순서를 설정했다고 전해진다(저자 불명, 『플라톤 철학에 대한 서설』, 제10장). 그것은 더 나아가 윤리적(성격적), 시민·정치적, 정화적(신체로부터 혼을 분리하는 단계), 관조적(순수한 지적 활동)으로 높아지는 덕의 단계를 따른 것으로 되었다. 그러한 플라톤의 저작 앞에 아리스토텔레스와 철학 입문이 덧붙여졌다. 이것들은 모두 최종적으로는 플라톤을 배우고 신(좋음[선]·하나)으로 높아진다고 하는 궁극적 목표로 향한 것이었다.

이처럼 플라톤을 읽는 것은 지적 수련이자 정신적 수련(덕의 함양)이기도 했다. 중기 플라톤주의의 타우로스(2세기경)는 자신이 읽고 싶은 대화편만을 읽으려고 하는 동시대 사람들과 '인생을 풍요롭게 하기 위해서라기보다 언어와 변론을 화려하게 꾸미기 위해 플라톤을 읽어주기를 부탁하는 사람조차 있다'라고 한탄했다고 한다(겔리우스, 『아티카의 밤』, 제1권 제9장 10). 플라톤에 대한 주석은 단지 해석의 올바름을 추구하는 학문적인 영위가 아니라 그 사상에 기초하여 더 잘 살아가는 일이었다.

3. 플라톤주의의 기본 사상

소재와 형상

고대 이래로 서양 철학은 원인·원리를 탐구해왔다. 사물에 대해 안다는 것은 그것의 원인·원리를 아는 것이다. 그러한 원인을 탐구해온 역사에서 플라톤주의를 특징짓는 것은 '이데아'라고 불리는 초월적인 원리이다. 다만 그것만이 아니다. 로마 제정기 스토아학파 철학자 세네카는 숫자가 너무 많다고 조금 빈정거림을 넣어서긴 하지만 플라톤주의가 다섯 개의 원인을 들고 있다고 보고하고 있다(『윤리학 서한』, 65). 그 다섯 개란 소재(질료)인, 작용인, 형상인, 목적인이라는 아리스토텔레스적인 네 가지 원인에 더하여 범형인範型因이다. 예를 들어 동상의 청동이 소재인, 제작자가 작용인, 청동 속에 있는 형태가 형상인, 제작자가 참조한 모델이 범형인, 만든 자의 의도가 목적인이다. 이 범형인이라고 불리는 것이 이데아이다. 플라톤주의자에 따라 원인의 수는 다르지만, 이 다섯 가지 원인에 따라 플라톤주의의 기본 사상을 살펴보자.

우선 사물이 그것으로 이루어진 '소재'는 그 자체로 어떠한 성질도 지니지 않는다. 이 소재에 대해서는 중기 플라톤주의의 플루타르코스(45년경~125년경)와 앗티코스(2세기경)가 형상이 나오거나 들어가거나 해서 사물이 생성 소멸하는 것의 배후에 놓여 있는 동적인 원리로 파악한다든지 신플라톤주의자도 포함하여 많은 논자가 아무것도 아닌 것 또는 순수한 수용성으로 이해했다. 누메니오스와 플로티노스는 그것을 악으로서도 파악했으며, 그노시스학파의 영향도 지적되고 있다. 어쨌든 소재란 인간의 인식에 들어오지 않는 무언가이며, 인식되는 사물의 근저에 놓여 있어 사물들을 안정되게 유지하는 무언가이다.

사물은 이 소재에 형상이 갖추어져 성립한다. 이 형상은 전통적으로 내재적 형상이라 불리는 아리스토텔레스주의적인 것으로서 보통 이해된다. 이 아리스토텔레스주의에 따르면, 어떤 사물이 그것인 바의 것을 실현하고 있는 이 형상(그 사물의 본질)을 그 기초에 놓여 있는 소재와 함께 포착함으로써 그 사물에 대한 지식이 얻어진다. 예를 들어 인간에게는 이성적 작용, 욕구, 성장·발달 등의 활동이 있다. 우선은 그러한 활동(형상)을 경험적으로 파악하고 인간의 본질적 기능을 분석한다. 그것과 더불어 현대의 우리는 어떤 뇌엽의 신경 세포가 이러이러한 상태에 있다는 것과 성장에서의 세포의 작용과 같은 소재 면에서도 이해한다. 아리스토텔레스주의는 인간의 본질 이해를 이처럼 인간 속에서 경험적으로 발견하는 데서 출발한다.

플라톤주의자들에게도 인간은 소재와 형상으로 설명되지만, 그것으로 끝이 아니다. 인간을 감각으로 보더라도 그 표면의 성질·양, 형태, 움직임밖에 포착할 수 없다. 인간과 같은 성질(피부의 색)과 양, 형태, 움직임은 그림의 색, 동상의 형태, 정교한 로봇의 움직임·표정 등 인간 이외의 것에서도 찾아볼 수 있다. 그림이나 동상, 로봇으로부터 인간의 본질을 추출할 수 없듯이 감각을 통해 인간의 본질은 이해되지 않는다. 신경 세포를 염색하여 전자 현미경으로 보더라도, 인간의 활동을 감각적으로 포착하더라도 결코 인간의 본질에 다다를 수 없다. 여기에 플라톤주의의 소재와 형상에 대한 이해의 특징이 있다고 할 수 있다.

이데아

그러면 어떻게 인간의 지식에 도달할 수 있을 것인가? 플라톤주의자는 사람에게는 인간의 이데아가 선천적으로 갖추어져 있다고 생각한다. 인식 기능을 담당하는 혼은 신체와는 독립적인 존재이며, 신체가 사멸하더라도 계속해서 살아가는 불사적인 것이다. 그 혼은 이미 이 이데아를 무언가의 방식으로 인식하고 있는 까닭에 혼 안에는 잠재적으로 인간의 본질에 대한 이해가 놓여 있다. 그 잠재적인 것을 중기 플라톤주의자들은 인류에게 갖추어진 공통의 관념인 것으로 파악하고 있었다. 또한 신퓌타고라스학파라고도 불리는 플라톤주의자들은 물체적인 것을 초월한 이데아를 퓌타고라스의 원리인 수로 포착하고, 플라톤은 쓰지 않았지만 퓌타고라스로부터 이러한 교설을 이어받았다고 생각했다. 그러한 퓌타고라스·플라톤주의에 따르면, 한정되지 않은 '부정不定의 둘'이 '하나'에 의해 한정됨으로써 수·이데아가 된다. 이러한 사상은 중기 플라톤주의의 상당수에서 보이며, 또한 신플라톤주의에 받아들여져 간다.

그런데 신체 안에 있으면서 감각 기관을 사용하는 혼에 있어 이데아의 인식은 쉽지 않거나 오히려 불가능하다. 그러나 혼은 인간을 감각적으로 포착하고 그 기능과 특징을 내재적 형상으로 파악할 때 인간의 이데아를 떠올리는 일이 있다. 이 내재적 형상은 인간의 본질에 대한 이해를 불러일으키는 이데아의 유사한 상 또는 그림자이다. 이러한 내재적 형상을 통해 이데아를 떠올리는 과정은 '상기'라고 불리지만, 그 자체는 이데아의 인식이 아니다. 이데아는 혼이 신체에서 분리되어 순수한 상태에서 지성 인식함으로써 비로소 파악 가능한 것이다.

다른 한편 플로티노스는 인간의 혼 가운데 일부는 여전히 이데아와 함께 있으며, 그것을 인식하고 있다고 말했다. 사람들은 지성(이데아)에 머물러 있는 혼으로 일상의 의식을 돌리지 않지만, 언제나 그 일부는 이데아를 보고 있다고 한다. 따라서 혼은 감각으로 눈을 돌려야 하는 것이 아니라 자기 자신의 내부로 의식을 돌려야 한다고 플로티노스는 생각했다. 혼이 신체로부터 일시적으로 이탈하는 자신의 신비 체험도 보고하고 있다. 그에 반해 후기 신플라톤주의자들은 감각 인식을 상기 과정의 필요한 단계로서 짜 넣음으로써 아리스토텔레스의 경험주의적인 인식론이 플라톤의 이데아론적인 인식론과 기본적으로 일치한다는 견해를 취하게 된다. 그 입장에 따르면, 우선은 아리스토텔레스의 소재·형상론을 통해 이 자연 세계에 대해 배우고, 준비가 이루어진 자는 플라톤의 글을 읽고 신체로부터 정화된 혼의 지성 인식을 통해 이데아를 파악해야만 한다.

우주 창조와 선 원인

이데아는 초월해 있고 세계에 내재하지 않지만, 우주는 무언가 규칙적이고 조화가 이루어진 것이다. 그 구조는 잘 만들어져 있으며, 우주에는 자연법칙이라고 불리는 것과 같은 규칙성이 있다. 왜 그렇게 된 것일까? 초월적인 원리(이데아, 신 등)를 인정하지 않으면, 우주는 우연히 지금처럼 되었다고밖에 설명할 수 없다. 그에 반해 플라톤주의자는 플라톤 『티마이오스』(29A~B)에 기초하여 제작자(데미우르고스, 신)가 이데아라는 범형을 모델로 하여 이 세계가 최선의 것이 될 것을 목적으로 하여 만들었다고 주장한다.

우주 창조를 둘러싼 이 저작은 플라톤주의가 가장 많이 언급하고 인용하는 대화편이다. 특히 우주가 '생성했다'(28B)라는 구절이 논의의 과녁이 된다. 플라톤주의자에게 우주는 혼을 지닌 살아 있는 것이다. 따라서 우주 생성 문제는 우주의 혼이 창조되었는가 아닌가에 놓여 있다. 그러나 플라톤은 다른 대화편 『파이드로스』에서 혼은 '생길 수 없는 것'(245D)이라고 말하고 있다. 혼은 모종의 시작을 지닌 것인가 아닌가가 플라톤주의 내부에서의 해석상의 쟁점이 된다.

우선 중기 플라톤주의자들의 논의를 소개하고자 한다. 타우로스는 '생성했다'의 의미를 자세히 분석하고 해석한다. '생성했다'는 시간적인 의미로도 취할 수 있지만, 다른 방식으로도 이해할 수 있다. 예를 들어 우주는 이데아처럼 영원불변의 존재가 아니라 생성하고 변화하는 것이라는 의미에서 '생성했다'라고도 말할 수 있다. 엄밀히 읽게 되면 혼이 시간적으로 시원을 지녔다는 의미에서 생성했다고 말하는 것이 아니라고 타우로스는 주장한다(단편 23). 다른 한편 실제로 세계의 창조가 일어났다고 생각한 것이 플루타르코스이다. 그가 생각하는 소재는 세계 이전에 있었던 불안정한 움직임이다. 그것은 비이성적이고 어떻게도 한정되어 있지 않은 혼이다. 따라서 이와 같은 영혼은 『파이드로스』가 말하듯이 생성을 지니지 않는다. 그러나 이 혼이 신에 의해 질서가 부여되어 우주(우주의 혼)가 창조되었는데, 그런 의미에서 혼은 '생성했다'라고 말할 수 있다.

신플라톤주의자 플로티노스는 장인(데미우르고스)이 '추리했다'라는 『티마이오스』의 구절(30B)을 문제 삼는다. 추리는 인간적인 사고·계산 능력이기 때문이다. 그는 다양한 것을 두루 생각하고서 만들어내는 장인의 이미지를 버리고, 이데아와 그것을 인식하는 신적인 지성으로부터 세계가 필연적으로 생겼다고 주장한다 (제31논고 [V8] 제7장). 이데아를 인식하는 지성은 충분하며, 그러한 존재에 '아까워하는 질투심은 조금도 일어나지 않는다.'(『티마이오스』, 29E) 빛나는 태양으로부터 빛이 방출되듯이 이 세계는 가득 찬 이데아의 세계로부터 넘쳐 흘러나왔다. 이것은 신플라톤주의의 '유출설'이라고 불린다. 유출은 시간적 시작이 아니라 빛의 원천이 없어지면 빛도 없어지는 것과 같은 인과적 의존 관계를 말한 것에 지나지 않는다. 이데아는 영원하고 이 세계도 언제나 이데아의 세계에 의존하며 그로부터 유출되고 있는 존재라고 플로티노스는 생각한다.

신은 세계를 창조하는 작용인인 것만이 아니다. 신은 선이며, 우주를 최선의 것으로 할 뿐 아니라 영속적으로 만든다. 조화와 영속성을 부여하는 신의 활동은 섭리라고 불린다. 물론 신은 감각을 통해 개별적인 것을 두루 생각하는 것이 아니라 이데아를 지성 인식하고 초월적인 방식으로 이 세계를 배려한다. 세계가 조화를 지니고 영속적인 것, 지금 당신이 신체(소재)와 혼(형상)을 지닌 존재로서 활동하는 것은 선한 신의 섭리의 활동이다. 그러한 초월적인 앎의 존재를 긍정하고 신의 선함을 설명할 수 있다는 것이야말로 다른 학파에는 없는 플라톤 철학의 우월성이라고 플로티노스는 말하고 있다(『플라톤 신학』, 제1권 제15장).

이러한 신의 선함과 초월성이라는 사고방식은 그리스도교 신학에도 영향을 주었다. 다만 필로포노스는 『세계의 영원성에 대하여』에서 세계에는 시작도 끝도 있다는 그리스도교의 가르침에 기초하여 비시간적인 우주의 창조나 그 영원성이라는 생각을 비판하고 있다.

4. 플라톤주의를 살아가다

윤리 — 신을 닮기

신이 만들어 낸 이 우주는 플라톤주의에 있어 혼을 지닌 살아 있는 것이며, 눈에 보이는 최선의 신이다(『티마이오스』, 92C). 이 우주가 실현하고 있는 삶의 방식이야말로 인간이 지향해야 할 존재 방식이다. 중기 플라톤주의의 대부분이 데미우르고스를 선으로 생각하는 데 반해, 신플라톤주의는 선의 이데아를 '존재의 저편'으로 삼고(플라톤, 『폴리테이아(국가)』, 509B), 데미우르고스조차 초월한 원리라고 생각한다. 그러한 차이가 있긴 하지만, 모든 플라톤주의자는 이 우주의 질서를 모방하는 것을 윤리의 근본으로 삼는다.

우주라는 살아 있는 것은 이데아를 바라보는 신을 모방하여 지성적으로 살아가고 있다. 그 우주 속의 식물과 동물은 비이성적이지만, 그것들은 도를 넘는 일 없이 자기의 자연 본성에 따라 살아가고 있다. 인간은 우주의 혼과 마찬가지로 이성적이지만, 비이성적인 욕구에 몸을 맡기고 자기의 이성적 본성을 버리고 살아간다. 그러한 욕구와 정념을 억제하고 이성이 지배하는 삶을 실현하는 것, 즉 신처럼 살아가는 것을 지향하지 않으면 안 된다. 플라톤『테아이테토스』(176A~B)에서 이러한 삶의 방식은 '신을 닮기'라고 표현된다.

신을 닮기는 신플라톤주의에서 가르침의 계층적 과정으로 체계화된다. 자연적으로 지닌 성질·성격을 양육에 의해 이끄는 단계가 먼저 있고(자연적 덕), 성격과 욕구를 올바른 습관을 들여 형성하는 단계가 이어진다(윤리적 덕). 그리고 성인이 되어 시민·정치적 생활을 하는 데서 몸에 익혀야 할 정치·시민적 덕이 있다. 더 나아가 신체를 동반한 활동으로부터 혼을 정화하는 단계(정화적 덕), 혼만으로 지성적 활동을 하는 단계(관조적 덕)로 이어진다. 어느 단계에서나 지혜·절제·용기·정의라는, 후에 '사주덕四主德'이나 '사원덕四元德'이라고 불리는 덕이 핵심에 놓여 있다.

그리고 덕의 계층은 앞에서도 언급했듯이 플라톤의 저작을 읽는 방식과도 관련되어 있었다. 예를 들어『파이돈』에서 그려지는 소크라테스는 정화적인 단계에 있다. 혼을 신체로부터 정화하기 위해 힘쓰고 있던 그는 사형을 앞에 두고서도 절도 있게 행동하고 신체적 고통도 마다하지 않는 용기를 지니고서 정의와 앎을 추구하며 독배를 마셨다. 또한 자신만이 '진정한 정치의 일을 수행하고 있다'라고 말하는『고르기아스』(521D)의 소크라테스는 정치·시민적 덕의 이상적인 모습으로서 읽혔을 것이다. 이러한 덕은 계층적이며, 상위의 덕을 지니는 경우에는 하위의 덕도 반드시, 그것도 뛰어난 방식으로 지닌다고 생각되었다. 소크라테스는 필요에 강제되어 정치 활동을 하는 경우에도 시민적 덕밖에 갖고 있지 못한 사람보다 오히려 고차적인 정화적 방식으로 용감함과 정의를 발휘할 수 있었다고 신플라톤주의자는 생각했다.

종교 사상과 '영원의 철학'

이 세계를 넘어선 앎이 있고 그 획득을 지향하는 삶의 방식이야말로 신을 닮기라고 생각하는 플라톤주의는 마찬가지 사상을 지니는 세계의 종교와 친화적이라고 말할 수 있다. 확실히 켈소스(2세기경)나 포르퓌리오스와 같은 플라톤주의자는 그리스도교나 그 성서에 대한 논박서를 썼다. 다른 한편으로 누메니오스는 『구약성서』 「출애굽기」(제3장 14절)의 '스스로 있는 자'라는 신의 말이 플라톤주의의 영원한 제1원리와 합치한다고 생각하고, '플라톤은 아티카어를 말하는 모세 이외에 그 누구도 아니다'라고까지 말하고 있다(단편 8).

그 누메니오스는 플라톤 사상이 퓌타고라스의 사상과 일치할 뿐만 아니라 인도의 브라만, 유대인, 페르시아의 마기, 이집트인의 의식과 교의와도 일치한다고 하여 그것들에도 의거해야만 한다고 말한다(단편 1). 프로클로스는 가자의 마르니스(페르시테인의 신다곤)와 아랍인의 신, 이집트인의 이시스 신 등 모든 신을 찬양했다고 한다. '철학자는 어떤 한 도시의 신관이거나 특정한 사람들의 의례에 따르는 신관이어야 하는 것이 아니라 널리 우주 전체의 비의秘儀 개시자이어야 한다'라는 것이 그의 입버릇이었다고 마리노스는 전해준다(『프로클로스 또는 행복에 대하여』, 제19장). 이처럼 모든 종교 사상이 플라톤의 사상과 일치하고 조화를 이룬다고 생각하는 경향은 마찬가지로 모든 사상·문화·종교가 그리스도교와 일치한다고 한 15세기 이탈리아 인문학자 스테우코Agostino Steuco의 표현을 빌려 '영원의 철학philosophia perennis'이라고도 불린다.

나아가 2세기 후반에는 플라톤주의적인 사상에 기초한 종교적 저작이 생겨난다. 팔미라(시리아)의 벨 신전의 신관이었다고도 추측되는 칼데아인 율리아노스와 그 아들에 의해 편찬된 『칼데아 신탁』이 그것이다. 단편적으로 전해지는 이 신탁은 플라톤주의적인 체계에 기초하여 신을 닮기 위한 비의를 전해준다. '신동술神動術, theourgia'(신과 관계하는 활동적인 일들)이라고 불리는 그 기법은 인간의 혼을 신체와 정념으로부터 분리하여 신에게로 높이는 신의 활동을 청하는 기술이다. 시리아 출신으로 지리적으로도 가까웠던 누메니오스와 이암블리코스에 대해서는 『칼데아 신탁』의 영향이 강하며, 그 이후의 플라톤주의 흐름을 형성하게 된다. 이 신탁에는 사람이 단순히 철학적 수련만으로는 행복에 이를 수 없다고 하는 견해가 놓여 있다. 그리고 철학적 수련으로 얻어지는 관조적 덕에서 더 나아가 그 위에 신동술이라는 종교적

의식을 통해 얻어지는 신동술적인 덕이라는 것이 정립되게 된다.

플라톤 철학은 이미 철학이 아니게 되어 비이성적인 — 또는 이성을 초월한 — 종교로 전락한 것이 아닐까? 이성이 아니라 비의에 의지하여 신의 활동에 몸을 맡기는 것은 철학으로부터의 일탈·타락에 지나지 않는 것이 아닐까? 그와 같은 비판도 있을 것이다. 그러나 플라톤주의자는 맹목적으로 '영원의 철학'의 이상을 내건 것이 아니다. 또한 다른 종교·문화·민족적인 배경을 지니고 있던 플라톤주의자들은 플라톤이야말로 진리라는 공통의 직관을 가지고 있으면서도, 플라톤 철학뿐만 아니라 여러 종교의 일치에 대해 다양한 해석을 전개한 것이다. 오늘날에도 철학의 세계로의 확산은 유럽과 미국 기준의 이성적인 영위를 맹목적으로 받아들이는 것이 아닐 것이다. 일본에서 당신이 플라톤을 읽는 것에는 특수한 의미가 있다. 복잡한 문화와 종교 속에서 다양한 전개를 보인 플라톤주의 전통은 전 지구화된 사회에서 철학이 어떻게 존재해야 하는지 하나의 모습을 보여준다고 할 것이다.

☞ 좀 더 자세히 알기 위한 참고 문헌

— 알비노스 외, 『플라톤 철학 입문ㄱㄹ卜ﾄﾝ哲学入門』, 나카하타 마사시中畑正志 편, 서양고전총서, 京都大学学術出版会, 2008년. 플라톤 철학이 어떻게 읽혔는지를 전해준다. 디오게네스 라에르티오스와 중기로부터 신플라톤주의까지의 저작을 번역한 것. 중기 플라톤주의의 알키노오스의 『플라톤 철학 강의』와 아풀레이우스의 『플라톤과 그의 교설』 등이 수록되어 있다.

— 다나카 미치타로田中美知太郎 책임 편집, 『플로티노스, 포르퓌리오스, 프로클로스ㄱﾛﾃｨﾉｽ, ﾎﾟﾙﾋﾟｭﾘｵｽ, ﾌﾟﾛｸﾛｽ』(세계의 명저 15), 中央公論社, 1980년. 플로티노스의 『엔네아데스』 초역과 포르퓌리오스의 『에이사고게』, 프로클로스의 『신학 강요』가 수록되어 있다. 오래된 것이어서 읽기 어려운 점도 있을지 모르지만, 신플라톤주의 사상에 직접 접근할 수 있는 이점이 있다. 다나카 미치타로와 미즈치 무네아키水地宗明에 의한 「신플라톤주의의 성립과 전개」가 도입으로 놓여 있다.

— 우치야마 가쓰토시內山勝利 책임 편집, 『제국과 현자—지중해 세계의 예지帝国と賢者—地中海世界の叡知』(철학의 역사 2. 고대 2), 中央公論新社, 2007년. 「플라톤 철학·아리스토텔레스 철학의 부흥」에서는 기원전 1세기 이후, 중기 플라톤주의와 페리파토스학파가 그 부흥의 배경도 포함하여 소개되고 있다. 「플로티노스와 신플라톤주의」도 참조. 권말의 자세한 참고 문헌도 도움이 된다.

— 미즈치 무네아키水地宗明·야마구치 요시히사山口義久·호리에 사토시堀江聰 편, 『신플라톤주의를 공부하는 사람을 위하여新ㄱﾗﾄﾝ主義を学ぶ人のために』, 世界思想社, 2014년. 이 책은 신플라톤주의 사상과 중세·근세에 대한

그 영향사를 논의한다. 인도 철학으로부터 일본의 니시다 철학, 현대 프랑스의 포스트모던 사상에 이르기까지 넓은 범위에 미치는 '칼럼'은 플라톤주의의 세계적 확산을 보여준다.

제9장

동방 교부 전통

쓰치하시 시게키土橋茂樹

1. 교부 이전

들어가며

고대 그리스의 '폴리스'라는 지역적인 정치 공동체로부터 지중
해 세계 전역에 미치는 로마 제국으로 무대가 확장됨에 따라
정치와 사회의 틀은 물론이고 고대 그리스에서 발생한 철학과
각 지역의 윤리 사상, 나아가서는 각 민족에 고유한 전통 종교에
이르기까지 커다란 변혁의 물결이 밀어닥쳤다. 특히 세계 종교로서
의 그리스도교가 성립하기까지의 과정에서는 플라톤, 아리스토텔
레스에서 헬레니즘 시기에 이르는 다양한 그리스 철학 계보와
유대교에 뿌리를 둔 헤브라이주의 계보가 서로 교차하고 융합해가

는 장대한 세계사적 드라마가 전개된다. 거기서 등장한 것이 고대 그리스도교회의 지도자였던 '교부'들이다. 이 장에서는 그 가운데 주로 동로마 제국에서 활약하고 그리스·헬레니즘 문화에 정통한 '동방 교부'(또는 '그리스 교부'라고도 불린다)에 주목하고자 한다.

초월 근거는 어떻게 해서 세계 내에서 활동하는 것인가?

동방 교부를 말할 때 아무래도 피할 수 없는 물음이 '신이란 무엇인가'라는 신학적 물음이다. 그러나 우리 일본인에게는 '신'이라기보다 오히려 '신들'이라는 편이 친숙하다. 왜냐하면 『고사기古事記』와 『일본서기日本書紀』의 신화에서 볼 수 있듯이, 천지의 많은 신들에서부터 새와 동물, 나무와 풀, 바다와 산에 이르기까지 모든 심상치 않은 힘을 지니는 것이 신격화되어 왔기 때문이다. 하지만 우리의 그러한 전통적 '신'관은 고대 그리스 신화의 '신'관과 매우 유사하다. 어느 쪽 신화에서도 신들의 세계는 우리의 세계와 곳곳에서 교제하며 연속적으로 이어져 있다.

그에 반해 유대교의 유일신의 가르침에 따르면, '신'은 우리가 사는 이 자연 세계를 초월하고 모든 지혜와 힘을 넘어선 전지전능의 존재이자 보는 것은 물론이고 그 '참으로 무엇인가'도 결코 인간에게는 알려질 수 없고 말할 수 없는 누군가로 여겨진다. 거기서는 신과 우리는 근본적으로 다른 존재이며, 둘 사이에는 어떠한 공통성이나 연속성도 발견되지 않으며, 오로지 신의 만물로부터의 초월이라는 관계가 있을 뿐이다. 재미있게도 이와 같은 '신'의 파악 방법은 고대 그리스에서 다신론적 신관을 비판한 철학자들이 이론적으로 도출한 만물의 궁극적인 원인·근거, 이른바 '철학자의 신'이라고 불리는 것과 그 존재 성격이라는 점에서 대단히 가깝다. 실제로 유대의 창조 신화는 그들이 이야기하는 하나인 신이 이 세계, 이 우주의 모든 것을 창조했다고, 즉 만물의 근거라고 전하고 있다.

그러나 여기에는 중대한 철학적 문제가 도사리고 있다. 본래 유일한 초월신이 어떻게 해서 수없이 많은 요소를 포함한 여럿인 세계의 창조 근거가 될 수 있었는가? 이 문제를 이해하기 쉽게 집을 짓는 예에 비유해보면, 건축가가 자신의 머릿속에서 아무리 이상적인 집의 이미지를 떠올리더라도 그것만으로는 말할 것도 없이 집은 세워지지 않는다. 건축 현장에 가서 거기서 실제로 목재와 석재를 쌓아 올림으로써 비로소 집은 완성되는 것이기 때문이다. 그렇다면 신이 세상을 창조할 때도 신은 단지 자신의 머릿속에서 세상을 이미지화할 뿐만 아니라 세계 창조의 현장, 요컨대 물질적인 영역에 스스로 내려서서 거기서 실제로 일해야만 하는 것일까? 그러나 만약 그렇다면 그때 신은 이미 세계로부터 초월한 존재라고 말할 수 없는 것이 아닐까?

이 딜레마와 씨름한 것이 유대교도 필론(기원전 25년경~기원후 50년경)이다. 그는 이집트 알렉산드리아에 거주하고 그리스어를 모어로 사용하는 디아스포라 유대교도로서 플라톤 철학에 정통하고 모세 오경의 우의적寓意的 해석에 크게 공헌한 성서 주해자이다. 그는 유대교의 성전(이른바 『구약성서』)에 수록된 「창세기」에서 이야기되고 있는 신에 의한 세계 창조를 마찬가지로 우주 창세에 대해 쓰인 플라톤의 대화편 『티마이오스』의 사고방식을 대담하게 받아들여 주석했다. 그것은 영원불변한 이데아를 바라보면서 우주를 만들어내는 창조자(데미우르고스)라는 플라톤의 구상이며, 나아가 거기에서 발상을 얻은 필론에 의한 「창세기」 해석, 즉 세계 창조 때 초월신과 세계를 매개하는 데미우르고스의 위치에 '신의 로고스'를 둔다고 하는 사고방식이다. 그러면 신의 로고스란 무엇인가? 그것을 설명하기 위해서는 우선 『구약성서』의 그리스어 번역 문제부터 이야기할 필요가 있을 것이다.

『70인역 성서』의 성립과 유대교의 그리스화

『구약성서』란 어디까지나 『신약성서』와의 관계에서 그렇게 불리는 그리스도교에서의 명칭이며, 본래는 헤브라이어로 쓰인 유대교의 경전을 말한다. 이 헤브라이의 토라 책을 당시 지중해 세계의 공용어라고도 할 수 있는 그리스어로 번역한 것이 『70인역 성서(셉투아긴타septuaginta)』이다. 전설에서는 기원전 3세기에 알렉산드리아 도서관 초대 관장인 데메트리오스의 진언에 따라 이집트왕 프톨레마이오스 2세가 이스라엘의 열두 부족에서 6명씩 모세 오경의 헤브라이어 원전과 그리스어에 정통한 장로 격의 학자

총 72명에게 이 성전 번역이라는 대사업을 명령했다고 한다—그 후 무언가의 숫자 맞추기에 의해 장로의 수가 70명으로 변경되어 '70인역'으로 불리게 되었다. 실제로는 아마도 그리스어를 모어로 하고 헤브라이어를 이해하지 못하는 디아스포라 유대인과 유대교로의 개종자가 늘어난 것에 대한 대응으로서 그와 같은 유대 경전 번역의 필요성이 생겨난 것으로 생각된다. 어쨌든 기원전 3세기부터 기원후 1세기까지의 오랜 기간에 걸쳐 계속된 유대교 성전을 통째로 모두 번역하는 이러한 전례 없는 대사업은 후세에 헤아릴 수 없는 영향을 가져왔다.

본래 예수가 스스로 이 세상에 온 것은 구약에서의 율법과 예언을 완성하기 위해서(「마태오의 복음서」 5:17)라고 분명히 말하고 있듯이, 예수의 언행을 구약에서의 메시아(구세주) 도래 예언의 실현으로서 그려내는 복음서를 비롯하여 『신약성서』의 각 문서에 대해 『구약성서』는 빠질 수 없는 책이었다. 그러한 한에서 구약을 그리스어로 인용할 수 있는 것은 그리스어로 쓰인 『신약성서』의 성립에 대해서도 큰 의미를 지닌다. 다시 말하면 『신약성서』에 대해 빼놓을 수 없는 『70인역 성서』를 매개로 하여 헤브라이주의에 뿌리를 둔 그리스도교는 이미 그 근저로부터 그리스화의 물결에 휘말려 있었던 것이며, 그것은 알렉산드로스 대왕의 동방 원정에 따른 그리스 문예 사상의 지중해 세계로의 전파가 알렉산드리아를 비롯하여 각지로 흩어진 유대인 지식인에 의한 그리스 문화와의 활발한 교류를 초래하고 마침내 그리스도교의 성립으로 열매를 맺어가는 하나의 나타남이라고도 말할 수 있을 것이다.

이러한 『70인역 성서』와 병행하는 형태로 구약 제2 정전에 속하는 「지혜의 서」가 기원전 1세기에 알렉산드리아의 유대인에 의해 처음부터 그리스어로 쓰였다. 거기서 말해진 '지혜'란 '신의 힘의 숨결이자 전능한 자의 영광의 순수한 유출'이며, '영원한 빛의 빛남이자 신의 활동을 비추는 흐림 없는 거울이며 신의 선함의 형상이다.' 여기서 '신의 형상'(에이콘)이란 70인역 「창세기」의 '신은 말했다. 우리는 우리의 형상(에이콘)과 (그것과의) 유사에 따라서 인간을 만들자'(1:26~7)라는 말에 기초하여 인간이 신과 닮을 수 있도록 신과 인간의 중간에 놓인 범형·원형을 가리키는 것으로 해석할 수 있다. 이러한 신의 형상으로서의 '지혜'가 필론의 로고스 개념으로 이어지며, 나아가 나중에 이야기할 알렉산드리아의 오리게네스에게서 그 자신에게 고유한 실재성을 가진 것으로서의 '지혜'가 그리스도교에서의 신의 아들 예수의 실재로 연결되어 가는 것이다. 어쨌든 그리스화한 유대교도들 사이에서 당시 높아지고 있던 이와 같은 동향을 주도하는 모범적 위치에 있었던 것이 필론이다.

필론에게서의 '신의 로고스'

필론 사상에서 '신의 로고스'는 대단히 중요한 개념이며, 그의 사상을 가장 잘 특징짓는 신학적 개념이다. 우선 '로고스'라는 그리스어는 말·담론, 비율, 이치(법칙), 이치를 이해하는 능력 즉 이성을 의미하는 그리스 철학의 기본 술어이며, 어떤 의미에서 말하고 있는지는 맥락에 따라 판단해야만 한다. 그런 의미에서 필론의 로고스 설은 플라톤『티마이오스』편으로부터 강한 영향을 받은 것임에도 불구하고, 그 자체로서는 그 대화편 내에서 찾아낼 수 없는 유대교적인 맥락에서 말해진 그의 고유한 교설이라는 점을 잊어서는 안 된다.

그 교설에 따르면 건축가가 마음속에 떠올린 이상적인 집이 외부 세계에는 그 자리를 갖지 못하고 그 건축가의 마음속에서만 이미지화되어 있었듯이, 눈에 보이는 이 현실 세계의 이데아적 범형으로서의 '가지적 세계'(코스모스 노에토스$^{kosmos\ noetos}$, 이상적 세계의 이미지) 역시 '이런저런 이데아를 질서 지은 신의 로고스'에서만 그 자리를 지닌다고 여겨진다. 이 경우 확실히 '신의 로고스'는『티마이오스』에서의 '범형'과 동일시되기는 하지만, 그 의미하는 바는 오히려 세계 창조 계획을 수립하기 위해 통일되고 구조화된 이런저런 이데아 전체를 나타내고 있는 신의 사유 활동 그 자체이며, 게다가 동시에 세계의 창조 과정에서 실제로 작용하는 신의 '힘'도 함의하고 있다고 생각된다. 특히 후자는 플라톤에서의 '데미우르고스'(실제로 세계를 창조하는 자) 개념과 겹쳐지며, '신의 창조의 조력자·보조자로서의 로고스'라는 의미에서의 '실체화된 로고스' 관념의 싹으로도 여겨질 수 있다.

여기서 '실체화된 로고스'가 무엇을 의미하는지는 구체적인 예로 설명하는 것이 이해하기 쉬울 것이다. 필론은 「창세기」의 서두 부분의 '신은 말했다, "빛이 있어라"'라는 기술로부터 창조의 첫 번째 날에 신에 의해 발해진 최초의 말(로고스)에 주목한다. 마치 샘에서 솟아나는 강처럼 신으로부터 말(로고스)이 흘러나올 때, 필론은 거기에 두 종류의 로고스가 있다고 말한다.

> 로고스 가운데 한쪽은 샘과 같고, 다른 한쪽은 거기서 나오는 흐름과 같다. 즉, 사유에서의 로고스는 샘과 같고, 다른 한편 입과 혀에서 발해진 말은 그곳에서 나온 흐름과 같다. (『아브라함의 이주移住』, 71)

여기서도 '샘으로부터의 흐름'이라는 은유를 매개로 하여 '마음 속에 있는 로고스'(이성적 사유)와 '발화된 로고스'라는 로고스의 두 가지 위상, 즉 신에 내재하고 신의 사유와 일치하는(또는 사유 그 자체라고도 말할 수 있는) 로고스와 신으로부터 떠나 존재하는 독립된(발화된) 말로서의 로고스가 그러한 위상 차이를 자기 안에 안고 있으면서 '로고스로부터 로고스로의 유출'이라는 하나의 연속된 관계로서 파악되고 있다.

그러나 필론에서 신으로부터 유출하는 것은 로고스만이 아니다.

> 신이 참으로 하나인 존재인 데 반해, 신의 최고이자 첫 번째

자리에 서는 힘은 두 가지이다. 그것은 즉 선함과 주권이다. 신은 선함에 의해 만물을 만들어내고, 그 산출된 것을 주권에 의해 지배한다. 나아가 이 양자 사이에서 그것들을 통합하는 세 번째 것이 로고스이다. 왜냐하면 신은 로고스에 의해 지배자인 동시에 선한 자이기 때문이다. (『케루빔』, 27~28)

요컨대 참된 존재인 신으로부터 세계를 창조하는 힘인 '선함'과 창조된 세계를 지배하는 '주권'이라는 두 가지 힘이 '로고스'에 의해 통합되어 신으로부터 유출한다고 말할 수 있을 것이다. 이리하여 필론에서 악과 죽음의 원인이 되는 물질·신체로 이루어지는 물질세계와 그로부터 절대적으로 분리되고 초월한 선한 유일신이라는 대극적 이항관계는 '로고스로부터 로고스로의 유출'이라는 이미지에 의해 불연속의 연속, 비동일의 동일이라는 형태로 상대화되고 일체화될 수 있었다.

2. 동방 교부에서의 그리스도의 신성을 둘러싼 논쟁

바울과 유스티노스의 로고스＝그리스도론

「창세기」가 세계 창조의 일환으로서의 인간 창조에서 '신의 형상'을 주제화한 데 반해, 『신약성서』에 많은 서한을 남긴 사도 바울은 오히려 인간 본성의 내면적 완성을 강조함으로써 '신의 형상'에 대한 사고방식을 변용시켰다고 할 수 있다. 그러면 도대체 그것은 어떠한 의미에 의해서인가? (의사疑似) 바울에 따르면, 신의 아들 예수 그리스도는 '보이지 않는 신의 형상'(에이콘)이며 '모든 피조물에 앞서 태어났다'(「골로사이인들에게 보낸 편지」, 1:15)라 고 한다. 이미 보았듯이 '신의 형상'은 지금까지 「지혜의 책」에서는 '지혜', 필론에게서는 '로고스'로 여겨져 왔지만, 바울에게서 마침 내 신의 형상은 신의 아들 예수와 동일시되기 시작한다. 그러나 그 결과 신의 형상으로서의 그리스도의 자리매김은 필론에게서 로고스의 자리매김과는 결정적으로 다른 것이 되었다.

그 이유는 다음과 같다. 필론에게서 신의 형상으로서의 로고스 는 신과는 다른 그 자신에 고유한 실재를 가지는 것으로서 인간에 대해 확실히 범형의 위치에 있었다. 그러나 그것은 어디까지나 신에 의한 세계 창조의 보조자로서 신과 인간을 매개하는 것에 지나지 않으며, 그런 한에서 제1 원리인 신에 대한 창조자(데미우 르고스)적인 원리로서 마치 선장에 대한 조타수처럼 종속적인 위치에 서는 것이었다. 그에 반해 바울에게서는 '신의 형상'인 아들 그리스도와 원형인 아버지 신과의 대등성이 강조되게 된다. 요컨대 그에 따르면 그리스도는 이미 '신과 본질이 같으며', '신과 동등한 존재'(「필립비인들에게 보낸 편지」, 2:6)를 얻고 있다. 그런 의미에서의 대등성은 또한 「요한의 복음서」에서는 '나를 본 자는 아버지를 본 것이다'(14:9)라는 예수의 말에 의해 단적으로 표현되고 있다. 게다가 결정적으로 중요한 것은 그처럼 신과 동등한 그리스도가 '자기를 다 내어놓고 종의 형태를 취해서 인간과 닮은 자가 되었다'(「필립비인들에게 보낸 편지」, 2:7)라는 것, 이른바 신의 '육화'라고 말하는 사태이다. 원형과 닮은 형상 관계로 다시 말하면, 인간이 그것과 닮은 것이 되려고 하는 바로 원형인 그리스도가 기껏해야 '신의 **형상**의 형상'에 지나지 않는 인간에게 역으로 '닮은 것이 된다'라는 것이다. 여기에는 그리스도의 육화에 의한 닮은 형상 관계의 극적인 역전이 놓여 있다. 왜 그러한 역전이 필요했는지 그 중요성에 대해서는 나중에 언급하겠지만, 여기서는 우선 예수 그리스도의 자리매김에 대해 2세기에 중요한 공헌을 이룬 유스티노스를 살펴보고자 한다.

유스티노스(165년경 사망, 제3장도 참조)는 로마의 클레멘스(1세기 말경 사망) 등의 사도 교부 시대를 거쳐 매일같이 강화되는 박해를 견디며 그리스도교 신앙을 옹호하고 변증하기 위해 노력한 호교론자들을 대표하는 교부이다. 만년을 보낸 땅 로마에 스스로 개설한 그리스도교 학교에서 철학을 강의하지만, 마르쿠스 아우렐리우스 황제 치세하에 순교하게 된 것으로 잘 알려져 있다. 그의 저작 가운데 두 개의 『변론』은 주로 그리스 다신론자들로부터의 다양한 논란에 대한 그리스도교의 변증인 데 반해, 『유대인 트뤼폰과의 대화』(이하에서는 『대화』로 줄임)에서는 헬레니즘화한 유대교도이자 『70인역 성서』에도 정통했던 트뤼폰을 상대로 로고스·그리스도론을 둘러싼 대화체의 논의가 전개된다.

여기서 유스티노스의 로고스·그리스도론이란 필론의 로고스론은 말할 것도 없고 더 나아가 「요한의 복음서」(1:14)에 '로고스가 육신이 되어 우리 인간 가운데 거하셨다'라고 이야기된 이른바 '육화의 로고스'설을 어느 정도 계승하고 발전시킨 것으로 여겨진다. 그것은 한편으로는 초월적인 유일한 창조신을 인정한다는 점에서 분명히 유대교를 계승하면서, 다른 한편으로는 로고스를 '(제2의) 다른 신'이라고 주장함으로써 다신론의 혐의를 불러일으켜 유대교도로부터의 철저한 논란을 불러일으키지 않을 수 없었다. 따라서 『대화』에서 그러한 논란과 정면으로 마주하는 것은 그에게 있어 그리스도교의 정체성 확립을 위해서는 피할 수 없는 시련이었다고 할 수 있을 것이다.

유스티노스는 「창세기」 제18장의 서두 부분에서 기술되는 아브라함 앞에 나타난 세 명의 남자에 대해 한가운데 자리하는 자를 신의 '사자'이자 '[제2의] 다른 신'으로 해석한다. 이것은 세계 창조의 신이 언제나 직접 아브라함과 모세에게 말을 걸었다고 생각한 필론을 비롯한 유대인들에 반해 거기서 말을 걸고 있던 것이 '사자' 내지 '사도'라고도 불리는 '신의 아들'이었다고 생각하는 유스티노스의 독자적인 주장이다. 그러나 『변론』에서 그가 말하듯이 '예수 그리스도가 신의 아들이며', '신의 로고스, 신의 맏아들이고, 또한 신이기도 하다'라고 한다면, 게다가 또한 세계 창조주인 첫 번째 신과, 그와는 '다른 [두 번째] 신'이 모두 다 참된 의미에서 '신'이라고 불려야 하는 것이라면, 거기에는 두

분의 신이 존재하게 되고 이미 하나인 신이라고는 불릴 수 없는 것이 아닐까? 그런 한에서 유스티노스에게 그 점에 관한 입증의 책임이 물어지는 것은 말할 필요도 없다.

이처럼 신의 로고스를 신의 사유와 말로 파악하고 있던 필론의 경우와 달리 신의 로고스를 신과는 다른 실재성, 다른 신격을 지닌 예수 그리스도와 동일시한 유스티노스를 비롯한 동방 교부들에 있어 아버지인 신과 아들 예수가 '두' 신이 되는지 그렇지 않으면 어디까지나 하나의 신인지라는 물음(이른바 '그리스도론')은 중요한 문제가 되어간 것이다.

아레이오스 논쟁

알렉산드리아에서는 클레멘스를 거쳐 3세기 전반에 암모니오스 사카스가 연 사숙에서 공부했다고 전해지는 오리게네스(185년경~254년경)가 방대한 성서 주석과 후대에 엄청난 영향을 미치는 신학을 엮어냈지만, 그의 죽음 이후 300년을 거쳐 이단 선고를 받고 저서가 파기되는 기구한 운명에 부딪히게 된다. '교부'라고 불리기 위한 신학상의 엄밀한 조건 가운데 하나로 '정통성'이 꼽히는 까닭에 이단의 낙인이 찍힌 오리게네스가 교부로 여겨지지 않는 시대도 오래 지속되었지만, 현재는 그의 위대한 공적을 이유로 그를 교부로 간주하는 것이 지극히 일반적으로 되었다.

그의 성서 해석에 플라톤주의가 얼마나 영향을 미쳤는지는 연구자들 사이에서 의견이 분분하지만, 『구약성서』로부터의 영향은 물론이고 필론에게서도 커다란 영향을 받은 것으로 보인다. 특히 구약 제2 정전의 하나인 「지혜의 서」로부터의 영향은 크며, 거기서의 '전능한 자의 영광의 순수한 유출'로서의, 또한 '영원한 빛의 빛남'으로서의 '지혜'에 대한 기술은 바울 서신에서의 아들 예수에 관한 기술을 해석할 때의 요체라고 할 수 있다.

거기서의 '신의 힘의 숨결'이라는 유출의 은유를 실마리로 하여 오리게네스는 4세기 내내 논쟁을 불러일으키게 되는 핵심 개념 가운데 하나인 '휘포스타시스hypostasis'를 설명하고 있다. 그는 이 말을 ① 단지 사유에서만의 실재에 대치되는 것으로서, 그것도 ② '개체적이고 한정된 실재'로서 '참된 실재'를 의미 표시하기 위해 사용했다고 생각된다. 그는 '참된 아버지(되는 신)와 참된 아들(그리스도)은 휘포스타시스(개별적 실재)에서는 두 가지 것이지만, 다른 한편으로 동의와 조화, 나아가 의지의 동일성에 의해 '하나'이기도 하다'(『켈소스 논박』, VIII 12)라고 주장했다. 이에 따라 유스티노스가 로고스의 신격화에 의해 보여주고자 한 것을 명확히 표시할 수 있는 존재론적인 개념 '휘포스타시스'(개별적 실재)가 그리스도론에 도입되게 되었다.

그러나 그것은 동시에 유스티노스가 직면한 어려움, 즉 수적으로 서로 다르게 분리 존재하는 두 개의 휘포스타시스가 하나인 신이라는 것에 대한 엄밀한 증명이 오리게네스 이후의 교부들에 부과되게 되는 서막이기도 했다. 이러한 이른바 그리스도론을 실마리로 하여 이윽고 그리스도교 전체를 뒤흔드는 '아레이오스(아리우스) 논쟁'이라고 불리는 신학 논쟁이 전개된다(이 논쟁에 대해서는 이 제2권 제3장도 참조). 그것은 단순히 아레이오스 일파의 이단적 주장을 둘러싼 논쟁이라기보다 오히려 그때까지 잠재해 있던 신학적·교회 정치적인 다양한 대립 관계가 현재화하여 격화된 복잡한 사건의 연쇄라고 해야 한다. 그러나 여기서는 지면의 형편으로 인해 대단히 도식적인 개략적 설명에 그칠 수밖에 없다.

일의 발단은 오리게네스에 의해 확립된 알렉산드리아 신학을 계승한 이곳의 주교 알렉산드로스가 오리게네스가 전해준 이른바 '아들 그리스도의 영원한 탄생'이라는 교설을 주창하고, 아레이오스(라틴어 이름으로는 아리우스)가 그에 대해 정면으로 이의를 제기한 데서 시작한다. 아레이오스의 주장은 다음과 같다. 만약 아버지인 신이 아들 예수를 낳았다면, 태어난 자는 그 실재의 시작을 지니게 된다. 그렇다면 아들 예수가 존재하지 않았을 때가 있었음은 분명하다. 따라서 필연적인 귀결은 아들 예수가 무로부터의 실재(휘포스타시스)를 가진다는 것이다. 아들 예수는 아버지인 신과 마찬가지로 영원하다는 오리게네스 이래의 교설이 거부된 것이지만, 아레이오스의 논점은 어디까지나 시원이 없는 것은 아버지인 신뿐이며, 아들은 설령 시간적 의미가 아니라 하더라도 시원을 지니며, 그런 한에서 무로부터 생겼다는 데 있었다. 따라서 그로부터의 논리적인 귀결로서 아버지인 신은 필연적으로 아들 예수보다 우월한 위계에 있으며, 아들이 아버지로부터 나온 것은 아버지인 신의 본질(우시아)로부터가 아니라 아버지의 순수한 의지에 의한 행위로부터라는 교설(아들 예수의 아버지인 신에 대한 이른바 '종속설')이 제시되기에 이른다.

이 단계에 이르러 비로소 아들 예수는 아버지인 신의 본질(우시아)을 지니지 않으며, 아버지인 신과 '동일 본질'(호모우시오스)이 아니라는 명제가 등장하게 되었다. 그야 어쨌든 어디까지나 아버지인 신이 아들 그리스도에 대해 우위라는 것을 주장하고 '우리가 인정하는 것은 유일하게 생겨난 것이 아니고 유일하게 시원이 없는 바의 하나인 신이다'라고 하고 있듯이 불생성, 무시원성을 그 논거로 하고 있던 아레이오스 및 그의 지지자들이었지만, 니카이아 공의회(325년) 직전에는 우시아 및 호모우시오스라는 개념이 양자의 주장의 불일치점으로서 크게 두드러지는 데로까지 논쟁점은 옮겨 간 듯하다. 그 사실은 아레이오스파의 이단설을 고발하기 위해 열린 니카이아 공의회에서 작성된 니카이아 신조에서 분명히 드러난다.

니카이아 신조

여기서 말하는 신조란 신앙의 규범과 같은 것이지만, 우선은 그로부터 살펴보기로 하자. 조금 길어지겠지만, 카이사레이아의 주교 바실레이오스(330년경~379)의 서한 125에 재록된 신조 가운데 최후의 아나테마(파문 선고) 부분을 제외한 전문을 아래에 인용한다.

　　우리는 하나인 신, 전능한 아버지, 보이는 것과 보이지 않는 것 모두를 창조한 자를 믿는다.

　　그리고 우리는 하나인 주 예수 그리스도, 신의 아들, 아버지로부터 태어난 독생자, 곧 아버지의 우시아(본질)로부터 태어난 자를 믿는다. 신으로부터의 신, 빛으로부터의 빛, 참된 신으로부터의 참된 신, 태어난 자이지 만들어진 자가 아닌, 아버지와 호모우시오스(동일 본질)인 그분을. 하늘과 땅에 있는 모든 것은 그분에 의해 이루어졌다. 주는 우리 인간을 위해, 또한 우리의 구원을 위해 내려와 육신이 되고, 인간이 되고, 고통을 받고, 삼 일째 되는 날에 부활하시고 하늘로 올라가셨으며, 산 자와 죽은 자를 심판하기 위해 다시 오실 것이다.

　　우리는 또한 성령을 믿는다.

니카이아 공의회 이후로 이 신조의 강조 부분을 부연한 '아버지인 신의 실재(휘포스타시스)와 아들 예수의 실재가 본질 존재(우시아)에서 동일하다'라는 '동일 본질'의 의미로 수렴된 철학·신학적 명제를 어떻게 해석할 것인지, 나아가서는 이 신조에서 신앙의 대상으로서 내걸려 있던 아버지, 아들, 성령의 세 가지 실재(이른바 위격)가 어떻게 세 가지가 아니라 하나의 신으로 여겨질 수 있는지, 그러한 이른바 '삼위일체의 신'의 존재 방식을 해명하는 것이 동방 교부들에게 대단히 커다란 문제가 되어갔다.

거기서의 논쟁 구도는 ① 아버지인 신과 아들 예수의 실재와 본질 존재 모두 동일하다고 간주하고 세 위격은 그 양태에 의해서만 구별된다는 사벨리오스주의(양태주의)를 한편의 극으로 하고, 그에 반해 ② 각 위격의 실재는 다르지만 그들의 본질 존재는 동일하지 않고 단지 서로 유사할 뿐인 것으로 간주하는 '유사 본질파'(호모이우시안homoiousian)가 또 한편 측을 차지하고, ③ 그중에서도 철저한 종속주의를 주창하고 아버지인 신과 아들 예수는 비슷하긴 하더라도 본질 존재에서는 오히려 비유사非類似(아노모이오스anomoios)라고 강력하게 주장하는 '비유사파'가 그 가장 우익에 서는 형태가 된다. 삼위일체론의 교의 확립 시기에 해당하는 4세기 카파도키아에서 이러한 논쟁 한가운데서 오로지 '삼위격(세 개의 휘포스타시스)이 하나인 본질 존재(우시아)인 것'의 의미에 몰두한 것이 카파도키아 교부이다.

3. '신을 닮기'와 '신화神化'

카파도키아 교부에서의 역동적 우시아론

동방 그리스어권의 카파도키아(현 터키령의 세계 유산 기암군으로 유명한 소아시아 동부 지방)에서 활약한 교부들은 그리스의 수사학과 철학의 풍부한 교양을 삼위일체 논쟁에서 종횡으로 구사함으로써 중요한 철학 개념에도 새로운 생명을 불어넣어 갔다. 그 가운데서도 카이사레이아의 바실레이오스(329/330~379)와 닛사의 그레고리오스(335~394) 형제가 동방 교부의 전통에 미친 영향은 헤아릴 수 없다. 우선 형 바실레이오스부터 살펴보자.

처음 비유사파의 논객 에우노미오스와의 논쟁에서는 확실히 바실레이오스는 한없이 유사 본질파에 가까워지고 있었지만, 가까스로 친니카이아파에 머물렀던 것으로 보인다. 그러나 그 후 성령의 신성을 부정하는 자들을 논박하기 위해 쓰인 『성령론』에서 플로티노스로부터의 영향 아래 성령을 '전체로서 널리 현재하는 생명 부여의 비실체적 힘'으로 풀이함으로써 '호모우시오스'라는 개념에 잠재하고 있던 아리스토텔레스적인 개체·실체성 및 본질·실체성의 함의를 말끔히 제거하고, 세 위격을 관계시키는 신적인 '힘'(뒤나미스dynamis)이나 '활동'(에네르게이아)에서야말로 신의 본질 존재(우시아)를 발견해야 한다는 역동적 우시아관에 이른 것으로 해석될 수 있다. 그것은 다음과 같은 것이다. 각각이 개별적 실재(휘포스타시스)인 세 위격이 하나의 개체로서의 실체(우시아)라고 주장하면, 세 개의 것이 하나라는 것이 되어 분명히 논리 모순이 된다. 그러나 그들은 어디까지나 '신'이라는 하나의 보편 개념으로서의 본질·실체(우시아)에 의해 하나로 여겨지는 데 지나지 않는다고 하면, 실재하는 것은 어디까지나 '세 신'이지 '한 신'일 수 없다. 그러나 실제로는 그들 가운데 어느 것도 아니고 오히려 아버지인 신으로부터 발하여 독자 예수를 거쳐 성령에 이르는 일관된 동일한 숭고하고 신적인 힘의 활동이야말로 세 위격을 통일하는 본질 존재(우시아)이다. 이것이 바실레이오스의 최종적인 주장이라고 생각된다.

그레고리오스 역시 그의 형 바실레이오스의 역동적 우시아관을 계승하고 발전시켰지만, 거기에 새롭게 통합되어간 것이 그의 고유한 자유 의지론이다. 확실히 세 위격은 서로 다르긴 하지만, 그렇다고 해서 신에게 복수의 의지가 존재하는 것은 아니다. 왜냐하면 신이 선의 충만함이고 덕과 지혜의 원리인 한에서, 인간의 혼에서 발견되는 자기 분열은 신성에는 있을 수 없기 때문이다. 이리하여 신의 유일한 자유 의지는 신적 본성에 내재하는 힘(뒤나미스)으로서 세 위격에서의 다양한 활동(에네르게이아)에 원인을 제공하고, 그리하여 세 위격을 통일하는 역동적 근거가 될 수 있다. 이리하여 그레고리오스는 그의 형 바실레이오스의 뒤를 이어 신적 본성의 유일무이함으로 그야말로 몸과 마음을 다 기울여 점점 더 가까이 다가가고자 하는 시도 속에서 정태적(실체적) 우시아관에서 힘·활동이라는 역동적 우시아관으로 사유를 심화시켜 나갔다.

정리와 전망

이 장의 주제는 모든 존재와 선의 초월 근거인 하나인 신이 어떻게 해서 여럿인 세계 내에서 활동하는가 하는 것이었다. 그 난문에 대해 유대교도 필론은 신과 세계 사이에 플라톤에서 빌려온 창조자(데미우르고스)적인 원리로서 신의 로고스를 끼워 넣었고, 나아가 초기 동방 교부들은 그것을 로고스·그리스도로 신격화함으로써 초월 근거의 세계 내에서의 활동을 설명하려고 시도했다. 그러나 초월적 신과 세계를 중개하는 로고스·그리스도는 과연 신인가? 만약 신이라면 신의 초월성과 유일무이성은 어떻게 설명할 수 있는가? 이러한 딜레마는 그리스도론으로부터 삼위일체론을 둘러싼 대논쟁을 불러일으키지 않을 수 없었다.

어쨌든 우리 주제와의 관계에서 보는 한에서 삼위일체론이란 하나인 초월 근거(신)가 세계 내에서 그 활동을 실현하기 위해 초월 근거 스스로가 삼일신 — 셋의 개별적 실재(휘포스타시스)이자 하나인 본질 존재(우시아)로서의 신 — 이라는 구조를 취한 것으로 해석할 수 있다. 어디까지나 초월 근거로서 스스로에 머무는 아버지인 신에 대해 아들 예수가 '육화' — 스스로가 물체·신체성을 걸치는 것 — 에 의해, 나아가서는 성령이 세계 내에 생명을 부여함으로써 신은 초월하는 하나인 근거이면서 그 힘을 이 세계 내에서 발현시킬 수 있다고 카파도키아의 교부들은 생각했음이 틀림없다. 특히 닛사의 그레고리오스는 예수 그리스도의 육화가 지니는 의의를 스스로가 신과 같게 있는 것을 좋은 것으로 간주하지 않고 자신을 무화하여 스스로 가장 가난한 자가 되어 인간의 종이 된 예수의 모습에서 발견했다. 이 생각이 머지않아 '그리스도를 본받으라'라는 가르침으로 이어지는 것이다.

  플라톤 이래로 인간 본성의 완성은 '신을 닮기', 요컨대 신체나 신체에 뿌리박은 욕망과 정념에서 해방되어 신에게로 초월하는 것으로 생각되어 왔지만, 그 그리스적 전통은 동방 교부들에도 확실히 계승되었다. 아니, 거기에 그치지 않고 플로티노스에 의한 '일자와의 합일'이라는 이념을 얻음으로써 마치 예수 그리스도가 신성과 인성의 절대적 다름을 넘어와 '육화'하고, 나아가 십자가의 죽음 후에 다시 신성으로 초월하여 '부활'했듯이, 인간도 '신과의 합일'을 향해 초월할 수 있다는 '신화神化'(테오시스theosis)의 사상이 동방 교부들에 고유한 특징이 되어갔다. 요컨대 '신을 닮기'라는 고대 그리스의 플라톤주의적인 이념은 고대 말기 이후의 동방 교부 전통으로서 '신화'로의 상승·초월의 길과 '그리스도를 본받기'에 의한 이 세계 내에서의 선한 활동의 길이라는 양방향으로 자리매김했다고 말할 수 있다. 동방의 교부들은 신의 삼일성三一性이 증명되는 한, 무언가의 형태로 그 두 가지 길이 인간에게 가능한 두 개의 구원의 길이 된다고 생각했음이 틀림없다.

☞ 좀 더 자세히 알기 위한 참고 문헌

— C. 스테드Christopher Stead, 『고대 그리스도교와 철학古代キリスト教と哲学』, 세키카와 야스히로關川泰寬·다나카 요리코田中從子 옮김, 教文館, 2015년. 철학과 초기 그리스도교 사상 사이에서의 상호 영향사적인 교류와 그 전개에 관한 개설서. 그리스도교에서 철학의 공헌을 주제별로 고찰한 제2부는 이 장을 좀 더 잘 이해하기 위해 유익하다.

— 쓰치하시 시게키土橋茂樹, 『교부와 철학 — 그리스 교부 철학 논집敎父と哲学 — ギリシア敎父哲学論集』, 知泉書館, 2019년. 이 장에서 다루어진 삼위일체 논쟁을 비롯하여 동방 교부 철학 관계의 주요 주제를 그리스 철학과 동방 교부 사상의 양면에서 상세히 고찰한 논문집. 좀 더 깊이 이해하고 싶은 사람을 위한 것이지만 다소 전문적이다.

— 쓰치하시 시게키土橋茂樹 편, 『선하고 아름다운 신에 대한 사랑의 모습들 — 『필로칼리아』 논고집善美なる神への愛の諸相 — 『フィロカリア』論考集』, 教友社, 2016년. 3~15세기의 동방 그리스도교 권의 수도사들의 말을 묶은 사화집 『필로칼리아』를 주제로 한 논고집. 소박한 말 배후에 숨겨진 수도자의 깊은 사유를 접할 수 있다.

— 다지마 데루히사田島照久·아베 요시히코阿部善彦 편, 『테오시스 — 동방·서방교회에서의 인간 신화 사상의 전통テオーシス — 東方·西方教會における人間神化思想の伝統』, 教友社, 2018년. 이 장에서 다루어진 '신화'(테오시스)를 둘러싸고서 고대로부터 근대까지의 동방·서방 두 교회의 사상가들이 전해온 그리스도교 사상의 진수를 통사적인 동시에 체계적으로 정리한 논문집. '신화' 사상을 좀 더 깊이 알고 싶은 사람들을 위한 것이다.

— 도키 겐지土岐健治, 『70인역 성서 입문七十人譯聖書入門』, 教文館, 2015년. 이

장에서 다루어진 『70인역 성서』의 성립 과정을 사료에 기초하여 해설하고, 헤브라이어 성서와의 비교 등을 통해 이 책이 지니는 특징을 해명해 가는 고차적인 입문서. 유대 경전 번역이라는 대사업의 문화적 배경을 알기 위해서는 반드시 읽어야 한다.

제10장

라틴 교부와 아우구스티누스

데무라 가즈히코出村和彦

1. 들어가며 — 아우구스티누스의 신 탐구

라틴 교부의 특징

선악과 초월의 문제에 관해 라틴 교부들은 어떤 특징적인 도전을 했던 것일까? 『신약성서』는 헬레니즘의 공통어인 그리스어로 쓰여 있으며, 그리스도교는 로마 제국의 헬레니즘 도시를 중심으로 확산해 갔다. 서방으로 확산하는 가운데서도 처음에는 그리스어에 기반한 동방에서의 논쟁 상황이 그리스도교 신학을 주도하고 있었다. 그리스어의 동방과 라틴어의 서방과의 교류에는 번역이 중요한 역할을 하고 있었다. 히에로뉘무스(347년경~420)에 의한 성서의 라틴어 번역(불가타vulgata)의 성립과 유포는 그 후의 서방 라틴 그리스도교의 자립에 있어 결정적이었다.

　라틴어와 그 문화의 특징이 강렬하게 나타나는 것은 로마 제국 속주인 북아프리카이다. 예를 들어 테르툴리아누스(160년경~220년경)는 '아테나이와 예루살렘 사이에 도대체 어떤 관계가 있는 것일까'라고 그리스도교 신앙의 독자성을 주장했고, 카르타고의 주교 퀴프리아누스(210년경~285)는 그리스도교 순교자로서 아프리카 신앙의 등불이 되었다. '순교자의 피로 채색되어 있다'라는 아프리카 교회의 자기의식은 어디까지나 순수한 교회를 지향하는 도나티스트 분파를 낳았다고도 할 수 있다.

고전과 그리스도교를 이어주는 아우구스티누스

　이탈리아와 시칠리아 그리고 북아프리카는 하나의 바다를 둘러싼 한 몸의 문화권이었다. 아우구스티누스(354~430)가 활동한 것은 바로 이곳이다. 북아프리카에서 태어난 그는 고전 문학을 공부함과 동시에 이것을 자신의 신앙인 그리스도교와 연결하고, 자신의 언어인 라틴어로 마음속 깊이 수긍이 가는 곳에서 이해하여 사람들과 함께 나누는 것을 평생의 과제로 하고 있었다. '이해하기 위해 믿고, 믿기 위해 이해한다'라는 신앙과 앎의 관계는 아우구스티누스의 철학을 형성하고 서구 사상의 새로운 원천이 되었다. 이 장에서는 아우구스티누스를 중심으로 서구의 초석이 된 라틴 그리스도교 사상의 특징을 보여주고자 한다.

신과 자기를 탐구하는 아우구스티누스

그는 『삼위일체』에서 이렇게 독자에게 호소하고 있다.

　　이 책을 읽는 사람으로 나와 마찬가지로 확신한다면 나와 함께 걸어가자. 나와 마찬가지로 확신하지 못한다면 나와 함께 탐구하자. 만약 자신의 잘못을 인정한다면, 부디 나의 곳으로 돌아오길 바란다. 만약 나의 잘못을 발견한다면 부디 나를 다시 부르기를 바란다. 이리하여 우리는 '언제나 내 얼굴을 구하라'고 말씀하시는 그분[신]을 향해 손을 내밀어 사랑의 길을 함께 걸어가자. (『삼위일체론』, 1·3·5)

　　그 자신은 라틴어 번역 등을 통해 그리스 교부와 플라톤주의(플로티노스와 포르퓌리오스 등)를 공부하고, 키케로 등의 라틴어권에서의 철학을 기초로 진리이자 지혜인 신을 계속해서 탐구했다. 그때 그는 '확실히 누구도 내 마음에 귀를 붙여 들을 수 없다. 그러나 내가 어떤 자이든 바로 그 "마음"에서 나는 나이다'(『고백록』, 10·3·4)라고 말하듯이 나의 '마음'이라는 자기의 내면성을 분명히 자각하고 있다. '자기'를 깊이 응시하면서 이 세계에서 살아가는 '나'로 자세를 잡는 가운데 이 나를 초월하는 신을 탐구했다는 점이 획기적이다. 그것은 어떻게 수행되었던 것일까?

2. 내적 초월

밖·안·위

그는 그러한 참된 신 탐구의 출발점을 현실의 '나', 인간으로서의 '자기'에 놓는다.

> 밖으로 향하지 마라. 당신 자신의 안으로 돌아가라. 진리는 내적인 인간에 깃들인다. 그리고 당신 자신이 가변적인 본성을 지닌다는 것을 발견한다면 그 당신 자신을 넘어서라. (『참된 종교』, 39·72)

여기에서 아우구스티누스의 인간에 대한 고찰의 특징이 잘 나타나 있다. 그것은 밖으로부터 안으로의 전향과 이 안에서 자기 자신을 넘어선 존재의 현실을 찾아내는 길이다. 자기에게로 돌아와 신에게로 초월하는 '밖으로부터 안으로·안으로부터 위로'라는 길을 '내적 초월'이라고 특징지을 수 있을 것이다.

그러한 '내적 초월'은 『고백록』에서는 자신에게 '너는 누구인가'라고 자문하고, '인간이다', '그러면 인간이란 무엇인가'라는 식으로 반성하는 가운데 '신체와 혼이 내 안에 있고 내 안에 현전하고 있다'라는 것을 확인하는 것에서 시작한다. 그런 다음 '한편은 바깥쪽, 다른 한편은 안쪽. 그 어느 쪽인가에서 나의 신을 찾아가야만 하는 것일까'(10·6·9)라고 자문하는 것이 착안된다.

여기서 중요한 것은 밖과 안이 밀접하게 연관된 한 인간의 움직임이며, 신체와 혼을 나누지 않고 일체화한 인간이라는 것이 지금 내가 살아가는 이 장소라는 점이다. 심신이 일체를 이루는 인간을 발견함으로써 아우구스티누스는 혼과 신체를 분리하고, 혼·지성 그 자체에 의한 '초월'을 지향하는 그리스 철학·동방 그리스도교 교부의 심신 이원론적 지향과 선을 긋는다. 그리고 이 인간에게서 이것을 넘어서는 신을 발견하는 장소는 '나의 가장 내적인 곳보다 더 안, 나의 가장 높은 곳보다 더 높은 곳'(3·6·11)이었다.

'마음'과 자기의 심연으로부터의 초월

신은 인간의 '자기'의 중심인 '마음' — '심장'을 의미하는 라틴어로 표현된다 — 이라는 '가장 깊숙한 곳'에서 발견되지만, 신 자신은 그러한 내면에 갇히는 존재가 아니라 그것을 아득히 넘어서 있다. 왜냐하면 신은 자연 만물을 창조한 유일한 창조신이며, 인간은 피조물의 하나이기 때문이다. 인간 본성은 어디까지나 가변적인 제약을 지닌다. 만약 자기의 중심인 '마음'을 잃어버리고 이런저런 외적인 상념에 넋을 빼앗겨 말하자면 마음이 그로부터 방황하며 자기가 분산되어 버린다면, 당연히 그것을 초월한 신을 찾을 수 없다. '길을 벗어난 자들아, 마음으로 돌아오라'(「이사야」, 46·8)라고 하듯이, 자기는 자기의 '나의 가장 깊은 곳'에 계속 연결되어 바로 그로부터 초월한 신을 발견하는 것이라고 하는 것이 아우구스티누스가 강조하는 '밖으로 향하지 마라. 당신 자신의 안으로 돌아가라. 그리고 당신 자신을 넘어서라'라는 계기의 참된 뜻이다.

참된 종교·삼위일체와 철학

'신'이라든가 '종교'라는 사항은 무언가 이성적인 영위인 '철학'과는 서로 양립할 수 없는 것으로 생각하는 경향이 있다. 그러나 로마 제국 고대 말기는 '불안의 시대'로도 자리매김하고 있다. 전통적인 그리스·로마의 다신교 국가 제의는 계속되고 있었지만, 그리스도교가 제국 전역으로 세력을 확대하고, 수도제 금욕 운동도 동서의 그리스도교에서 왕성해졌다. 또한 그노시스주의(영지주의) 여러 파가 각지에서 일어난 것도 이 시기이다. 어느 종파도 '진리'를 얻는 것과 그에 기초한 '지복至福'을 지향하고 있었다. 진정한 행복·지복을 원하고 실천하는 고대 철학자들의 '삶의 방식으로서의 철학'에 대해서도 종교는 언제나 어떠한 형태로든 관여하고 있었다.

아우구스티누스는 19세 때 키케로의 『호르텐시우스』를 읽고서 '지혜에 대한 사랑'(철학)으로 마음이 불타올랐다. 그것이 향하는

곳은 '당신'이라고 불리는 신 그 자체였다. 그 후 그리스도인이
된 그에게 있어 내적으로 초월하는 유일한 신은 그가 받아들일
수 있는 '참된 종교'에 의해 연결되는 것이었다. 그는 '종교'라는
호칭을 정의하여 '유일한 신으로 향하고, 우리의 혼을 이 유일한
신과 연결하는(렐리가레) 것에서 종교(렐리기온)라고 부르는 것
이다'(『참된 종교』, 55·111)라고 하고 있다.

그때 유일한 신이란 모든 것의 유일한 원천, 지혜 있는 혼이
그에 의해 지혜 있는 자가 되는 바의 유일한 지혜, 또한 우리가
행복한 자가 되는 바의 선물이라고 생각된다. 이들은 아버지인
신, 아들인 신, 성령인 신이라는 삼위일체의 신에 대응한다.

신(내지 초월한 존재)을 '지혜'로 하는 전통은 유대교에서의
지혜 문학이나 인도에서 유래한 불교에서의 '반야'라는 식으로
널리 행해지며, 또한 원천으로부터의 '빛'(무량광無量光)이라든가
인간이 받는 '자애'(대비)라는 것과 같은 파악 방식도 동서양을
따지지 않는다.

정통 그리스도교의 관점에서 이 유일한 신은 다름 아닌 아버지·
아들·성령에서 일체인 삼위일체 신이다. 라틴 교부에서는 테르툴
리아누스가 삼위일체라는 표현을 사용하기 시작하고, 푸아티에의
힐라리우스(315년경~367년경)는 아버지와 아들의 일체 동질을
둘러싸고 아리우스파와의 조정을 모색하는 논고를 라틴어로 저술
하고 동방에서의 교회 회의에 관여했다. 아우구스티누스는 교부들
의 전통을 바탕으로 하면서도 더 나아가 독자적인 철학적 탐구를

하고 있다. 신은 초월한 유일한 창조주이며, 더욱이 원천·지혜·선물이라는 각각 독자적인 활동을 지니는 삼일신三一神으로서 신앙의 대상이다. 그러나 동시에 그 삼일성과 유사한 활동이 신의 모상으로서 만들어진 인간 정신의 내부 구조에 반영된 까닭에, 이것을 내적으로 바라보는 것을 통해 거기에 아련하게 비추어진 초월한 신의 흔적을 추적함으로써 초월해 있는 신을 이해하려는 시도가 이루어진다.

자기 내면의 삼위일체

아우구스티누스는 내적인 인간으로서의 '나(자기)의 정신'을 바라보고 '우리는 존재하며, 우리의 존재를 알고, 그처럼 존재하며 아는 것을 사랑한다'라는 것에 주목한다. 그리고 '존재(살아 있는 것)·지식·사랑'이라든가 '기억·직지直知·의지'와 같은 가변적이면서 셋이자 하나인 불가분한 정신의 활동으로서의 자기의 존재 방식은 사실은 이 영원한 삼위일체를 비추는 모상이라는 것을 발견한다. 밖으로부터 안으로라는 집중과 그 반대의 안으로부터 밖으로의 분산이라는 사유의 토대에는 '나는 속으면서도 나는 존재한다'라는 식으로 지금 여기서라는 시간적 세계에 살며 존재하고, 그것을 이해하며, 나아가 살며 이해하는 것을 사랑하여 추구하는 인간으로서의 나 자신이 기저를 이루며 존재한다.

그러나 그러한 나의 정신의 존재 방식은 어디까지나 거기에 아련하게 비추어진 신의 흔적에 지나지 않는다. 이것을 추적함으로써 이해하려는 시도가 이루어지는 것이지만, 그러한 까닭에 점점 더 신은 그 자기를 내적으로 초월한 창조주로서 존재하는 원천·지혜 그 자체·지복을 주는 주로서의 유일한 영원한 존재이다. 아우구스티누스는 이와 같은 유일한 선한 신을 사랑하고 추구하는 탐구로서의 철학이야말로 진리와 인식과 지복을 추구하는 인간의 마음으로부터의 바람이라고 생각했다. 왜냐하면 피조물인 인간은 그 혼과 신체 모두 신에 의해 만들어진 선한 것이라고 믿어지고 이해되기 때문이다.

그러나 이와 같은 인간관에 정면으로 대립하고 있던 것이 신적 존재를 직접적으로 '각지覺知'하는 것에 의한 구원을 설파하는 그노시스주의였다. 그 가운데 하나가 선악 이원론을 원리로 하는 마니교이다. 아우구스티누스는 전반의 삶(19세에서 30세 무렵까지)에서 이에 관여하며, 이로부터의 탈각 경험이 그의 그리스도교 이해를 형성하고 있었다.

3. 선악 이원론과 자유 의지

마니교의 선악 이원론

마니교는 바빌로니아 출신의 교조 마니에 의해 시작된 새롭게 창설된 종교이다(이 책 제7장 참조). 로마 제국에서는 비합법이었지만 주변적인 존재로서 세계적으로 확산하며, 로마 제국의 이탈리아와 북아프리카, 실크로드의 여러 민족 그리고 불교의 외관에 숨겨져 투루판과 중국의 푸젠에도 전해졌다. 그 가르침은 그노시스주의적인 선악 이원론을 골격으로 하여 신화 표상으로 정리되어 '그노시스주의 구원 신화의 완성품'으로도 자리매김하고 있다. 젊은 아우구스티누스에게는 마니교가 '참된 그리스도교'로서 나타났다는 점에서 심각했다. 아우구스티누스에게서 그리스도교와 마니교의 만남과 상극은 그 자체가 4세기 후반의 세계철학사적인 사건이다.

마니교는 『구약성서』를 부정하고, 거기에서 표현되는 창조신은 악의 창조주이며 『신약성서』에서 보이는 빛은 그것과는 출신을 전혀 달리하는 선에서 유래하는 존재라고 한다. 성서의 빛과 어둠의 이미지와 바울의 영과 육의 대립을 마니교는 선악 이원론으로 해석하고 자신들의 독자적인 신화를 구상하고 있었다. 그에 기초하여 악한 원리에 의해 창조된 이 세계 만물에 맞서 본래의 자기야말로 악한 세계에 적대적으로 분리된 완전한 선의 단편 부분으로서 유지되고 있다. 선의 원리는 주변 세계에 갇혀 있지만, 이 선과 직접적으로 연결된 자로서 금욕적인 종무 규정을 완수하는 성직자를 핵심으로 하여 그들을 지원하는 재가 신도 집단으로 이루어진 교단이 형성되고 있었다.

그들의 신화는 다양한 출토 문서로부터 알려진다. 북아프리카와 로마에서 마니교를 접한 아우구스티누스의 마니교 논박 문서도 그들의 교리를 아는 실마리가 되고 있다.

> 마니교도는 두 종류의 혼이 있다고 말한다. 하나는 선이고 (⋯) 다른 하나는 악이며 (⋯) 그들은 전자는 지선이고 후자는 지악至惡이며, 이 두 종류는 이전에는 분리되어 있었지만, 지금은 혼합되어 있다고 말한다. 이 혼합의 종류와 원인에 대해서 나는 아직 들어본 적이 없다. (『두 가지 혼』, 12·16)

이러한 선과 악을 각각 독립된 실체로 파악하는 선악 이원론과 만물의 원천인 창조주인 신은 존재로 가득 찬 선 그 자체이고 그 신에 의해 만들어져 존재하는 피조물은 존재하는 한에서 모든 선한 것이라는 그리스도교의 선 일원론은 전혀 서로 양립할 수 없다. 그러면 어찌해서 선한 신과 세계 만물에 악이 존립하는가? 악이란 무엇이며, 악의 원인은 무엇인가?

악은 선의 결여

그리스도교와 비-그리스도교를 불문하고 악 그 자체가 실체로서 존재하고 세계는 필연적으로 악한 것이라고 하는 그노시스주의적인 선악 이원론의 페시미즘은 헬레니즘 철학과 종교 사상 속에서 반박의 대상이 되어 있었다. 모든 것이 창조된 것인지 아닌지는 어찌 되었든지 간에 무언가 어떤 것으로서 존재하는 것, 그 형상(무 엇인가)을 가진 존재는 자연적으로 선한 것이라는 존재 이해가 고전으로부터 헬레니즘 철학에 이르기까지 일반적인 이해였다. 신플라톤주의의 플로티노스는 "'더 선한 것'은 "더 악한 것"보다 먼저 있고 형상이지만, "더 악한 것"은 형상이 아니라 오히려 형상의 결여이다'(『엔네아데스』, 1·8·1)라고 말한다.

악은 형상의 결여이다. 즉, 형태가 있어야만 그 손상으로서의 악이 있고, 빛이 있어야만 그 그림자가 있는 것인바, 그림자인 악 그 자체가 (빛 없이) 그것만으로 존재할 수는 없다는 생각을 가지고서 이원론과 대치하는 것이다. 아우구스티누스도 그것을 받아들여 '그래서 악은 어디서 유래하는지를 문제로 할 때는 우선 악이란 무엇인지가 물어져야 하지만, 악이란 자연 본성적인 한도나 형상과 질서의 파괴 이외에 아무것도 아니다(『선의 본성』, 4)라는 식으로 마니교를 논박하고 있다.

이원론의 무책임·아름다움의 위험성

그런데 선과 악을 대립한 실체로 파악하고, 이것들이 세계 만물을 직접적으로 지배하며, 이 세계는 각각이 대립 항쟁을 반복하는 무대라고 한다면, 그 무대 위에서 인간은 무엇을 하더라도 그 실체들에 의해 조종되는 꼭두각시가 되어버린다. '악을 행하는 것은 악에 의해서이다'라는 말은 설명이 되는 것으로 보이지만,

그것은 사실 자신이 아닌 무언가가 자신을 악하게 만들고 있다는 변명일 뿐이다.

세계를 총체적으로 긍정하기 어려운 사회적 주변 영역에 놓인 입장의 사람들에게는 세계를 그 자체로 악한 '어둠'으로서 적대적으로 부정하고 경계하는 것이야말로 자신들만은 다른 사람들이 미루어 알 수 없는 '빛' 그 자체에 속하는 선한 집단이라는 것을 폐쇄적이고 탈세간적으로 확립하는 데 효과적이다. 마니교가 교단으로서 문화적 배경을 달리하는 지역에서 형태를 바꾸면서도 그 교의를 존속시킬 수 있는 세계 종교였던 비밀은 여기에 놓여 있었다. 아우구스티누스도 그리스도교로 회심하기 이전에 마니교도 네트워크의 도움을 받은 일이 있었다.

그러나 젊은 시절의 아우구스티누스가 마니교를 '참된 그리스도교'로 받아들인 이유는 그와 같은 세상에 적대하는 것이 아니었으며, 본래적인 자기에 대한 깨달음을 부여받아 안심할 수 있었기 때문도 아니었다. 마니교 시대의 그에게 있어 '자기'는 자신에게 해결될 수 없는 '커다란 물음' 그 자체였다.

오히려 아우구스티누스는 마니교도 시대에 열중하여 아름다움의 연구에 전념했다. 아름다움이야말로 사악하고 추악한 주위의 이 세상과 분리되어 그 자신은 찬연히 빛나는 선 그 자체의 부분으로서 세계에 현전하는 것이 아닐까 하는 지복의 기대를 충족시키는 것이었기 때문이다. 아름다움은 진리로서 선의 실체와 직결되며, 그런 한에서는 어디까지나 손상될 수 없는 형상 그 자체, 그것들의 연합에서는 적합성을 계속 유지한다. 이에 몰입함으로써 자기의 현실에서 벗어나 아름다움의 세계로 귀의하는 유미주의의 위험성이 있었다.

악은 어디서? ─ 자유 의지를 둘러싸고

그러나 자신의 영달을 위해 신실한 반려자와 이별하고, 게다가 스스로는 신실하지 못한 관계로 달려가거나 하는 것과 같은, 마음이 밖으로 방황하고 마음이 분열되는 경험이 결코 자기 자신과 무관계하다고는 말할 수 없는 형태로 느껴지게 된다. 아름다움에 귀의했다는 독선적인 변명은 성립하지 않으며, 또한 선악의 실체가 배후에 가로놓여 인간은 그 꼭두각시로 되어버린다는 것으로는 설명되지 않는다. 바로 자기 의지의 존재를 알아차리게 된다. 그런 까닭에 책임이라는 것도 생기고, 스스로 범한 잘못에 대한 정당한 벌이라는 것도 생각된다. 아우구스티누스는 나와 내 몸을 돌아보며 그 불의에 전율하게 되는 것이었다.

이로부터 내면으로의 돌아섬이야말로 그의 '내적 초월'의 내용을 채우는 것이다. 그것은 『신약성서』의 바울 서한을 자신의 경험에 비추어 '마음' 속에서 내적으로 읽어나가는 '이해'의 길을 이끄는 실이 되어 수행되었다.

아우구스티누스는 '의지'라는 것의 존재, 의지라는 개념의 발견자(발명자)라고 말해진다. 그것은 이상과 같은 '자기'의 발견, '마음'으로의 돌아섬에 의해 보이게 된 인간의 요소이다. 이것은 또한 '악은 선의 결여이다'라는 철학적 구도를 인간론적으로 수용하는 것이기도 했다. 아우구스티누스는 '신이 선한 이상, 신이 악을 이루는 것은 아니다. …… 악인은 그가 누구이든지 간에 자신의 악한 행위의 창시자이다. 게다가 악한 행위는 신의 정의에 의해 처벌된다'(『자유 의지』, 1·1·1)라고 대답하고, 인간의 악이 자유 의지의 선택에서 유래한다는 것을 주장하여 마니교와의 대결을 선명히 하고 있다.

그러나 그러한 악을 이루는 인간의 자유로운 의지의 선택에 책임이 따른다는 것에 대한 고찰은 아우구스티누스가 처음이 아니었다.

암브로시우스와 로마의 스토아학파

밀라노에서 정통 그리스도교를 옹호하기 위해 분투하고 있던 주교 암브로시우스(339~397)는 키케로의 의무론을 음미하고, 로마 시민으로서의 지혜, 용기, 절제, 정의라는 네 개의 덕을 그리스도교에서도 중추적인 덕으로서 규정했다는 점에서도 중요하다. 아우구스티누스는 이 암브로시우스로부터 '자신들의 악을 이루는 원인은 의지의 자유 결정이며, 악을 당하는 원인은 당신의 올바른 심판이다'라는 것을 듣고서 그 의미를 이해하려고 애썼지만, 원인을 명료하게 이해할 수 없었다고 후년에 술회하고 있다.

암브로시우스는 '신이 사악邪惡을 창조한 것은 아니다. 확실히 악은 실재하는 것이 아니라 자연의 선함으로부터 일탈한 단순한 우유偶有적인 존재에 지나지 않기 때문이다'(『헥사에메론』, 1·8·28)라고 철학적으로 지적한다. 그리고 청중을 향하여

> 바로 너 자신이 너에게 오류의 원인이며, 너 자신이 너의 부끄러워해야 할 소행의 선도자이고, 악한 일을 부추기는 자이다. 그런데도 왜 너는 자신 이외의 자연을 불러내어 자기 잘못을 변명하려고 하는 것인가? (『헥사에메론』, 1·8·31)

라고 변명하려고 하는 태도를 질책했다. 그에 따르면 정욕을 억제하는 것은 '자신에게 달려' 있다. 하지만 반대로 사치스러운 생활에 탐닉하고 육욕을 불러일으키거나 겸손 안에서 자족하는 온화를 좋아하지 않고 오만에 우쭐하고 격정에 휩싸이는 것도 '자신에게 달려' 있다고 하는 것이다.

이러한 암브로시우스의 말에서 볼 수 있는 '자신에게 달려' 있는 한에서의 '의지' 규정은 로마의 스토아학파 에픽테토스와 마르쿠스 아우렐리우스의 말을 방불케 한다. 그러나 이렇게 말하더라도 아우구스티누스에게는 자신이 어찌할 수 없는 의지 문제에 대해서는 아무런 해결도 되지 않는다. 고전 헬레니즘 철학의 권역 내에서 아우구스티누스가 떠오르는 것은 이 '의지' 그 자체에 대한 고찰 덕분이다.

부풀어 오른 전도된 의지

아우구스티누스는 '자신에게 달려' 있어야 할 '자기 자신의 의지'가 자기 뜻대로 되지 않는 '의지의 약함'을 한층 더 성찰하고서

> 나는 불의란 무엇인지 물어보고, 그것이 실체가 아니라 오히려 최고의 실체인 신, 당신으로부터 등을 돌리고 가장 낮은 것 쪽으로 전락하며 내적인 자기를 내던져 버리고 외부로 향해 부풀어 오르는 '전도된 의지'일 뿐. (『고백록』, 7 · 16 · 22)

이라는 이해에 도달한다. 향상하는 것도, 거기서 벗어나는 것도, 또한 중심으로 돌아서는 것도 모두 내적인 의지의 작용이다. '밖으로 향하지 마라. 당신 자신 안으로 돌아오라. 그리고 그 당신 자신을 넘어서라'라는 '내적 초월'은 지·정·의의 총체로서의 자기의 움직임이라는 것이 명백해지는 것이다. 내적으로 높은 곳의 신인 지혜를 사랑하는 지복을 기본 축으로 하여 정과 의의 문제로서 이로부터 등을 돌리고 외적인 것으로 '전도하여' 그쪽으로 스스로의 의지로 굳이 나아가는 무지의 어려움, 인간의 약함에 대한 눈길이 아우구스티누스의 특징이다.

그처럼 많든 적든 의지가 선을 벗어나 전도되는 것은 누구도 피할 수 없다. 그에 따르면 '모든 죄를 범하는 혼에 대해서는

실로 어려움과 무지라는 두 가지 벌이 있다. …… 본의가 아니어도 방황하고 육신이라는 멍에의 고통이 저항하고 괴로워하게 만들기 때문에 정욕의 행위를 끊지 못하는 것은 신이 만든 인간의 본성이 아니라 처벌받은 인간의 죄인 것이다'(『자유 의지』, 3 · 18 · 52)라는 결론에 이르는 것이다.

하지만 그도 '무지와 어려움은 탄생한 혼에 대한 죄의 벌이 아니라 오히려 향상의 권유이자 완성의 시작이다'(『자유 의지』, 3 · 20 · 56)라는 것과 같은 자력구제의 길에 관한 주장을 몰랐던 것은 아니었다. 이로부터 펠라기우스(360년경~420년경) 등이 자유 의지에 의한 인간적 완성을 주장하도록 영향을 받았을지도 모르는 것은 얄궂은 일이다.

4. 원죄·근원 악과 인류의 굴레

의지의 뿌리

아우구스티누스는 신의 절대적 은혜를 주장함으로써 '은혜 박사'로서 서방에서는 암브로시우스, 히에로뉘무스, 교황 그레고리우스 1세(재위 590~604)와 함께 4대 교회 박사 가운데 한 사람으로 자리매김하고 있다. 그의 '나는 인간 의지의 자유로운 선택을 확보하기 위해 분투했지만, 신의 은혜가 이겼다'(『재고

록』, 2·1)라는 말은 자유 의지의 우위를 주장한 펠라기우스 등의 입장을 부정하고 어디까지나 은혜의 절대성을 선언하는 것이다. 그 후에도 서방에서는 인간의 자유 의지인가 그렇지 않으면 신의 은혜인가라는 대립축에서의 논쟁이 여러 차례 재연되며, '펠라기우스주의'인가 아니면 '아우구스티누스주의'인가라는 대결 양상이 되어간다.

그러나 아우구스티누스 자신에서 '내적 초월'의 기본 노선은 생애 내내 흔들리지 않으며, 그런 까닭에 더욱더 자기 의지의 약함, 그 근원에 빛을 비춘다.

그는 '(악을 행하는) 의지 그 자체의 원인'이라는 문제에 대해 의지가 악의 원인이지만, 그럼에도 그 원인으로서 '의지의 뿌리' 그 자체가 무엇인지를 응시한다.

> '모든 악의 뿌리는 탐욕이다'(「디모테오에게 보낸 편지」, 6·10)
> 라는 말 이상으로 진리를 말할 수 있다고 생각해서는 안 된다.
> (…) 사람이 충분한 이상으로 바라는 곳에 반드시 탐욕이 있다.
> 이런 의미에서의 탐욕은 욕망이고, 욕망은 부정한 의지이다. 그런
> 까닭에 부정한 의지가 모든 악의 원인이다. (『자유 의지』, 3·17·48)

이처럼 아우구스티누스에 의해 현재의 인간 상태의 근원인 뿌리에는 '부정한 의지'가 있으며, 이것이 악의 원인이 되고 있다는 지적이 이루어지고 있다. '부정한'이란 그 자체가 악한 무언가를

내세우는 것이 아니라 의지 스스로가 '탐욕'(더 많이 갖는 것)처럼 '한도를 넘어서' 발휘될 때의 움직임을 말한다. 현실의 인간은 그처럼 언제나 나쁜 방향으로 부풀어 오르며 전도되어 버린다. 또한 그런 까닭에 내적인 '마음'으로 되돌아와 스스로 삼가는 집중된 방향으로 자기를 낮추는 방향도 보이게 되기 때문에, 그것은 신으로부터의 은혜의 조력이 있어서야 비로소 가능해진다는 지극히 미묘한 위치를 인간은 생애 내내 몸소 살아가게 되는 것이다.

근원 악

최초의 인간 아담과 하와가 신의 명령에 스스로 등을 돌린 최초의 죄가 있고, 그런 그에게서 근원이 유래하여 그 후의 인류 전체에 역사적으로 미치는 죄로서의 '원죄'를 부인할 수 없는 사실이라고 생각하는 아우구스티누스는 의지의 근원적 존재 방식에 주목하고 있었다.

인간에 대한 고찰은 「창세기」 제1장에 자리를 잡자면, 원초의 모상성의 회복으로서 '가능한 한 신을 닮기'를 추구하는 신화神化 지향으로 되지만, 그러나 「창세기」 제2~3장의 아담과 하와를 조상으로 삼는 인류의 기원을 둘러싼 문제를 고려하게 되면, 최초의 인간들이 신의 명령에 대해 자유로운 선택의지로 등을 돌리는 불순종으로 말미암아 자연을 훼손하고 말았다는 사태를 떠맡게 된다. 무로부터 창조의 원초에서는 이 문제는 일어날 수 없다. 거기서는 신의 눈으로 보아 만물은 '참 좋았다.' 생식 자체도 '자식을 낳고 번성하여 온 땅에 퍼져라'라고 축복받은 것이었다. 낙원의 최초 남녀의 의지는 방해받지 않고, 자연은 손상되지 않으며, 욕망과 무관한 평온한 성생활이 가능했다. 그러나 신의 명령에 대한 불순종이라는 '타락'의 결과, 그러한 순종적인 평온함은 상실되었다. 정욕과 같은 제어하기 어려운 경향과 습관이 인간의 의지에 깃들이게 되었다는 것이 아우구스티누스의 일관된 견해이다.

덧붙이자면, 실천 이성에 의해 도덕 법칙을 짊어지는 자유롭고 예지적인 존재로서 인간을 파악하는 근세의 철학자 칸트는 창조의 질서나 시간적인 시작이라는 의미에서의 '시원'은 문제로 삼지 않는다. 그러나 그는 인간 본성에 뿌리내린 성벽으로서 둥지를 틀고 있는 근본적인 악을 '근원 악'이라 규정하고 있었다. 그의 '근원'에 대한 이해는 아우구스티누스에 대단히 가깝다.

인류의 유대

아우구스티누스는 왜 '원죄'를 중시했을까? 그것은 인류가 고립된 존재가 아니라 서로 연결된 유대·사회성을 지니고 있다는 점에 주목했기 때문이다.

각각의 인간은 인간의 일부이고 인간 본성은 사회적이며 위대한 자연 본성적인 선과 또한 우애의 힘을 지니므로, 이를 위해 신은 인간이 유적인 같음에 의해서 뿐만 아니라 혈연의 인연에 의해서도 그 사회성에서 결합하도록 한 사람의 인간으로부터 모든 인간을 창조하기를 원했다. (『결혼의 선』, 1·1)

뿌리를 같이하는 같은 유類로서 서로 불쌍히 여기는 피차일반의 관계야말로 원죄의 이미지이다. 흉내 내지 말았으면 좋았을 최초 인간의 실패를 모방할 뿐만 아니라 어떻게 해서라도 그렇게 해버리는 인간적인 약함이 누구에게나 있다. 그것은 그리스도인도 피할 수 없다.

그렇다고 해서 단순히 그 누구의 개별적인 죄가 결정되어 있다는 것은 아니다. 그러한 것이 아니라 원죄란 총체로서 '죄의 덩어리'로서의 인간성의 핵심에 죄가 근원으로부터 뿌리내리고 있고, 모든 인류가 그 뿌리로부터 가지를 내고 잎을 무성하게 하여 각각의 삶으로 열매를 맺고 있다는 생명의 전파라는 이미지이다.

삶과 성

꺼림칙한 동시에 사랑스러운 것이 성. 그것은 생명을 자애롭게 기르는 성장으로 방향 지어져 있기도 하지만, 동시에 자기 마음대로의 지배와 폭력이라는 파괴적인 죽음으로 향하는 방향도 감추고 있다. 이것을 단순히 선과 악으로 양분할 수 없다. 인류 최초의 아담과 하와 이야기가 보여주는 것은 탄생이라는 계기를 서로 나누어 가지는 인류 근원의 모습이며, 우리가 진정으로 생각을 다하고 마음을 다하여 소중히 여겨야 할 신의 명령에 자기의 사정으로 — 게다가 뱀과 동반자 탓이라는 변명으로 발뺌하면서 — 등을 돌리고, '자기가 신처럼 자기를 자신의 선 그 자체라고 생각하고 말았던 무지에 기인하는' 것과 같은 '부풀어 오른 의지'를 지닐 수 있는 인간의 원초적인 모습이다. 그러나 그러한 인간에게 자리 잡고서야 비로소 '내적 초월'의 목적지인 신을 발견하는 '마음'도 신체도 주어지는 것이다.

인류의 발걸음 — 신의 나라와 땅의 나라

그와 같은 인류의 시민으로서의 나라(공동체, 키비타스)가 취하는 존재 방식으로서 전개되고 있는 것이 아우구스티누스에게 있어 사회적으로 존재하는 현실의 인간이었다. '두 가지 사랑이 두 개의 나라를 만들었다. 신을 경멸하기에 이른 자기애가 지상의 나라를 만들고, 자신을 경멸하기에 이른 신에 대한 사랑이 하늘의 나라를 만들었다'(『신의 나라』, 14·28)라고 지적되는 이 두 나라는 밖으로 부풀어 오르는 오만한 의지와 안으로 집중하여 삼가는 겸손의 의지가 자아내는 인간의 역사 그 자체이다. 여기서도 '내적 초월'의 기본선과 그것을 살아가는 한 사람 한 사람의 '인간'이 응시되고 있다는 것은 말할 필요도 없다.

나가며 ── 고대의 황혼

'자기·나'의 발견자, '의지'의 발견자, '원죄'의 주창자로 여겨지는 아우구스티누스는 430년 8월 28일 반달족에 포위된 도시 힙포에서 75세의 생애를 마쳤다. 머지않아 서로마 제국은 멸망했으며(476년), 라틴 세계는 더 이상 하나의 제국 아래 일체를 이룬 로마 시민의 것이 아니게 되었다.

최후의 로마인이라고도 불리는 보에티우스(480년경~525년)는 아리우스파 그리스도교를 받드는 동고트 왕국 테오도릭 왕의 궁정을 섬기는 귀족이었다. 포르퓌리오스의 『에이사고게(범주론 주해)』와 아리스토텔레스의 논리학 관계 저작의 번역을 저술한 그는 인간의 '인격'을 표현하게도 되는 '페르소나'라는 라틴어를 '이성적 본성을 지닌 개별적 실체'로 규정하고 정식화했다.

아우구스티누스의 유골이 안치된 이탈리아 파비아에 있는 교회 지하 성당에 보에티우스의 무덤이 있는 것은 상징적이다. 이리하여 고대 말기로부터 중세 유럽으로 이행하는 것이다.

☞ 좀 더 자세히 알기 위한 참고 문헌

— 조치上智대학중세사상연구소 편역·감수, 『중세 사상 원전 집성. 정선 2. 라틴 교부의 계보中世思想原典集成 精選 2. ラテン教父の系譜』, 平凡社ライブラリー, 2019년. 교부의 원전 번역 시리즈 『중세 사상 원전 집성中世思想原典集成』으로부터 아우구스티누스 시대와 고전 고대의 계승에 초점을 맞추어 다시 편집한 문고판. 사토 나오코佐藤直子에 의한 라틴 교부 전체의 역사와 '자유 의지·원죄·은혜'를 둘러싼 서방 신학의 확립과 문제 영역에 대한 상세한 해설이 붙어 있다.

— 데무라 가즈히코出村和彦, 『아우구스티누스 — '마음'의 철학자アウグスティヌス — '心'の哲学者』, 岩波新書, 2017년. 고대 말기 로마 제국에서 '마음'에 자리 잡고서 지혜에 대한 사랑이라는 그리스도인의 길을 걸어간 아우구스티누스의 생애를 간결하게 그려낸 평전. 책 끝에 『아우구스티누스 저작집』을 비롯하여 아우구스티누스를 좀 더 공부하는 실마리가 되는 친절한 문헌 안내를 포함한다.

— 미야모토 히사오宮本久雄 편저, 『사랑과 상생. 에로스·아가페·아모르愛と相生. エロース·アガペー·アモル』, 教友社, 2018년. 아우구스티누스가 사랑과 아름다움 그리고 여성에 관해 어떠한 고찰을 했는지를 고전학과 교부 연구의 관점에서 해명할 것을 목표로 한 최신의 폭넓은 논고를 포함한다.

— 리처드 J. 번스타인Richard J. Bernstein, 『근원 악의 계보. 칸트에서 아렌트까지根源悪の系譜 カントからアーレントまで』, 아베 후쿠코阿部ふく子·고토 마사히데後藤正英·사이토 나오키齋藤直樹·스가와라 준菅原潤·다구치 시게루田口茂 옮김, 法政大学出版局, 2013년. 원죄론 그 자체는 고찰 범위 밖이지만, 근원 악이라는 문제가 그 후 근대로부터 현대에 어떻게 다루어지고

있는지를 해설한다. 아우구스티누스의 통찰이 의외의 방식으로 공명하
고 있다는 것을 알 수 있다.

— 한스 요나스Hans Jonas, 『그노시스와 고대 말기의 정신. 제1부 신화론적
그노시스グノーシスと古代末期の精神. 第一部 神話論的グノーシス』; 『같은 책. 제2부
신화론으로부터 신비주의 철학으로同 第二部 神話論から神秘主義哲学へ』, 오누
키 다카시大貫隆 옮김, ぷねうま舎, 2015년. 그노시스주의의 본격적인 연구
서이지만, 고대 말기 정신의 세계적 확산을 이해하기 위해서는 빼놓을
수 없는 책. 덧붙이자면, 마니교의 신화에 대해서는 더 나아가 오누키
다카시의 『그노시스의 신화グノーシスの神話』(講談社学術文庫, 2014년)를 참
조할 수 있다.

후기

　『세계철학사』전 8권의 제2권에 해당하는 이 책은 고대 철학의 후반부를 다루었다. 약 2,000년가량의 이전 시대를 돌아봄으로써 인류의 철학 역사에 대해 새로운 시야가 열릴 수 있었던 것이 아닐까 하는 느낌이 든다.『세계철학사』의 편집에 임하여 새롭게 깨달은 것은 이 시대까지는 '세계'가 문자 그대로 다원적이고 각 지역이 자립적으로 매력적인 사상운동을 전개했다는 것, 그것들이 병행하면서 각각의 전통을 형성하고 학문 제도를 통해 인류 문명의 초석을 쌓았다는 것이다. 서양 문명이 다른 것들을 압도해가는 근대, 르네상스 이후의 철학과 과학의 존재 방식과는 크게 다른 지도가 눈앞에 펼쳐졌다. 인도와 중국 사이에서, 서아시아와 북아프리카와 유럽 사이에서 철학과 종교의 활발한 교류가 일어나고, 그리하여 문자 그대로의 '세계'가 형성되어간다. 그 역동성을 다양한 가능성으로서 그대로 다시 보고 소생시키는 것이 현대의 우리 과제일 것이다. 다른 한편 여기서는 이슬람이라는 또 하나의 주역, 현대 세계를 움직이는 축은 아직 등장하지 않았다. 나아가 일본은 이 시대 말기, 6세기 중반에 한반도로부터 불교를 받아들여 세계철학사에 비로소 모습을 드러낸다(권말 연표 참조).

여기서 펼쳐지는 시야는 종래의 개별 사상을 나열해 보이는 데 지나지 않는 조감도가 아니다. 그리스에서 성립한 철학이 로마 세계에 들어가 동방 그리스어권과 서방 라틴어권으로 나뉘어 가는 모습, 그리스도교가 마니교나 조로아스터교 등과 경합하면서 정통과 이단을 나누어가는 모습, 그리고 대승 불교와 유교가 인도와 중국이라는 문명을 형성하는 모습 등이 생생하게 눈앞에 펼쳐진다. 그 스펙터클을 나도 독자 여러분과 함께 즐기고 싶다.

이 시리즈의 간행에 즈음하여 선전을 격려하는 글로 이전부터 여러 장면에서 조언을 주셨던 경애하는 와시다 기요카즈鷲田清一와 넓은 시야로 학문과 사회를 연결하는 『철학과 종교 전사哲学と宗教全史』(다이아몬드사)라는 저작도 있는 친구 데구치 하루아키出口治明 두 분에게서 응원의 말을 받았다. 감사의 말씀을 드린다. 이 시도가 지금까지 철학을 소원하게 느껴온 많은 분에게도 새로운 흥미를 갖게 해주는 계기가 되었으면 좋겠다. 창업 80주년을 기념하여 강력하게 기획을 진행해준 치쿠마쇼보와 담당 편집자 마쓰다

다케시^{松田健} 씨에게 시리즈 중간에 감사드린다.

2019년 12월

제2권 편자 노토미 노부루

■ 편자

이토 구니타케伊藤邦武

1949년생. 류코쿠대학 문학부 교수, 교토대학 명예교수. 교토대학 대학원 문학연구과 박사과정 학점 취득 졸업. 스탠퍼드대학 대학원 철학과 석사과정 수료. 전공은 분석 철학·미국 철학. 저서 『프래그머티즘 입문』(ちくま新書), 『우주는 왜 철학의 문제가 되는가』(ちくまプリマー新書), 『퍼스의 프래그머티즘』(勁草書房), 『제임스의 다원적 우주론』(岩波書店), 『철학의 역사 이야기』(中公新書) 등 다수.

야마우치 시로山內志朗

1957년생. 게이오기주쿠대학 문학부 교수. 도쿄대학 대학원 인문과학연구과 박사과정 학점 취득 졸업. 전공은 서양 중세 철학·윤리학. 저서 『보편 논쟁』(平凡社ライブラリー), 『천사의 기호학』(岩波書店), 『'오독'의 철학』(青土社), 『작은 윤리학 입문』, 『느끼는 스콜라 철학』(이상, 慶應義塾大学出版会), 『유도노산의 철학』(ぷねうま舍) 등.

나카지마 다카히로中島隆博 __ 제6장

1964년생. 도쿄대학 동양문화연구소 교수. 도쿄대학 대학원 인문과학연구과 박사과정 중도 퇴학. 전공은 중국 철학·비교사상사. 저서 『악의 철학─중국 철학의 상상력』(筑摩選書), 『장자─닭이 되어 때를 알려라』(岩波書店), 『사상으로서의 언어』(岩波現代全書), 『잔향의 중국 철학─언어와 정치』, 『공생의 프락시스─국가와 종교』(이상, 東京大学出版会) 등.

노토미 노부루納富信留 __ 머리말 · 제1장 · 후기

1965년생. 도쿄대학 대학원 인문사회계 연구과 교수. 도쿄대학 대학원 인문과학연구과 석사과정 수료. 케임브리지대학 대학원 고전학부 박사학위 취득. 전공은 서양 고대 철학. 저서 『소피스트란 누구인가?』, 『철학의 탄생─소크라테스는 누구인가?』(이상, ちくま学芸文庫), 『플라톤과의 철학─대화편을 읽다』(岩波新書) 등.

■ 집필자

곤도 도모히코近藤智彦 __ 제2장
1976년생. 홋카이도대학 대학원 문학연구원 준교수. 도쿄대학 대학원 인문사회계
연구과 박사과정 수료. 전공은 고대 그리스·로마 철학, 서양 고전학. 저서『서양철학
사 II —'앎'의 변모·'믿음'의 단계』(공저, 講談社選書メチエ), 『『영웅전』의 도전
—새로운 플루타르코스 상에 다가간다』(공저, 京都大学学術出版会), 『사랑·성·가
족의 철학① 사랑—결혼은 사랑의 증거?』(공저, ナカニシヤ出版) 등.

도다 사토시戸田 聰 __ 제3장
1966년생. 홋카이도대학 대학원 문학연구원 준교수. 네덜란드 라이덴대학에서
문학 박사학위를 수여 받는다. 전공은 고대 그리스도교 역사, 동방 그리스도교
문학. 저서『그리스도교 수도제의 성립』(創文社), 『사막에 틀어박힌 사람들—그리스
도교 성인전 선집』(편역, 敎文館). 역서 H-G. 베크, 『비잔틴 세계론—비잔틴의
천년』(知泉書館).

시모다 마사히로下田正弘 __ 제4장
1957년생. 도쿄대학 대학원 인문사회계 연구과 교수. 도쿄대학 대학원 인문과학연
구과 박사과정 수료. 박사(문학·도쿄대학). 전공은 인도 철학, 불교학. 저서『열반경
연구—대승 경전 연구 방법 시론』(春秋社), 역서로『티베트어 일역. 대승 열반경
I』(山喜房仏書林). 편저로『신아시아 불교사』전 15권(佼成出版社), 『시리즈 대승
불교』전 10권(春秋社), 『불교 사전』(朝倉書店) 외 다수.

와타나베 요시히로渡邉義浩 __ 제5장
1962년생. 와세다대학 이사·문학학술원 교수. 오쿠마 기념 와세다사가학원 이사
장. 쓰쿠바대학 대학원 박사과정 역사·인류학연구과 수료. 전공은 '고전 중국'.
저서『한 제국』, 『삼국지』, 『위지왜인전의 수수께끼를 풀다』(이상, 中公新書), 『처음
읽는 삼국지』(ちくまプリマー新書), 『시황제. 중화 통일의 사상』(集英社新書) 등 다수.

아오키 다케시青木 健 __ 제7장
1972년생. 시즈오카 문화예술대학 문화·예술연구센터 교수. 도쿄대학 문학부

이슬람학과 졸업. 도쿄대학 대학원 인문사회계 연구과 박사과정 수료. 박사(문학). 저서 『조로아스터교의 흥망』, 『조로아스터교 주르반주의 연구』, 『조로아스터교사』(이상, 刀水書房), 『조로아스터교』, 『아리아인』, 『마니교』, 『고대 오리엔트의 종교』(이상, 講談社) 등.

니시무라 요헤이西村洋平 __ 제8장

1981년생. 효고현립대학 환경인간학부 준교수. 게이오기주쿠대학 대학원 인문연구과 박사학위 취득. 전공은 서양 고대·중세의 신플라톤주의. 논문 「프로클로스」(호리에 사토시堀江聰와 공동 집필, 『신플라톤주의를 공부하는 사람을 위하여』, 世界思想社), 「혼의 일성一性을 둘러싼 플로티노스의 사상」(『고대 철학 연구』, 古代哲学会), 「고대 말기의 정의론 ― 스토아학파와 플라톤주의의 경우」(『서양 중세의 정의론』, 晃洋書房) 등.

쓰치하시 시게키土橋茂樹 __ 제9장

1953년생. 주오대학 문학부 교수. 조치대학 대학원 철학연구과 박사 후기과정 단위 취득 졸업. 전공은 서양 고대·중세 철학, 교부학. 저서 『교부와 철학 ― 그리스 교부 철학 논집』, 『선하게 살기의 지평 ― 플라톤·아리스토텔레스 철학 논집』(이상, 知泉書館), 『존재론의 재검토』(편저, 月曜社) 등.

데무라 가즈히코出村和彥 __ 제10장

1956년생. 오카야마대학 대학원 헬스시스템 통합과학연구과 교수. 도쿄대학 문학부 철학과 졸업. 도쿄도립대학 대학원 인문과학연구과 박사과정 단위 취득 졸업. 전공은 고대 철학, 그리스도교 사상사. 저서 『아우구스티누스 ― '마음'의 철학자』(岩波新書). 역서 P. 브라운, 『아우구스티누스전』 상·하(教文館) 등.

데무라 미야코出村みや子 __ 칼럼 1

1955년생. 도호쿠가쿠인대학 문학부 종합인문학과 교수. 도쿄대학 대학원 인문사회계 연구과 박사과정 수료. 박사(문학). 전공은 고대 그리스도교 사상. 저서 『성서 해석자 오리게네스와 알렉산드리아 문헌학』(知泉書館), 『유러피언 글로벌리제이션의 역사적 위상』(공저, 勉誠出版), 『총설 그리스도교사 I. 원시·고대·중세 편』(공저, 日本キリスト教団出版局). 역서로 오리게네스, 『그리스도교 교부 저작집. 켈소스

『논박』I·II(敎文館) 등.

나카니시 교코^{中西恭子} __ 칼럼 2

1971년생. 도쿄대학 대학원 인문사회계 연구과 연구원, 쓰다주쿠대학 외 비상근 강사. 도쿄대학 대학원 인문사회연구과 석사과정 및 박사과정 수료, 박사(문학). 전공은 종교학, 종교사학(서양 고대 종교 및 초기 그리스도교의 역사와 그 표상의 수용사). 시를 쓰며 문예평론을 다룬다. 저서『율리아누스의 신앙 세계 — 만화경 속의 철인 황제』(慶應義塾大学出版会),『르네상스·바로크의 북가이드』(공저, 工作舍) 등. 시작품으로『*The Illuminated Park*(섬광의 정원)』(특히 시케후코 이름으로, 書肆山田).

쓰카하라 도고^{塚原東吾} __ 칼럼 3

1961년생. 고베대학 대학원 국제문화학연구과 교수. 도쿄학예대학 대학원 석사과정 수료. 라이덴대학 의학부 박사학위 취득. 전공은 과학사, 과학 철학, STS. 공·편저로『제국 일본의 과학 사상사』(勁草書房),『과학 기술을 둘러싼 항쟁』(岩波書店),『과학기기의 역사 — 망원경과 현미경』(日本評論社) 등.

■ 옮긴이

이신철^{李信哲}

가톨릭관동대학교 VERUM교양대학 교수. 연세대학교 철학과를 졸업. 건국대학교 대학원에서 철학 박사학위 취득. 전공은 서양 근대 철학. 저서로『진리를 찾아서』, 『논리학』,『철학의 시대』(이상 공저) 등이 있으며, 역서로는 피히테의『학문론 또는 이른바 철학의 개념에 관하여』, 회슬레의『객관적 관념론과 근거 짓기』,『현대의 위기와 철학의 책임』,『독일철학사』, 셸링의『신화철학』(공역), 로이 케니스 해크의 『그리스 철학과 신』, 프레더릭 바이저의『헤겔』,『헤겔 이후』,『이성의 운명』, 헤겔의 『헤겔의 서문들』, 하세가와 히로시의『헤겔 정신현상학 입문』, 곤자 다케시의『헤겔과 그의 시대』,『헤겔의 이성, 국가, 역사』, 한스 라데마커의『헤겔『논리의 학』 입문』, 테오도르 헤르츨의『유대 국가』, 가라타니 고진의『트랜스크리틱』, 울리히 브란트 외『제국적 생활양식을 넘어서』, 프랑코 '비코' 베라르디의『미래 가능성』, 사토 요시유키 외『탈원전의 철학』 등을 비롯해, 방대한 분량의 '현대철학사전

시리즈'(전 5권)인 『칸트사전』, 『헤겔사전』, 『맑스사전』(공역), 『니체사전』, 『현상학 사전』이 있다.

* 고딕은 철학 관련 사항

	유럽	서아시아·북아프리카	인도	중국
BC 100	BC 106 키케로, 태어남		BC 1세기, 사타바하나 왕조 성립[~3세기 중엽]	BC 141 무제, 즉위 [~BC 87]
BC 90	BC 99 루크레티우스, 태어남[BC 55년경]			BC 90년경 사마천 『사기』 성립
BC 60	BC 60 제1차 삼두정치 성립	BC 64 셀레우코스 왕조 멸망. 로마에 의해 시리아가 영유된다		
BC 50		BC 53 카레 전투. 파르티아, 크라수스의 원정군을 공격		
BC 30		BC 37 헤로데, 예루살렘 점령. 헤로데 왕의 유대 지배 시작 [~BC 4] BC 30 클레오파트라 자살, 프톨레마이오스 왕조 멸망		
BC 20	BC 27 옥타비아누스, 아우구스타누스의 존칭을 받는다. 로마 제정, 개시	BC 25년경 필론, 태어남[~50년경]		
BC 1	BC 4/AD 1 세네카, 태어남[~65년경]	BC 4년경 예수 그리스도 탄생[~30년경]	이 무렵, 힌두교가 성립	BC 2 불교가 중국에 전래된 기사가 있지만, 실제는 1세기경
1				8 왕망, 신나라를 건

				국[~23]
10				18 적미의 난이 일어난다[~27]
20	23년경 대 플리니우스 태어남[~79년경]	34년경 바울(사울)이 회심하여 그리스도교도가 된다		25 후한, 성립[~220]. 광무제, 즉위[~57]
50	54 네로 즉위[~68] 55년경 에픽테토스 태어남[~135년경]		1세기경, 쿠샨 왕조 성립[~4세기]	
70	71 베스파시아누스, 로마에서 철학자를 추방 79 베수비오산의 분화로 인해 폼페이 매몰			75 장제, 즉위[~88] 79 백호관 회의. 반고가 『백호통』으로 정리한다
90	94 에픽테토스 등 철학자, 이탈리아에서 추방됨 96 네르바 즉위. 오현제 시대, 시작됨			92 반고, 옥사.『한서』는 그 후 누이인 반소와 마속에 의해 완성 97 감영을 로마 제국(대진)에 파견[도달은 하지 못함]
100				100년경 허신 『설문해자』 완성 105 채륜, 종이를 만들어 헌상함
110	117 로마 제국, 최대 판도로			
120	129년경 갈레노스 태어남[~200년경]			127 정현 태어남[~200]
130			130년경 쿠샨 왕조, 카니시카 왕 즉위[~170년경], 최전성기로	
140				146 환제, 즉위[~168]

150		150년경 프톨레마이오스, 알렉산드리아에서 활약. 알렉산드리아의 클레멘스 태어남[~215년경]	150년경 나가르주나 태어남[~250년경] 2세기경 대승 불교의 성립.『소품반야경』의 성립.『반야경』,『법화경』등, 초기 대승 경전의 성립	
160	161 마르쿠스 아우렐리우스 즉위[~180]		
180		185년경 오리게네스, 알렉산드리아에서 태어남[~251년경]	
200		205 플로티노스, 이집트에서 태어남[~270]	
210		216 마니교 창시자, 마니 하이예, 태어남[~277]	
220		224 파르티아를 멸망시키고, 사산 왕조 페르시아 건국[~651]	222 위·오·촉의 삼국 정립 223 '죽림칠현'의 한 사람, 혜강 태어남[~262] 226 왕필, 태어남[~249]
230	235 군인 황제의 시대[~284]		232 불도징, 태어남[~348]
240		241년경 샤푸르 1세, 즉위[~272년경] 245년경 이암블리코스, 시리아에서 태어남[~325년경]	
250			3세기경 『열반경』,『해심밀경』 등, 중기 대승 경전이 성립한다	252년경 곽상 태어남[~312]
280	284 디오클레티아		280 서진, 오나라를

	누스 즉위[~305]			멸망시키고 중국 통일
300	303 그리스도교도 대박해 306 콘스탄티누스 즉위[~337]			304 화북에서 5호 16국 성립[~439]
310	313 밀라노 칙령으로 그리스도교 공인			312 도안, 태어남[~385] 317 강남에서 동진이 성립[~420]
320		325 제1차 니카이아 공의회, 아타나시우스파가 정통으로 되고, 아리우스파가 추방된다	320년경 찬드라굽타 1세에 의해 굽타 왕조 성립[~550년경]	
330	331년경 율리아누스 태어남[~363] 337 암브로시우스 태어남[~397]	330년경 카이사레이아의 바실레이오스 태어남[~379] 335 닛사의 그레고리오스 태어남[~394]		334 혜원 태어남[~416]
350		354 아우구스티누스 북아프리카에서 태어남[~430]	4세기경 무저(아상가, 『섭대승론』의 저자)가 활약한다	
370			376년경 찬드라굽타 2세, 즉위[~414] 영토를 확대	372 고구려에 불교가 전래
380				384 백제에 불교가 전래
390	395 테오도시우스 사망: 제국은 동서로 분열			
400		405년경 히에로뉘무스, 성서의 라틴어역을 완성	5세기경 날란다 승원 건립. 세관(바스반두, 『유식이십론』, 『유식삼십송』의 저자), 붓다	401 쿠마라지바, 장안에 도착. 방대한 역경 작업을 시작

			고사(『팔리 삼장 주석』, 『청정도론』의 저자)가 활약한다 405년경 법현 등 중인도에 도달	
410	412 프로클로스 태어남[~485년경]	415 신플라톤주의 철학자 휘파티아가 그리스도교도에 의해 살해		412 법현, 인도에서 돌아옴
430		431 에페소스 공의회, 네스토리우스파가 이단으로 선고됨		439 북위의 태무제, 화북 통일. 남북조 시대 시작[~589]
440				442 구겸지에 의해 체계화된 도교(신천사도)가 북위의 국교로
450		451 칼게돈 공의회		450년경 범진 태어남 [~510년경]
460	462년경 다마스키오스(아카데메이아 최후의 학원장), 태어남 [~538년경]			
470	476 서로마 제국 멸망			
480	481 클로비스, 프랑크 왕이 된다			
500	500년경 위-디오니시오스 문서가 성립	6세기경, 『아베스타그』가 편찬된다	6세기경 안해(스티라마티, 『유식삼십송석』, 『중변분별론석』의 저자), 청변(바비베카, 『반야등론석』의 저자)이 활약	
510	511 클로비스 사망, 프랑크 왕국, 4개로 분할			518 『홍명집』이 편찬됨
520	527 유스티니아누스 1세, 즉위[~565]			

	529 유스티니아누스 황제에 의해 아카데메이아 등 이교도의 학교 폐쇄		
530	531 호스로 1세, 즉위[~579]. 사산 왕조, 전성기로. 아카데메이아를 떠난 철학자들이 일시 체류 533 유스티니아누스, 북아프리카의 반달 왕국을 정복	530 호법(다르마팔라, 『성유식론』의 저자), 태어남[~561]	538(또는 553) 백제로부터 일본으로 불교가 전래
570	570년경 무함마드 탄생[~632]		
580			581 북주 무너지고, 수나라가 성립[~618]
590	590 교황 그레고리우스 1세 즉위[~604]		
600		606 바르다나 왕조 성립[~648년경] 7세기경 월칭(찬드라키르티, 『중론주 프라산나파다』의 저자)이 활약	602 현장 태어남[~664]

세계철학사 6 — 근대 I

세계철학사 8 – 현대

307

한국어판 ⓒ 도서출판 b, 2023

세계철학사 2

초판 1쇄 발행일 2023년 05월 15일

엮은이 이토 구니타케+야마우치 시로+나카지마 다카히로+노토미 노부루
옮긴이 이신철
기 획 문형준, 복도훈, 신상환, 심철민, 이성민, 이신철, 이충훈, 최진석
편 집 신동완
관 리 김장미
펴낸이 조기조
발행처 도서출판 b
인쇄소 주)상지사P&B
등 록 2003년 2월 24일 제2006-000054호
주 소 08772 서울특별시 관악구 난곡로 288 남진빌딩 302호
전 화 02-6293-7070(대)
팩 스 02-6293-8080
이메일 bbooks@naver.com
누리집 b-book.co.kr

책 값 30,000원
ISBN 979-11-89898-90-8 (세트)
ISBN 979-11-89898-92-2 94140